죽천선비 살해사건

조선 선비 살해사건 1

초판 1쇄 발행 2006년 6월 30일
초판 19쇄 발행 2014년 5월 20일

지은이 이덕일
펴낸이 김선식

경영총괄 김은영
마케팅총괄 최창규
콘텐츠개발4팀장 장재용 **콘텐츠개발4팀** 황정민, 노준승, 변민아
마케팅본부 이주화, 이상혁, 도건홍, 박현미, 백미숙, 반여진
경영관리팀 송현주, 권송이, 윤이경, 김민아, 한선미

펴낸곳 다산북스 **출판등록** 2005년 12월 23일 제313-2005-00277호
주소 경기도 파주시 회동길 37-14 3, 4층
전화 02-702-1724(기획편집) 02-6217-1726(마케팅) 02-704-1724(경영지원)
팩스 02-703-2219 **이메일** dasanbooks@dasanbooks.com
홈페이지 www.dasanbooks.com **블로그** blog.naver.com/dasan_books
종이 월드페이퍼(주) **출력·제본** 현문 **후가공** 이지앤비 특허 제10-1081185호

ISBN 89-91147-67-4 (04900)
         89-91147-66-6 (세트)

- 책값은 뒤표지에 있습니다.
- 파본은 구입하신 서점에서 교환해드립니다.
- 이 책은 저작권법에 의하여 보호를 받는 저작물이므로 무단 전재와 복제를 금합니다.

다산북스(DASANBOOKS)는 독자 여러분의 책에 관한 아이디어와 원고 투고를 기쁜 마음으로 기다리고 있습니다.
책 출간을 원하는 아이디어가 있으신 분은 이메일 dasanbooks@dasanbooks.com 또는 다산북스 홈페이지 '투고원고'란으로
간단한 개요와 취지, 연락처 등을 보내주세요. 머뭇거리지 말고 문을 두드리세요.

조선선비 살해사건

이덕일 지음

1

다산초당

선비정신의 부활을 꿈꾸며……

1. 문약文弱의 나라 조선이 어떻게 500년을 유지했는지에 대해서는
많은 분석이 있다. 농민과 노비 등 피지배층에 대한 가혹한 통치를 비
결로 꼽기도 한다. 조선은 반상班常의 구별이 심했고, 농민과 노비들
의 범죄를 가혹하게 다스렸으므로 일리 있는 분석이다. 그러나 조선
보다 훨씬 더 가혹하게 피지배층을 통치하고도 단명한 왕조는 많다.
진시황이나 수양제가 말해주듯이 가혹한 통치는 왕조의 수명을 연장
하기는커녕 왕조 자체를 끝내는 구실을 하는 경우가 더 많다. 그럼 조
선은 어떻게 500년 왕조를 유지할 수 있었을까?

가장 중요한 것은 시스템이다. 민주주의 정체가 수립되기 이전에
조선처럼 제도적인 권력분립 시스템이 갖춰졌던 나라를 찾기는 쉽지
않다. 조선은 국왕과 대신과 대간臺諫의 3권 분립이 철저한 나라였다.
특히 과거 출신의 젊은 엘리트 관료들이 주로 차지하는 대간은 삼권
분립의 핵심이었다. 대간은 대신들은 물론 국왕이라도 원칙에 어긋

나면 어김없이 탄핵하고 간쟁했다. 왕권 견제의 주요한 수단은 하늘의 뜻이었다. 재변災變은 국왕의 그릇된 정사에 대한 하늘의 견책譴責으로서 근신해야 했다. 천명을 받아 세상을 다스리는 임금이 하늘의 뜻을 어기면 하늘이 재변으로 견책한다는 것이 유학儒學정치의 요체였다. 대간들은 유학정치의 선봉장을 자처하며 국왕과 대신들을 견제했다.

2. 플라톤은 《국가론》에서 철인哲人 정치를 주장했다. 플라톤은 "만약 철학자들이 여러 나라에서 왕이 되든지 또는 우리가 오늘날 왕이나 통치자라고 부르는 사람들이 진심으로 그리고 충분히 철학을 하는" 정치를 이상적인 철인 정치라고 인식했다. 플라톤은 "철학자들이 지배해야 한다고 우리가 감히 말할 때, 그 철학자는 누구를 뜻하는 것인지 그 규정이 필요하다"라고 말했는데, 조선의 지배층만큼 플라톤이 말한 철인의 규정에 맞는 존재들을 찾기는 어렵다. 물론 조선의 모든 지배층을 철인이라고 부를 수 있는 것은 아니다.

조선의 지배층에게는 이중적인 모습이 병존竝存한다. 신분으로 분류하면 다 같은 사대부지만 삶의 모습에 따라 속유俗儒와 진유眞儒로 구분된다. '속된 유학자'인 속유는 보통 양반의 뜻으로 쓰이지만 '참된 유학자'인 진유는 선비로 분류된다. 오늘날 '이 양반'하면 욕이 되지만 '선비'라고 말하면 칭찬이 된다. 조선은 지배신분으로서 양반과 행동 철학으로서 선비가 엄격히 구분된 사회였다. 양반은 존경을 받지 못했지만 선비는 동류는 물론 피지배층으로부터도 존경을 받았다.

3. 선비는 한자어가 아니다. 《왕조실록》에서 '유儒·유생儒生·유자儒者·사士·사인士人' 등으로 번역되는 순수 우리말이 선비이다. 율곡 이이李珥는 선조에게 바친 봉사封事에서 "세상 사람의 상정常情으로 말하자면, 선비란 자는 진실로 얄미운 자입니다"라고 말했다. 그 이유에 대해 율곡은 "선비는 정치를 논하라면 멀리 당唐·우虞의 고사를 인증하고, 임금에게 간하라면 어려운 일만을 권유하며, 벼슬로 얽어매도 머무르지 않고, 은총을 내려도 즐겨하지 않으며, 오직 자신의 뜻대로만 행하고자 하는" 존재들이기 때문이라고 정의했다.

이런 선비의 충성은 속유와는 달랐다. 속유들의 충성은 임금의 뜻에 영합하는 이利의 길이지만 선비들의 충성은 하늘의 뜻에 순응하는 의義의 길이었다. 율곡이 "선비는 의를 좋아하고 속된 무리는 이를 좋아하니, 이를 좋아하면서 전하를 사랑하는 자가 있을 수 없으며, 의를 좋아하면서 전하를 잊는 자가 있을 수 없습니다"라고 말한 것은 이 때문이다.

4. 선비들에게 정치는 도道의 실천과정이었다. 그 도는 곧 정의의 길이었다. 플라톤은 《국가론》에서 "정의로운 사람은 바로 그 정의라는 것과 결코 달라서는 안 되고, 오히려 정의와 전적으로 같은 것이어야 한다"라고 말했다. 이이의 《석담일기》에는 "조광조가 저자에 나가면 사람들이 모여들어 말 앞에 엎드려, '우리 상전上典이 오셨다'라고 말했다"고 전한다. 피지배층인 백성들에게 선비 조광조는 '정의와 전적으로 같은 것'으로 존경을 받았다.

5. '선비란 자는 진실로 얄미운 자'이기에 많은 시련을 겪었다. 사화는 바로 선비들이 겪은 시련의 기록이다. 선비들은《논어論語》'이인里仁 편'의 "아침에 도를 듣고 깨달으면 저녁에 죽어도 좋다〔朝聞道夕死可矣〕"라는 철학이 있었기에 죽음 앞에서도 당당했다. 신분제 사회에서 정치·경제적 특권을 지닌 지배층이면서도 도의 실천에 목숨을 걸었던 선비들은 부정한 현실과 끊임없이 싸웠다. 그런 선비들의 존재는 피지배층에게 체제 자체를 부정하지 않게 하는 기능을 했다. 선비는 아무나 할 수 있는 것이 아니었다. 조선 500년을 유지할 수 있었던 핵심 키워드는 바로 선비정신이었던 것이다.

6. 사화의 시대, 선비는 개인적으로는 금욕의 길을 걸어야 했고, 정치적으로는 형극의 길을 걸어야 했다. 선비들은 혼자 있을 때도 삼가는 신독愼獨의 길을 걸어야 했으며, 부패한 현실에는 온몸으로 맞서 싸우는 구도자의 길을 걸어야 했다. 참 선비들에게는 개인적 삶과 사회적 삶이 둘이 아니라 하나였다. 이 책은 바로 이런 길을 걷다가 죽어간 이 땅의 모든 참 선비들에게 던지는 작은 헌사獻辭이다.

마포 한가람이 내려다 뵈는 서실에서

천고遷固 이덕일 기記

1권 주요 등장인물 _ 정치적 견해를 중심으로

목은牧隱 이색李穡 1328~1396

온건개혁파의 영수. 고려 말 포은 정몽주, 야은 길재와 함께 삼은三隱으로 불렸던 성리학자. 공민왕 때 성균관 대사성을 지냈고 많은 제자들을 배출했으며 성리학 발전에 공이 있었다. 이성계가 즉위한 후 한산백韓山伯으로 봉하며 출사를 종용했으나 끝내 거절해 고려에 대한 절개를 지켰다.

포은圃隱 정몽주鄭夢周 1337~1392

온건개혁파 신흥사대부의 영수. 공민왕 9년(1360) 문과에 장원급제한 후 1362년 예문관 검열수찬으로 관직에 진출했다. 1380년에는 조전원수助戰元帥로 이성계를 도와 전라도 운봉에 침입한 왜구를 격퇴했다. 이성계의 위화도회군을 지지했으며 우왕을 축출하고 공양왕을 지지한 공로로 익양군충의군에 봉군되었다. 고려 왕실의 존속을 주장한 그는 역성혁명파 신흥사대부가 이성계를 왕으로 추대하려는 움직임이 일자 이성계를 제거하려다가 이방원의 문객인 조영규 등에게 선죽교에서 살해되었다. 태종 5년에 영의정으로 추증되었다.

삼봉三峰 정도전鄭道傳 1342~1398

조선 개창을 주상한 개혁사상가이사 혁명가. 공민왕 때 과거에 급제해 관직에 진출했으나 배원친명정책을 주장하다가 친원파에 의해 유배되었다. 약 8년에 걸친 귀양 및 유랑생활 후 스스로 이성계를 찾아가 그의 참모가 되었다. 이성계에게 새 왕조 개창의 당위성을 주장했으며 위화도회군 이후 실권을 장악했다. 권문세족의 토지 몰수와 농민에 대한 토지 분배를 주장했으나 보수파의 반발에 밀려 신흥사대부의 경제적 기반을 구축하는 과전법을 시행하는 데 머물렀다. 개국 일등공신으로서 그는 불교를 비판하고 성리학을 새로운 사회 지도 이념으로 내세우려 했다. 명나라의 부당한 간섭에 반발해 요동정벌을 추진하면서 신덕왕후 강씨의 소생인 방석의 왕위계승을 지지하다가 신의왕후 한씨의 소생인 방원에게 살해되었다.

우재呀齋 조준趙浚 1346~1405

고려 말 문하시중을 지낸 조인규의 후손으로, 권문세족이었으나 이성계의 역성혁명을 지지했다. 위화도회군 이후 대사헌으로서 문란한 토지제도의 개편을 주장했다. 공양왕 3년(1391)에 정도전과 함께 사전개혁 등을 내용으로 하는 과전법을 단행함으로써 신흥사대부의 경제적 기반을 구축했다. 조선 개국 일등공신에 책봉된 후 왕위계승문제와 요동정벌문제에서 정도전에 반대하고 이방원을 지지했다. 태종 즉위 후 영의정부사에 올랐다.

박포朴苞 ?~1400

조선 개국 후 제1차 왕자의 난 때 방원을 도와 공을 세웠으나 정사공신 이등에 봉해지자 불만을 품었다. 태조의 4남 방간과 함께 방원을 제거하려고 제2차 왕자의 난을 일으켰으나 패배하여 참수되었다.

하륜河崙 1347~1416

공민왕 때 벼슬길에 올라 1388년 최영이 요동을 공격할 때 이를 반대하다가 유배되었으나 위화도회군 이후 복관되었다. 조선이 건국된 후 명나라와 표전문 시비가 일자 명나라의 요구대로 정도전을 보내자고 주장해 이후 정도전의 미움을 받아 좌천되기도 했다. 방원을 적극 지지해 제1차 왕자의 난으로 정사공신 일등이 되고, 태종이 즉위하자 좌명공신 일등이 되었다. 그뒤 영의정부사·좌정승·좌의정을 역임했는데, 인사 청탁을 많이 받고 고양포高陽浦의 간척지를 착복해 대간의 탄핵을 받았으나 공신이라 하여 묵인되었다.

심온沈溫 1375~1418

세종의 비 소헌왕후 심씨의 아버지. 문과에 급제해 대사헌, 호조판서 등을 역임한 후 태종이 상왕으로 있던 세종 즉위년에 영의정이 되었다. 사은사로 명나라에 갔을 때 강상인의 옥사에 연루되어 태종에 의해 사형되었다. 세종의 친정 이후인 1426년에 관작이 복구되었다.

원경왕후元敬王后 민씨閔氏 1365~1420

여흥부원군 민제의 딸. 제1차 왕자의 난 때 남편 방원을 도운 공이 컸다. 1400년 11월에 방원이 즉위하자 왕비에 책봉되었다. 그러나 즉위 초부터 후궁문제로 태종과 불화를 빚었으며, 동생인 민무구 형제의 옥사를 계기로 태종과의 관계가 더욱 심각해졌다. 민무구 형제가 끝내 대역죄로 몰려 죽게 된 것은 원경왕후의 시나친 투기와 불평 때문이기도 했다. 그뒤로도 자주 불손한 말을 함으로써 태종의 분노를 사 폐비될 뻔하기도 했다. 1418년 세종이 즉위해 후덕왕대비로 봉해졌다.

민씨閔氏 형제

태종비 원경왕후 민씨의 동생인 무질·무구·무휼·무회를 이른다. 제1차 왕자의 난 때 대장군과 장군으로서 매형인 방원을 도와 방석을 지지하는 정도전 세력을 거세하는 데 큰 공을 세웠다. 그러나 방원이 즉위한 후 외척의 발호를 경계하여 4형제를 모두 사사했다. 원경왕후도 폐비될 뻔했으나 세자 양녕과 충녕 등의 친어머니인 점이 감안되어 무사했다.

이숙번李叔蕃 1373~1440

태조 2년(1393) 문과에 급제한 뒤 방원을 도와 사병을 출동시켜 세자 방석과 정도전, 남은, 심효생 등을 제거하는 데 공을 세워 정사공신 이등에 책록되었다. 이후 박포가 방원과 반목하던 방간을 충동하여 거병하자 군사를 동원해 이들을 제거한 공으로 좌명공신 일등이 되었다. 그러나 자신의 공과 태종의 총애를 믿고 국왕에게 불충하고 동료들에게 무례했기 때문에 여러 차례 대간의 탄핵을 받아 결국 관작을 삭탈당하고 태종 17년(1417)에 경상도 함양으로 유배되었다.

절재節齋 김종서金宗瑞 1390~1453

태종 5년(1405) 문과에 급제해 사간원 정언正言을 역임한 후 세종 15년(1433) 함길도 관찰사로 여진족의 국경 침입을 물리치고 6진을 개척해 국경선을 두만강까지 넓혔다. 병약한 문종의 유명遺命을 받아 정승의 지위로 단종을 보좌했으나, 계유정난 때 왕위를 노리는 수양대군에게 살해되었다. 영조 22년(1746)에 복관되었다.

압구정狎鷗亭 한명회韓明澮 1415~1487

수양대군의 모사. 단종 1년(1453) 음보蔭補로 태조의 개경 잠저를 지키는 경덕궁직敬德宮直이 되었으며, 현실에 불만을 품고 왕위를 노리는 수양대군을 도왔다. 계유정난 때 살생부를 작성해 단종을 보좌하는 구신舊臣들을 살해했다. 정난 후 일등공신이 되었으며 사육신의 단종복위운동을 좌절시켰다. 예종비 장순왕후章順王后와 성종비 공혜왕후恭惠王后의 아버지이자 우의정, 좌의정, 영의정 등을 역임했으며 권력의 정점에 섰다. 세조가 죽은 뒤 원상院相으로서 서정庶政을 결재하여 왕권을 능가했다. 한강변에 압구정을 지어놓고도 은퇴하지 않는다는 풍자를 받기도 했다.

권람權擥 1416~1465

활을 잘 쏘고 문장에 뛰어났으나 일찍이 과거에 뜻을 두지 않고 명산고적을 떠돌며 한명회 등과 함께 책을 읽고 글을 지으며 회포를 나누었다. 1450년 향시와 회시에 모두 장원급제했다. 《역대병요》를 편찬할 때 수양대군과 가까워졌다. 수양이 동지를 규합할 때 한명회의 부탁을 받고 무사들을 규합해 김종서, 황보인 등 대신들을 제거하고 세조 집권의 토대를 마련해 정난공신 일등에 책록되었다. 세조를 도와 여러 차례 공을 세운 덕으로 만년에는 높은 시위와 많은 재산을 누렸다.

보한재保閑齋 신숙주申叔舟 1417~1475

세종 20년(1438) 문과에 급제해 집현전에 들어간 후 훈민정음 창제에 큰 공을 세웠다. 대부분의 집현전 학사들이 수양대군의 즉위에 반대했으나 그는 세조를 지지해 많은 비난을 받았다. 이후 영의정까지 올랐으며 남이의 옥사를 다스린 공으로 익대공신이 되었다.

사육신死六臣

세조 2년(1456), 수양대군에 의해 쫓겨난 단종의 복위운동을 전개하다가 사형된 여섯 신하들. 박팽년·성삼문·유성원·유응부·이개·하위지를 이른다. 성삼문의 아버지 성승도 사형되었으나 생육신 중 한 사람인 추강 남효온의 《육신전》과 조선 후기 송시열의 《육신사기六臣詞記》 등의 영향으로 사육신에서는 빠졌다. 이들은 모두 무덤이 없으나 서울시 동작구 노량진 근처를 '사육신묘死六臣墓'라고 부르는 까닭은 정조 6년(1782)에 그곳에 '육신묘비六臣墓碑'를 세웠기 때문이다.

생육신生六臣

사육신에 대칭하여 세조 밑에서 벼슬하지 않고 단종에게 절의를 지킨 여섯 신하들. 곧 김시습·원호·이맹전·조려·성담수·남효온을 이른다. 이들은 세조 즉위 후 관직을 그만두거나 아예 관직에 나아가지 않고 세조의 즉위를 부도덕한 찬탈행위로 규정하고 비난하며 지내다 죽었다. 중종반정 후 사림파가 등장해 사육신에 대한 새로운 평가가 나오면서 이들의 절의 또한 새롭게 조명되었다.

이시애李施愛 ?~1467

함북 길주의 토호. 전통적으로 북도北道의 수령은 지방 토호가 임명되었
는데, 세조가 중앙에서 수령을 파견하고 호패제도를 강화하는 등 중앙집
권체제를 강화하자 아우 이시합과 지방세력들을 선동해 반란을 일으켰
다. 초기에는 기세를 떨쳤으나 귀성군 준과 남이 등이 이끄는 토벌대에게
패배한 후 부하들에게 살해되었다.

홍윤성洪允成 1425~1475

문과에 급제해 승문원부정자承文院副正字 등을 역임하다가 수양대군의
계유정난에 가담해 정난공신이 되었다. 이후 예조판서, 우의정 등을 지내
면서 공신의 직위를 남용해 많은 물의를 일으켰다. 예종 즉위 후 좌의정과
영의정을 역임했다.

남이南怡 1441~1468

의산위宜山尉 남휘南暉의 손자로서 태종의 외증손이다. 이시애의 난에 공
을 세워 적개공신 1등에 책봉되었고, 세조의 총애를 받아 27세의 나이에
병조판서가 되자 세자인 예종이 그를 꺼렸다. 예종 즉위년에 유자광의 모
함으로 강순康純 등과 함께 사형당했다.

차 례

10 선비가 사라진 공신들의 나라

새로운 세상을 위하여

왕이 말했다.
"내가 내일 창릉昌陵에 배알하고 거짓으로 주정을 부려
홍륜의 무리를 죽여서 입을 막겠다. 너도 이 계획을 알고 있으니,
또한 마땅히 죽음을 면하지 못할 줄 알아라."
만생이 두려워하여 이날 밤에 홍륜, 권진, 홍관, 한안, 노선 등과 모의하고
왕이 술에 몹시 취한 것을 틈타 칼로 찌르고는 부르짖었다.
"적이 밖에서 들어왔다."
_《고려사절요》 '공민왕 23년 9월' 조

정도전과 이성계, 역사를 바꾼 만남

《태조실록》과 《용비어천가龍飛御天歌》에서 모두 기록하고 있는 중요한 만남이 있다. 역사를 바꾼 만남, 바로 이성계李成桂와 정도전鄭道傳의 만남이다. 고려 우왕 9년(1383) 정도전은 함길도 함주咸州로 향했다. 동북면도지휘사東北面都指揮使 이성계를 만나기 위해서였다.

태조를 따라 동북면에 이르렀는데, 정도전이 호령이 엄숙하고 군대가 정제整齊된 것을 보고 나아와서 비밀히 말하였다.

"훌륭합니다. 이 군대로 무슨 일인들 성공하지 못하겠습니까?"

이에 임금이 말하였다.

"무엇을 이름인가?"

정도전이 대답하였다.

"왜구倭寇를 동남방에서 치는 것을 이름입니다."

군영軍營 앞에 늙은 소나무 한 그루가 있었는데, 정도진이 소나무 위에 시詩를 남기겠다 하고서 껍질을 벗기고 썼다. 그 시는 이러하였다.

　　창망한 세월 한 그루 소나무

　　몇만 겹의 청산에서 생장했구나.

　　다른 해에 서로 만날 수 있을까?

　　인간을 굽어보면 문득 지난 일이네.

　　蒼茫歲月一株松 生長靑山幾萬重

　　好在他年相見否 人間俯仰便陳蹤　　　　　　　　　　_《태조실록》 7년 8월 26일

《용비어천가》 12장은 정도전의 시에 대해 '태조께 천명이 있음을 은연중 빗기는 말이었다'라고 설명하고 있다. 인생은 순식간에 지나가니 작은 일에 구애받지 말고 대사를 이루라는 뜻이리라. 둘의 만남을 《태조실록》과 《용비어천가》에서 거듭 기록하고 있는 이유는 이 만남이 사실상 조선 개국을 결정지은 계기였기 때문이다.

　　이성계와의 만남은 정도전의 승부수였다. 10년 유랑생활 끝에 얻은 결론이 이성계를 만나는 것이었다. 《태조실록》 7년 8월 26일조 '정도전의 졸기'에는 개국할 즈음 그가 취중醉中에 왕왕 '한 고조漢高祖가 장자방(張子房, 장양張良)을 쓴 것이 아니라, 장자방이 곧 한 고조를 쓴 것이다'라고 말했다는 기록이 나온다. 곧 자신이 이성계를 이용해 조선을 개국했다는 뜻이다.

　　아버지 정운경鄭云敬은 수령 재임 시의 선정으로 《고려사》 열전 양리良吏조에 등재되고 형부상서刑部尙書까지 올랐으나 정도전은 어머

니의 신분 때문에 여러 차례 곤란을 겪었다. 어머니는 정8품 말단무관인 산원散員 우연禹淵의 서녀인데, 우연은 우현보禹玄寶의 족인族人 김전金戩이라는 승려가 여종과 정을 통하여 낳은 여인을 아내로 맞이했다. 여종의 딸이 정운경의 장모이자 정도전의 외할머니인 것이다.

정운경이 이색李穡의 부친 이곡李穀과 학우여서 정도전은 이색의 문하가 되었다. 당시 이색의 문하는 정몽주鄭夢周, 이숭인李崇仁, 이존오李存吾 등이 몰렸던 당대 최고의 학벌이었다. 하지만 정도전은 출신배경 때문에 뒤에 대간臺諫의 고신告身을 얻지 못하는 곤경에 처했고, 이 때문에 우현보 집안과는 시종 심각한 갈등관계에 있었다.

정도전은 공민왕 11년(1362) 진사시에 합격해 충주사록忠州司祿, 전교주부典校注簿 등의 하급관직을 역임하다가 공민왕 15년(1366) 부모가 모두 세상을 떠나자 고향 영주榮州로 내려가 학문에 전념했다. 공민왕 19년(1370) 성균관이 중영重營되면서 성균박사로 등용된 그는 이색, 정몽주, 이숭인, 이존오 등과 강론하면서 성리학자로서 정체성을 확립했다. 그러나 1374년 우왕禑王의 즉위와 함께 이인임李仁任 일파가 집권하면서 그는 시련에 처한다. 이인임 일파의 친원親元 외교정책에 반대했기 때문이다. 당시 동아시아는 원·명 교체기였다. 원나라는 비록 북쪽으로 쫓겨가 북원北元으로 전락했지만 호시탐탐 중원을 되찾을 기회를 엿보고 있었다.

공민왕 시해사건과 명 사신 살해사건

정도전의 인생을 나락으로 몰고 간 것은 공민왕 23년(1374)에 발생한 두 사건이었다. 공민왕과 명나라 사신 채빈蔡斌이 살해된 것이다. 공민왕 23년 4월 명 태조 주원장朱元璋은 예부주사 임밀林密과 자목대사 채빈을 사신으로 보내어 탐라(耽羅, 제주도)의 말 2천 필을 요구했다.

《고려사》나 《고려사절요》에 따르면, 이 무렵 공민왕은 미남자들로 자제위子弟衛를 설치하고 홍륜洪倫에게 여러 왕비를 강간케 했다고 전한다. 익비益妃가 거절하자 공민왕이 칼을 뽑아 치려고 하니 왕비가 겁나 복종했다는 것이다. 그 결과 익비가 잉태하면서 사건이 발생한다.

만생萬生이 왕을 따라 변소에 가서 비밀히 아뢰었다.

"익비가 아기를 밴 지 벌써 5개월이 되었습니다."

공민왕이 기뻐하면서 말했다.

"내가 일찍이 영전(影殿, 임금의 초상을 모신 전각)을 부탁할 데가 없음을 염려했는데, 비妃가 이미 아기를 배었으니 내가 무슨 근심이 있으랴."

조금 후에 공민왕이 물었다.

"누구와 관계했느냐?"

만생이 답했다.

"비가 홍륜이라고 말합니다."

왕이 말했다.

"내가 내일 창릉昌陵에 배알하고 거짓으로 주정을 부려 홍륜의 무리를 죽여서 입을 막겠다. 너도 이 계획을 알고 있으니, 또한 마땅히 죽음을 면하지 못할 줄 알아라."

만생이 두려워하여 이날 밤에 홍륜, 권진, 홍관, 한안, 노선 등과 모의하고 왕이 술에 몹시 취한 것을 틈타 칼로 찌르고는 부르짖었다.

"적이 밖에서 들어왔다."

위사衛士들은 겁을 내어 떨면서 감히 움직이지 못하고, 재상과 백관들도 변고를 듣고도 오는 사람이 한 사람도 없었다.

_《고려사절요》 '공민왕 23년 9월' 조

최만생과 홍륜 등이 공민왕을 시해한 이유가 《고려사절요》의 기록대로 익비가 홍륜의 아이를 임신한 사실을 숨기기 위해서였는지는 분명치 않다. 조선 정조 때의 실학자 안정복安鼎福이 《동사강목東史綱目》〈고이考異〉 편에서 '궁중의 비밀과 방 안에서 희롱한 일을 사관史官이 어떻게 기록하였겠는가?'라며 공민왕의 음행에 대해 조선 개국

공민왕 충숙왕의 둘째아들로, 원나라에 의해 충정왕이 폐위된 후 왕위에 올랐다. 원나라가 쇠퇴하자 원나라 배척운동을 일으키고, 원에 빼앗긴 영토를 회복하였다. 그러나 1365년 부인인 노국대장공주가 죽자 정사를 돌보지 않았고 결국 홍륜·최만생 등에게 살해되었다. 그림에 뛰어나 고려의 대표적 화가의 한 사람으로 일컬어지며 글씨에도 능하였다.

공신開國功臣들이 '지어낸 말을 사신史臣이 기록한 것'에 불과하다고 비판한 것처럼 사실 여부는 불분명하다.《고려사》가 우왕禑王·창왕昌王을 '신우辛禑'·'신창辛昌'이라며 공민왕의 후손이 아니라고 강변하는 것처럼 조선 개창을 합리화하기 위한 창작일 가능성이 높다.

공민왕 시해사건이 발생하기 직전 명나라 사신 일행이 개경에 도착했다. 그런데 명 사신 일행은 횡포가 심해서 조야를 분노케 했다. 도당(都堂, 도평의사사)에서 명사明使 임밀과 채빈을 위해 큰 잔치를 베풀었는데, 한 기생이 자신의 모자에 꽃을 꽂은 것이 바르지 못하다며 채빈이 크게 화를 냈다. 화가 난 채빈이 말을 달려 돌아가려 하자 공민왕은 김흥경金興慶을 시켜 금교역金郊驛까지 뒤쫓아가 데려오게 했다.《고려사절요》는 '이때 빈관賓館에서 사신을 대접함이 심히 후하니, 이 때문에 부고府庫가 비게 되었다'라고 말하고 있는데, 설상가상으로 '채빈은 성품이 황폐하여 사람을 구타하고 꾸짖기를 좋아하니, 시중(侍中, 고려의 최고위직) 이후 여러 재상이 모두 능욕을 당했다' 한다. 공민왕은 임밀·채빈 일행이 돌아가자 말 3백 필을 주면서 동지

밀직사사同知密直司事 김의金義에게 요동까지 호송하게 했다.

그후 최만생 등이 공민왕을 시해하는 사건이 발생하자 《고려사절요》는 '어떤 사람'이 실력자 이인임에게 이렇게 말했다고 적고 있다.

"옛날부터 왕이 시역弑逆을 당하면 재상이 먼저 그 죄를 받는 법인데, 명나라 황제가 만일 선왕의 변고를 들으면 반드시 문죄하는 군사를 일으킬 것이니, 공이 반드시 면하지 못할 것이다. 원나라와 화친하는 편이 낫다."

이 말이 맞다고 여긴 이인임은 찬성사贊成事 안사기安師琦를 김의에게 보냈다. 명사를 제거하라는 밀명이었다. 그러잖아도 채빈은 주정이 있어서 술에 취해 여러 차례 김의를 죽이려 했으니 김의로서는 불감청不敢請이언정 고소원固所願인 일이었다. 김의는 개주참開州站에서 채빈과 그 아들을 죽이고 갑사甲士 3백 명과 말 2백 필을 가지고 북원으로 달아났다. 이는 공민왕 시해사건이 계기가 되었지만 그 내면에는 친명파와 친원파의 대립이 깔려 있는 사건이었다. 친원파의 거두였던 이인임은 백관과 연명으로 글을 만들어 원나라 중서성에 보냈다. 공민왕의 유명으로 원자元子 우禑가 왕위를 이어받았으니 인정해달라는 내용이었다. 그러나 당시 전의부령典儀副令으로 있던 정도전은 대좌언代左言 임박林樸 등과 함께 서명을 거부했다.

"선왕께서 계책을 결정하여 남쪽의 명나라를 섬겼는데, 이제 북쪽의 원나라를 섬기는 것은 부당합니다."

그러나 서신은 북원에 전달되었고, 북원에서는 사신을 보내 말했다.

"공민왕이 우리를 배반하고 명나라에 붙었기 때문에 너희 나라의 임금을 죽인 죄를 용서한다."

당시 북원의 국력으로는 용서하지 않아도 다른 수가 없었겠지만, 어쨌든 이는 고려의 외교정책이 친명에서 친원으로 회귀하는 계기가 되었다. 그러자 정도전과 예문응교藝文應敎 권근權近, 전리총랑典理摠郞 이숭인 같은 유학자들이 도당에 글을 올려 반대했다.

'만일 원나라 사신을 맞는다면 온 나라 신민이 모두 난적亂賊의 죄에 빠지게 될 것입니다. 다른 날 무슨 면목으로 현릉(玄陵, 공민왕)을 지하에서 뵙겠습니까?'

그러나 이인임과 경복흥慶復興은 정도전 등이 작성한 글을 각하해 받지 않았다. 도리어 정도전에게 원나라 사신을 맞이하는 임무를 주었다. 격분한 정도전은 경복흥을 찾아갔다.

"나는 마땅히 원나라 사신의 목을 베어오든지, 아니면 오라 지워서 명나라로 보내겠소."

정도전이 태후에게도 '원나라 사신을 맞는 것은 불가합니다'라고 아뢰자 분노한 이인임과 경복흥은 정도전을 회진현(會津縣, 지금의 전남 나주 지방)의 천민마을인 거평부곡居平部曲으로 유배했다. 귀양길에 정도전은 곤장까지 맞을 뻔했으나 때마침 일어난 석기釋器의 난을 처리하느라 경황이 없어 장형杖刑을 당하지 않은 것이 그나마 다행이었다. 이때 성균관 대사성大司成으로 있던 정몽주도 글을 올려 '원나라 사신을 잡고 김의의 부하를 명나라의 남경으로 보내자'고 주장했다. 이때만 해도 정도전과 정몽주는 친명정책을 주장하는 동지이자 같은 성리학자였다. 그러나 한번 귀양에 처해진 후 서로의 처지는 달라졌다.

천민마을에서 싹튼 혁명사상

정도전은 서얼庶孽의 피가 섞여 있다는 이유로 어렵게 오른 자리를 빼앗기고 귀양길에 올랐지만, 이것이 장장 9년간에 걸친 방랑의 시작이 되리라고는 생각지도 못했다. 비슷한 시기에 숙청된 정몽주와 김구용金九容, 이숭인 등 신흥사대부들 중 대부분이 이듬해 풀려나 다시 기용되었기 때문이다. 그러나 정도전에게는 아무런 소식이 없었다. 소식은커녕 정도전이 〈가난家難〉에서 토로한 대로, '내가 죄를 지어 남쪽 변방으로 귀양간 후부터 비방이 벌떼처럼 일어나고 구설이 터무니없이 퍼져 화가 측량할 수 없게 되었다'.

이런 사태가 두려워진 그의 아내는 글을 보내 원망했다.

당신은 평일에 부지런히 독서에만 몰두하여 아침에 밥이 끓든 저녁에 죽이 끓든 간섭하지 않아 집 안에는 한 섬의 쌀도 없었습니다. 방에 가득한 아이들은 끼니때마다 배고프다고 울고 날이 찰 때는 춥다고 울부짖었습니다. 제가 끼니를 맡아 그때그때 수단을 내어 꾸려가면서도 당신이 열심히 공부하시니 언젠가는 입신양명하여 처자들이 우러러 의뢰하고 집안에는 영광을 가져오리라고 기대했습니다. 그러나 끝내는 국법에 저촉되어 이름은 더럽혀졌으며, 행적이 깎이고, 몸은 남쪽 변방에 귀양가서 풍토병이나 걸리고 형제들은 나가 쓰러져서 가문이 망하였습니다. 세상 사람들의 웃음거리가 된 것이 이 지경에 이르렀으니 현인, 군자의 삶이란 진실로 이런 것입니까? _《삼봉집》〈가난〉

현실에 절망한 아내에게 정의를 말하고 도덕을 말할 수는 없었다. 정도전은 답장을 썼다.

당신의 말이 모두 맞소. 예전의 내 친구들은 정이 형제보다 깊었는데 내가 패한 것을 보더니 뜬구름처럼 흩어졌으니 그들이 나를 근심하지 않는 것은 본래 세력으로 맺어졌지 은혜로 맺어지지 않은 까닭이오. 하지만 부부는 한번 맺어지면 죽을 때까지 고칠 수 없는 것이니 당신이 나를 질책하는 것은 사랑해서이지 미워해서가 아닐 것이오. 또 아내가 남편을 섬기는 것은 신하가 임금을 섬기는 것과 같으니 이 이치는 허망하지 않으며 다같이 하늘에서 얻은 것이오. 당신은 집을 근심하고 나는 나라를 걱정하는 것 외에 어찌 다른 것이 있겠소. 각각 그 직분을 다할 뿐이며 그 성패와 이둔(利鈍, 날카롭고 무딤)과 영욕과 득실은 하늘이 정하는 것이지 사람에게 있는 것이 아닌데, 그 무엇을 근심하겠소.

_《삼봉집》〈가난〉

정도전의 유배지 우왕 1년(1375) 권신, 이인임, 경복흥 등 친원 세력과 맞서던 정도전은 전라도 나주목에 유배되었으며, 2년 뒤 유배에서 풀려난 뒤에는 낙향하여 4년간 칩거하다가 한양으로 가서 삼각산 밑에 초가를 짓고 후학을 가르쳤다. 하지만 주변 유학도들의 방해로 서재를 철거당하고 다시 김포로 이사했다.

　평소 형제보다 친했던 친구들은 모두 떠나버리고 아내마저 원망하는 상황에서 그에게 힘이 되어주었던 사람들은 사람 취급을 못 받던 부곡의 천민들이었다. 그는 〈소재동기消災洞記〉에서 자신의 유배 시절에 대해 생생하게 기록했다.

　나는 소재동消災洞에 사는 농부 황연黃延의 집에 세들어 살았다. 그 동리는 바로 나주에 속한 부곡인 거평居平 땅으로 소재사消災寺란 절이 있어서 동리 이름을 삼은 것이다. …… 그 산의 아지랑이〔嵐〕와 바다의 풍토병〔瘴〕이 사람의 살에 침입하여 병이 때없이 발생하기는 하지만 아침저녁 어둡고 밝을 적에 기상이 천만 가지로 변화하니 역시 구경할 만하다. …… 그리고 동리 사람들은 순박하고 허영심이 없으며 힘써 농사 짓기를 업으로 삼는데, 그 중에서도 황연은 더욱 그러했다. 그의 집에 서는 술을 잘 빚고 황연이 또 술 마시기를 좋아하였으므로, 술이 익으면 반드시 나를 먼저 청해 함께 마셨다. 손님이 오면 언제나 술을 내어 대 접하는데 날이 오랠수록 더욱 공손했다.   _《삼봉집》〈소재동기〉

정도전은 부곡민들을 통해 인간에 대한 새로운 이해를 얻었다. 순 박하면서도 의외로 유식하고, 또 세태에 따라 움직이지 않고 어려운 사람을 도울 줄 아는 인간성이 벼슬아치들이 아니라 천대받는 부곡 민들에게 있음을 깨달았던 것이다.

또 김성길金成吉이란 자가 있어 약간의 글자를 알았고, 그 아우 천天 도 담소를 잘했는데 모두 술을 잘 마셨고, 형제가 한집에 살았다. 또 서 안길徐安吉이라는 자가 있었는데 늙어서 중이 되었기 때문에 안심安心 이라고 불렀다. 코가 높고 얼굴이 길며 용모와 행동이 괴이했는데 모든 사투리, 속담, 여항閭巷의 일을 모르는 것이 없었다. 또 김천부金千富 · 조송曹松이란 자도 있는데, 그들도 술 마시는 것이 김성길 · 황연과 비 슷했다. 날마다 나를 찾아와 놀고, 매 철마다 토산물을 얻게 되면 반드 시 술과 음료수를 가지고 와서 한껏 즐기고서 놀다갔다.

_《삼봉집》〈소재동기〉

부곡민들과 깊이 교류하면서 정도전의 마음은 안정되어갔다. 정도전은 뒷산에 올라갔다가 살기 좋은 곳을 찾아 종에게 명해 묵은 숲을 베어내고 띳집 두 칸을 지었는데, '일이 간략하고 힘이 적게 들어서 동리 사람들이 며칠이 못 되어 완성했다'. 이렇게 동리 사람들과 친하게 지내다 보니 귀양생활에 적응되어갔다.

나는 겨울에 갖옷 한 벌, 여름에는 갈옷〔葛〕 한 벌로써 일찍 자고 늦게 일어나며, 기거동작에 구속되지 않았고 음식도 마음대로 먹었다. 그 두세 학자들과 강론하다가는 개울을 따라 산골짜기를 오르내렸는데, 피곤하면 휴식하고 흥이 나면 걷고, 경치가 아름다운 곳을 만나면 이리 저리 구경하며 휘파람을 불고 시를 읊느라고 돌아갈 줄 몰랐다. 어떤 때 는 농사꾼 또는 시골 늙은이를 만나, 싸리포기를 깔고 앉아 서로 옛 친 구처럼 위로하기도 했다.

_《삼봉집》〈소재동기〉

정도전은 동리 사람들과 함께 지은 자신의 오두막에 '초사草舍'라 는 이름을 짓고 편액을 달았다. 그리고 〈소재동기〉를 지어 거평부곡 사람들의 마음을 후세에 전했다.

다만 내가 찬찬하지 못하고 너무 고지식하여, 세상의 버림을 받아 멀 리 귀양왔는데도 동리 사람들이 나를 이렇게 두텁게 대접하니 이는 나 의 곤궁함을 불쌍히 여겨서일까? 아니면 먼 지방에서 생장하여 당시의 의논을 듣지 못하여 내가 죄 있는 자인 줄 몰라서일까? 아무튼 모두가 지극히 후대해주었다. 내가 한편으로는 부끄럽고 한편으로는 감동하여

그 시말始末을 적어서 나의 뜻을 표시한다.　　　　　_《삼봉집》〈소재동기〉

정도전의 〈소재동기〉는 조선 말의 명필 추사秋史 김정희金正喜가 제주도 유배지에 책을 보내준 서얼 출신 제자 이상적李相迪에게 '세한도歲寒圖'를 그려 보답한 것처럼 부곡민들에 대한 고마움에서 작성한 글이다. 이 시절 정도전은 한 늙은 농부에게서 큰 깨달음을 얻기도 했다. 〈농부에게 답함〔答田夫〕〉이란 글에 그 시말이 담겨 있다.

하루는 들에 나가 노닐다가 농부 한 사람을 보았는데, 눈썹이 기다랗고 머리가 희고 진흙이 등에 묻었으며, 손에는 호미를 들고 김을 매고 있었다. 나는 그 옆에 다가가서 말했다.

"노인장 수고하십니다."

농부는 한참 후에야 나를 보더니 호미를 밭이랑에 두고는 언덕으로 걸어 올라와 두 손을 무릎에 얹고 앉으며 턱을 끄덕여 나를 오라고 했다. 나는 그가 늙었기에 빨리 걸어가 팔짱을 끼고 섰더니 농부가 물었다.

"그대는 어떠한 사람인가? 그대의 의복이 비록 해지기는 했으나 옷자락이 길고 소매가 넓으며, 행동거지가 의젓한 것을 보니 혹 선비가 아닌가? 또 수족이 갈라지지 아니하고 뺨이 풍요하고 배가 나온 것을 보니 조정의 벼슬아치가 아닌가? 무슨 일로 여기까지 왔는가? 나는 노인이고 여기에서 나서 여기에서 자랐기 때문에 거친 들과 풍토병이 가득한 궁벽한 시골에서 도깨비와 더불어 살고 물고기와 더불어 사는 처지가 되었소. 그러나 조정의 벼슬아치라면 죄를 짓고 추방된 사람이 아니

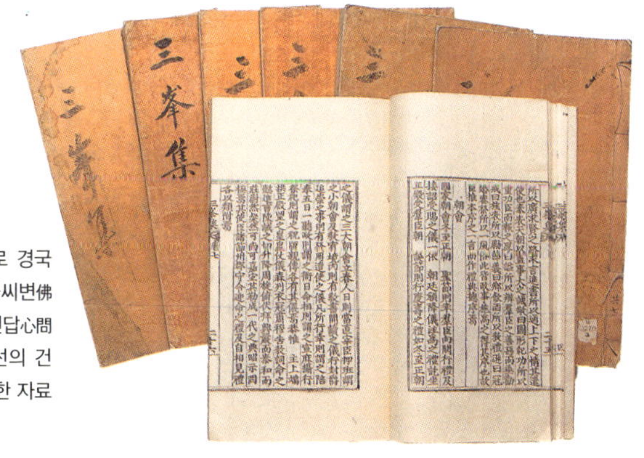

삼봉집 정도전의 시문집으로 경국문감經國文鑑·경국전經國典·불씨변佛氏辨·심기리편心氣理篇·심문천답心問天答·경제문감經濟文鑑 등 조선의 건국이념을 살펴볼 수 있는 중요한 자료들이 수록되어 있다.

면 여기에 오지 않는데, 그대는 죄를 지은 사람인가?"

나는 답했다.

"그렇습니다."

_《삼봉집》〈농부에게 답함〉

그러자 농부는 사욕을 채우다가 귀양왔는지, 권세가에 아부하다가 여러 사람의 미움을 사서 귀양왔는지 물었다.

정도전이 답했다.

"그런 게 아닙니다."

농부는 다시 겉으로는 겸손한 척하여 헛된 명예를 훔치고, '어두운 밤에는 분주하게 돌아다니면서' 온갖 지저분한 짓거리를 다 하다가 '공론이 비등하고 천도天道가 무심하지 않아 그만 간사한 짓이 드러나고 죄가 발각되어 이런 지경에 이르게 된 것인가?'라고 물었다.

"그것도 아닙니다."

그러자 농부는 장수기 되어서 큰소리쳤으나 '범 가죽은 비록 아름답지만 본질이 양이라 겁을 잘 내서' 교전도 하기 전에 먼저 도망가 국가의 대사를 그르친 것이 아닌지, 아니면 경상卿相이 되어서 아첨하는 자는 즐거이 쓰고 곧은 선비는 배척하다가 악행이 쌓여 화를 입은 것인지 물었다. 정도전이 '그것도 아닙니다'라고 답하자 농부는 단정지었다.

"그렇다면 나는 그대의 죄목을 알겠도다. 그 힘이 부족한 것을 헤아리지 않고 큰 소리를 좋아하고, 그 때의 불가함을 알지 못하고 바른 말을 좋아하며, 지금 세상에 났지만 옛사람을 사모하며, 아랫자리에 있으면서 위를 거스른 것이 죄를 얻은 원인이로다."

그러면서 농부는 정도전을 위로했다.

"그대는 한 몸으로서 몇 가지 금기를 범했는데도 겨우 귀양만 보내고 목숨은 보전하게 했으니 나 같은 촌사람이라도 국가의 은전이 너그러움을 알 수가 있겠소. 그대는 지금부터라도 조심하면 화를 면하게 될 것이요."

농부의 단정은 정도전의 처지를 정확히 짚은 것이었다. 정도전은 농부에게 '은군자隱君子'라며 '객관客館에 모시고 글을 배우고자 합니다'라고 말했으나 노인은 거절했다.

"나는 대대로 농사짓는 사람이오. 밭을 갈아서 국가에 세금 내고 나머지로 처자를 양육하니, 이 밖의 일은 내가 알 바 아니오. 그대는 물러가고 나를 어지럽히지 마시오."

정도전은 물러나와 공자가 천하를 주유하는 것을 비웃은 장저長沮, 걸익桀溺 같은 은군자라고 탄식했다. 정도전은 이때 모든 사람이 다

같다는 사실을 깨달았다. 정도전이 이후 모든 백성에게 토지를 나누어줄 것을 주장하게 된 것은 이때의 경험이 큰 역할을 했을 것이다. 부곡민들의 따뜻한 보살핌 속에서 정도전은 다시 학문에 정진할 수 있었다. 귀양지에서 〈심문心問〉과 〈천답天答〉을 지은 것이 이를 말해준다. 불교의 인과응보설을 비판한 이 책은, 몸은 비록 귀양지에 묶여 있어도 그 마음은 새로운 사회를 향해 날아갔음을 말해준다.

정도전의 승부수

정도전은 우왕 3년(1377) 고향인 영주로 돌아왔다. 귀양에서 풀려난 것이 아니라 조금 편한 곳으로 옮겨진 것이었다. 그러나 영주에서도 편히 지낼 수 없었다. 왜구가 창궐해 단양, 제천, 안동, 원주 등지로 피난해야 했기 때문이다. 우왕 6년(1380) 그가 왜구를 피해 지은 오언 율시 〈도적을 피하다〔避寇〕〉가 전한다.

> 도적을 피해서 내 땅을 떠나,
>
> 가족 이끌고 다른 고을로 가네.
>
> 가시덩굴 스스로 앞을 가리니,
>
> 상재(桑梓, 고향)*는 눈에 선해 잊기 어렵네.

---

* 상재는 뽕나무와 자작나무란 뜻으로 조상들의 터전, 즉 고향을 말한다. 《시경詩經》〈소아小雅〉'소변小弁'에 '부모가 심은 뽕나무와 자작나무도 공경한다〔惟桑與梓必恭敬止〕'라는 데서 따왔다.

세상이 험난하니 어린아이 가엾고,

집이 가난하니 어진 벗 의지할밖에.

천지는 부질없이 넓기만 한데,

내 흥취 아득하여 홀로 섰노라.

避寇離吾土 攜家走異鄕

荊榛行目蔽 桑梓耿難忘

世險憐兒少 家貧仗友良

乾坤空自濶 獨立興蒼茫

이런 난리 끝에 귀양이 종편거처(從便居處, 살기에 편리한 곳을 좇아서 살게 허락하는 것)로 한 등급 낮아지자 그가 선택한 곳은 삼각산三角山 아래였다. 그곳에 자신의 호를 따서 삼봉재三峰齋를 열었는데, 사실 상 서당이었다.

그런데 삼봉이란 호에는 사연이 있었다. 정도전의 아버지 정운경 이 젊은 시절 단양의 삼봉을 지나다가 관상가를 만났다.

"10년 후 다시 이곳에 와서 혼인하면 재상이 될 아이를 가질 것이요."

정운경은 관상가의 말대로 10년 뒤 삼봉에 다시 들렀다가 한 여인 을 만나 아이를 얻게 되었다. 그 여인이 바로 산원 우연의 딸인데, 신 분이 낮은 여인과 교합한 것을 보면 관상가의 예언을 의식한 정운경 이 연출한 인연인지도 모른다. 그런데 이런 사연이 있음에도 정도전 의 출생연도가 언제인지는 정확하지 않다. 다만 태조 5년(1396) 명나 라에 보낸 표전문表箋文이 문제가 되어 정도전의 압송을 요구했을 때

도담 삼봉 정도전은 단양 도담 삼봉 중앙봉에 정자를 짓고 이따금 찾아와서 경치를 구경하고 풍월을 읊었다고 한다. 정도전이 자신의 호를 삼봉이라고 한 것도 도담 삼봉에 연유한 것이다.

'정도전의 장고狀告에 의하면, 나이는 55세'라는 글이 있는데, 이에 비추어보면 그의 출생연도는 충혜왕 복위 3년(1342)이 된다.

어쨌든 길에서 얻은 아이라는 이유로 도전道傳이라고 이름지었는데, 정도전은 부모가 인연을 맺은 곳인 삼봉을 자호自號로 삼았고, 삼각산 아래의 거처를 삼봉재라 이름지었던 것이다.

그러나 삼봉재 생활은 오래가지 못했다. 정도전을 미워한 이곳 출신 재상이 삼봉재를 헐어버렸기 때문이었다. 권세가에 대한 분노를 삭이며 그는 제자들을 이끌고 과거 동문인 부평부사 정의鄭義를 찾아갔다. 겨우 부평부의 남촌에 주거를 틀었는데, 재상 왕씨王氏가 그 땅에 별장을 짓겠다고 그의 집을 헐어버린 것이다. 그는 다시 김포로 이주할 수밖에 없었다. 이때가 우왕 8년(1382)으로, 1342년생인 그의

나이 마흔하나였다. 이때 지은 〈집을 옮기다〔移家〕〉란 오언율시는 그
의 심사를 잘 말해준다.

오 년에 세 번이나 집을 이사했는데,

올해 또다시 집을 옮겼네.

탁 트인 들에 초가는 작고,

기다란 산에는 고목이 성글구나.

농부들이 찾아와 성을 묻는데,

옛친구는 편지조차 끊어버리네.

천지가 능히 나를 용납하려나,

바람 부는 대로 맡길 수밖에.

五年三卜宅 今歲又移居

野濶團茅小 山長古木疎

耕人相問姓 故友絶來書

天地能容我 飄飄任所如

그러나 바람 부는 대로 인생을 맡기기에는 썩은 세상에 대한 흉중
의 분노가 너무 컸고, 펼치고 싶은 꿈 또한 너무 많았다. 사십대 초반
으로 접어들었지만 그는 신산스러운 세상살이에 순화되지 않았다.

북원의 사신 접대를 거부해 시작된 귀양과 유랑이 9년째로 접어들
고 있었다. 그의 나이 이미 42세. 인생을 뒤집을 승부수가 필요했다.
그것이 바로 이성계를 찾아가는 것이었다. 우 왕 9년(1383) 가을. 그래

나옹대사와 무학대사 고려말의 고승이었던 나옹대사(위)와 제자인 무학대사의 모습. 특히 무학대사는 1392년 조선 개국 후 왕사가 되어 조선의 도읍을 정하는 데 지대한 공헌을 했다.

서 그는 함경도 함주로 향했다.

'이 군대로 무슨 일인들 성공하지 못하겠습니까?'라는 정도전의 감탄에 이성계가 무엇을 뜻하느냐고 묻자 '왜구를 동남방에서 치는 것을 이름입니다'라고 답했지만 이성계는 그 말을 곧이들을 정도로 고지식하지 않았다. 또한 그는 이미 왕위를 꿈꾸고 있었다. 이성계의 부친이 사망했을 때의 일화가 이를 말해준다.

부친이 사망하자 이성계는 길지吉地를 구하지 못해 애를 태우고 있었다. 그때, 스승과 제자가 길가에서 쉬면서 이야기를 나누고 있었다. 스승이 제자에게 동산東山을 가리키며 말했다.

"이곳에 왕이 날 땅이 있는데, 너도 아느냐?"

"산이 세 갈래로 내려오는데, 가운데 줄기의 짧은 산기슭이 정혈正穴인 것 같습니다."

"네가 자세히 알지 못하는구나. 사

람으로 비유하면 두 손을 쓰는 데 오른손이 긴요한 것같이 오른편 산기슭이 진혈眞穴이다."

때마침 이성계의 집 종이 그 앞을 지나다가 이 이야기를 듣고 달려와 전하자 이성계가 말을 재촉해 함관령咸關嶺 아래에서 승려들을 만났다. 이성계는 승려들에게 매우 간절히 청해 그 장지葬地를 얻었다.

이긍익李肯翊은 《연려실기술燃藜室記述》에 《북로능전지北路陵殿志》를 인용한 이 내용을 실으면서, 《오산설림五山說林》에는 그 스승이 나옹대사懶翁大師이고, 그 제자가 무학대사無學大師였다는 내용을 덧붙이고 있다.

물론 이 이야기는 조선 개국 후에 만들어진 이야기일 가능성이 높다. 하지만 이성계가 자신을 찾아온 정도전을 중용한 것은 비단 불우한 처지의 정도전을 동정했기 때문만은 아닐 것이다. 이 만남 이후 정도전은 이성계의 참모가 되었고, 이성계는 정도전을 적극 후원했다. 정도전은 사실상 이성계의 군사軍師였다. 《태조실록》에는 그가 개국할 즈음 취중에, '한 고조가 장자방을 쓴 것이 아니라, 장자방이 곧 한 고조를 쓴 것이다'라고 말했다고 적고 있다. 이성계도 막연히 큰 꿈을 꾸고 있었겠지만 그 구체적인 방법은 알지 못했다. 그 방법을 알고 있는 인물은 정도전이었다.

이성계를 만나고 난 이듬해인 우왕 10년(1384) 정도전은 다시 벼슬길에 오를 수 있었다. 그의 나이 43세, 무려 10년 만의 벼슬길이었다. 그해 7월 그는 전의부령이 되었다. 10년 전 귀양갈 때의 관직이 바로 전의부령이었으니, 귀양과 유랑의 10년 세월 후 제자리로 돌아온 셈이었다. 그러나 10년 전의 전의부령 정도전이 이인임과 경복흥 등 친원 권세가와 맞선 젊은 관료였다면, 지금의 정도전은 실력자 이성계가 후원하는 중견 관료였다. 그해 7월 그가 성절사聖節使 정몽주를 따라 명나라 수도인 금릉金陵에 가게 된 것도 배려라면 배려였다. 정몽주는 정사이고, 정도전은 그의 서장관書狀官이었다. 그러나 스승인 이색이 정도전이 가지고 갈 시문집에 '정도전은 학문의 강명講明함이 정몽주와 같고, 저술은 이숭인과 같다'라는 발문을 써준 데서도 알 수 있듯, 정도전은 다섯 살 위의 정몽주와 비교해 학문에서 조금도 뒤지지 않았다. 정몽주와 정도전이 명나라에 간 목적은 우왕이 공민왕의 뒤를 이은 것을 승인받고 시호諡號 책봉도 받기 위해서였다. 정도전으로서 이 임무는 10년 전 자신의 행위가 정당했음을 입증할 수 있는 기회이기도 했다. 10년 전 배원친명排元親明정책을 주장하다가 귀양 갔던 그로서는 자신이 묶은 매듭을 스스로 푸는 것이었다.

이 임무를 성공적으로 완수한 그는 이듬해 종3품 성균좨주成均祭酒로 승진했다. 정도전은 우왕 13년(1387) 경기도 남양부사南陽府使를 자원해 내려갔다. 그는 지방행정의 경험이 나라를 다스리는 데 꼭 필요하다고 생각하고 있었다. 또한 외직을 거쳐야 중앙의 요직에 오를 수 있었다. 그러나 그는 남양부사로 오래 근무할 수 없었다. 중앙정계에 격변이 일고 있었기 때문이다. 요동정벌이 정국의 화두로 떠오른 것이었다.

02

낡은 세력의 몰락

조민수는 어찌할 줄 모르고 단기單騎로
태조(이성계)에게 나아가 눈물을 흘리면서
공이 가면 우리는 어디로 가야 하는가, 라고 말했다.
_《고려사절요》

공양왕 2년(1390) 9월
기존의 모든 토지문서[公私田籍]를
도성 한복판에 쌓은 후 불을 질렀다.
그 불이 여러 날 동안 탔다.
_《고려사》 '식화'조

중원의 정세 변화는 만주와 한반도에 직접적인 영향을 미친다. 당나라가 없었다면 신라는 삼국통일을 달성하지 못했을 것이다. 또 당이 무너지고 5대의 혼란시대가 없었다면 왕건의 고려 건국은 훨씬 더 힘들었을 것이다. 마찬가지로 원·명 교체기였기에 이성계나 정도전이 새 왕조 개창을 꿈꿀 수 있었다.

북방으로 쫓겨간 원나라는 재기를 노렸지만 한번 뒤집힌 전세를 만회하기란 쉽지 않았다. 명나라는 고려에 침략했다가 이성계에게 격퇴된 원의 유장遺將 나하추〔納哈出〕를 항복시켜 북방 진출의 기회를 얻더니, 나하추를 후원하던 북원 소제昭帝의 아우 탈고사첩목아脫古思帖木兒를 달리박達理泊 부근에서 격파하고 만주로 진출했다. 명나라의 만주 진출은 고려로서 가볍게 볼 사안이 아니었다. 북방 국경을 맞대는 나라가 바뀌는 것을 뜻하기 때문이었다.

대륙을 석권한 명나라는 과욕을 부렸다. 우왕 14년(1388), 명나라는 예전에 원나라가 차지했던 평안·함경도 지역에 철령위鐵嶺衛를 설치해 자기네가 차지하겠다고 고려에 통보했다. 원래 원나라 땅이었으므로 이제는 자신들의 땅이라는 논리였다. 명나라의 통보에 놀란 조정 군신들이 대책을 논의했다. 모든 군신들이 한목소리로 반대했다.

"그곳은 우리의 영토이니 명나라에 내줄 수 없습니다."

그러나 말은 그렇게 해도 명나라가 그 지역을 차지하려 한다면 막을 수 없다고 생각하고 있었다. 그런데 문하시중 최영崔瑩은 달랐다.

"전쟁을 치르더라도 우리 영토를 내줄 수는 없습니다."

전쟁불사론이란 배수진을 친 것이었다. 그러자 조정 중신들은 한 발 뒤로 물러섰다. 전쟁을 할 수는 없으니 땅을 내줄 수밖에 없다는 생각이었다. 하지만 최영은 어떤 희생을 치르더라도 땅을 줄 수 없다고 버텼다. 이런 강경론에 동조하는 중신은 소수였다.

우왕은 최영의 의견을 지지했으나 많은 중신들이 강력히 반대하자 둘은 비밀리에 논의했다. 우왕과 최영은 공격이 최선의 방어란 생각에서 명나라를 선제공격해 만주의 옛 영토를 수복하기로 했다. 요동遼東정벌론이었다. 요동정벌계획이 새어나가자 반대하는 목소리가 들끓었다. 전 동북면존무사東北面存撫使였던 공산부원군公山府院君 이자송李子松이 최영을 찾아가 말했다.

"요동을 공격하는 것은 불가합니다."

최영은 그를 권문세족 임견미林堅味의 일당이란 죄목으로 전라도 내상內廂으로 귀양보내기로 했다가 조금 후 죽여버릴 정도로 강경하

요동 최영과 우왕의 요동 정벌 계획은 이성계의 위화도 회군으로 수포가 되었고, 이성계와 정도전의 요동 정벌 계획은 제1차 왕자의 난에 의해 무위가 되고 말았다.

게 대처했다. 이런 와중에 서북면도안무사西北面都按撫使 최원지崔元 沚가 올린 장계가 도착했다.

'명나라 요동도사가 지휘指揮 두 사람을 보내 군사 1천여 명을 거느리고 요동에서 철령에 이르기까지 역참驛站 70군데를 설치했습니다.'

고려가 우왕좌왕하는 사이 명나라가 무력으로 고려 북방을 차지한 것이다. 우왕은 동강에서 돌아오다가 말 위에서 눈물을 흘렸다.

"군신들이 요동을 치려는 나의 계책을 듣지 않아 이 지경이 되었다."

우왕은 팔도의 군사를 징집하고 최영이 동교東郊에서 군사를 사열했다. 우왕 14년 3월의 일이었다.

우왕은 경내의 죄인을 사면하고 세자와 여러 비妃를 한양산성으로 옮기고 찬성사 우현보에게 개경을 지키게 하고 자신은 해주 석사정石沙亭으로 사냥을 간다며 대규모 군사를 이끌고 떠났다. 겉으로는 사냥을 칭탁하고 속으로는 요동을 치려는 계책이었다.

4월 1일, 우왕은 봉주鳳州에 머물면서 최영과 이성계를 불렀다.

"요양遼陽을 치려고 하니 경들은 힘을 다하여야 한다."

이성계가 말했다.

"지금 요동정벌에는 네 가지 어려움이 있습니다. 첫째, 작은 나라로서 큰 나라를 치는 것은 안 될 일입니다. 둘째, 농번기에 군사를 동원해서는 안 됩니다. 셋째, 온 나라의 군사를 모아 북벌에 나서면 남쪽에 왜구가 준동할 것이니 안 되옵니다. 넷째, 곧 여름철이 닥치면 아교가 녹아 활이 눅고 비가 자주 내려 병사들이 질병을 앓을 것이니 안 됩니다."

이른바 '4불가론四不可論'이었다. 이 중 세 번째 반대 이유는 나름대로 근거가 있다고 할 수 있다. 당시 상황을 《고려사절요》는 이렇게 설명하고 있다.

이때 전라 · 경상도는 왜적의 소굴이 되고, 서북면은 땅을 분할하여 빼앗길 염려가 있으며, 경기 · 교주 · 양광도는 성을 수축하기에 피곤하고, 서해도와 평양은 사신을 영접하기에 지쳤는데, 게다가 군사를 징발하니, 팔도가 소요하고 백성들이 농업을 잃게 되어 안팎에서 원망하였다.

_《고려사절요》 '우왕 14년'조

이는 훗날 조선을 개창한 이성계의 자리에서 쓴 기록으로, 모순되는 점이 발견된다. 3년 전인 우왕 11년(1385) 이성계가 함주에서 왜적을 대파한 이후 왜적의 큰 준동은 없었으며, 서북면의 땅을 명나라에서 차지하려 하기 때문에 요동을 정벌하려는 것이다. 여름철이라 전쟁을 하면 안 된다는 논리도 병법에 맞지 않는다. 아군의 활만 눅고, 아군만 질병을 앓는 것이 아니라 적군도 마찬가지이기 때문이다.

군사력의 두 축 중 한 명인 이성계가 반대하자 우왕은 흔들렸다. 최영은 한밤중에 우왕을 찾았다.

"요동정벌을 반대하는 다른 말들은 듣지 마십시오."

요동을 공격하려는 최영의 결심이 확고하자 자신감을 얻은 우왕은 다음날 이성계를 만나 일방적으로 말했다.

"이미 군사를 일으켰으니 중지할 수는 없다."

이성계는 우왕의 결심을 되돌릴 수 없다고 판단했다. 그래서 타협안을 제시했다.

"반드시 큰 계책을 성취하시려거든 대가(大駕, 임금의 가마)가 서경(西京, 평양)에 머물러서 가을까지 기다렸다가 곡식이 들판에 충만해지면 군량이 넉넉할 것이니 군사들이 북을 치면서 진격할 수 있습니다. 지금은 전쟁할 시기가 아닙니다. 설혹 요동의 한 성城을 함락시킨다 하더라도 비가 많이 내리는 장마철이 곧 다가오므로 군대가 전진할 수도, 후퇴할 수도 없는 지경에 빠질 것입니다. 그렇게 되면 군사들이 지치는데다 군량이 떨어지면 화禍가 닥칠 것입니다."

이성계의 반대를 듣고 우왕이 말했다.

"경은 이자송을 보지 못했는가?"

요동정벌을 반대하다가 이자송처럼 죽을 수 있다는 경고였다.

"이자송은 이미 죽어 아름다운 이름이 후세에 전하지만 신 등은 비록 살았어도 이미 실책을 하게 되었으니 무슨 소용입니까?"

우왕이 듣지 않자 할 수 없이 물러난 이성계가 눈물을 흘리니 수하의 비장이 물었다.

"왜 이렇게 애통해하십니까?"

"이제부터 백성들에게 큰 화가 닥칠 것이다."

가을까지 기다렸다가 군량이 충분해진 다음 공격하자는 주장은 일리가 있었다. 그러나 가을에 출병하면 곧 요동의 추운 겨울과 맞닥뜨려야 하기 때문에 그것 역시 만전萬全의 계책은 될 수 없었다. 이성계가 반대하는 실제 이유는 요동정벌이 자신을 제거하려는 우왕과 최영의 계책이라고 보았기 때문이다. 무장으로서 이성계는 북벌을 두려워할 사람이 아니었다. 그의 시 한 구절을 보자.

쑥 더위잡고 푸른 산 오르니

암자 하나 높이에 하얀 구름 누워 있네.

눈에 보이는 것을 모두 우리 땅으로 한다면

초나라 월나라 강남인들 어찌 사양하랴.

引攀蘿上碧峰　一庵高臥白雲中

若將眼界爲吾土　楚越江南豈手不客

이 시에서 강남이란 한강 이남이 아니라 중국의 양자강 남쪽을 가리키는 것이다. 중국을 다 준들 사양하겠느냐는, 호방한 시인 것이다. 실제로 이성계는 새 왕조 개창 후 정도전과 요동정벌을 꾀한다. 이제 출병은 결정되었다.

문하시중 최영이 팔도도통사八道都統使, 조민수曹敏修가 좌군도통사, 이성계가 우군도통사였다. 10만 대군이라고 군호軍號*했으나, 《고려사》는 좌·우군이 모두 3만8천여 명이고 심부름꾼이 1만1천여 명이라고 기록하고 있다. 단순한 군사 숫자보다 의미 있는 것은 기마병의 숫자였는데, 말이 2만2천여 필이나 되었다. 만주벌판에서 싸울 때는 기마병이 절대적으로 유리하다는 점에서 우왕과 최영으로서는 최고의 전력을 동원한 것이었다.

출병하기 전 우왕은 여러 원수들에게 술을 마시게 하고, 옷과 갑주甲冑와 궁검弓劍과 말을 차등 있게 주었다. 《고려사》나 《고려사절요》는 이때 우왕이 호악胡樂과 호적胡笛을 연주했으며, '명나라의 홍무洪武 연호를 정지하고 국인國人에게 호복胡服을 입게 했다'고 적고 있다. 이때 호악·호적·호복이란 오랑캐의 것이 아니라 중국의 것과 대칭되는 고려의 것으로 보아야 할 것이다. 명의 연호를 중지시키고 고려 전통의 것을 부활시킨 이 조치는 큰 의미가 있었다. 고려 전통을 부활시킨 후 요동정벌에 성공하면 명실상부한 고구려의 부활이 되는 것이었다.

---

* 군호란 군사의 실제 숫자 외에 적에게 시위하기 위해 많은 수를 덧묻이는 것을 뜻한다.

드디어 군사가 출병하는데, 이성계가 적극성을 띠지 않았기 때문에 진군이 빠르지 못했다.

4월 계해일에 최영이 우왕에게 아뢰었다.

"지금 대군이 길에서 열흘이나 지체한다면 큰일이 실패할 것이니 신이 가서 독려하기를 청합니다."

우왕이 일렀다.

"경이 가면 누구와 정사를 하겠는가?"

최영이 굳이 청하니 우왕이 일렀다.

"그러면 나도 가겠다." _《고려사절요》 '우왕 14년 4월' 조

이것이 분수령이었다. 우왕은 최영을 곁에 두고 싶어했다. 우왕의 부인 영비寧妃는 이해에 들인 최영의 딸이었다. 우왕이 최영의 딸을 들이려 하자 최영은 국왕과 외척이 되기를 꺼려 반대했다.

"신의 딸은 못생겼고, 또 정실의 소생이 아니기 때문에 집에서도 항상 측실(側室, 곁방. 곧 첩의 방)에 두고 있으니 지존至尊의 배필이 될 수 없습니다."

그러나 우왕은 끝내 최영의 딸을 들여 배필로 삼았다.

우왕이 따라나서겠다고 하자 최영은 전선에 나가기를 포기했다. 최영을 곁에 두고 싶었던 우왕의 욕심이 자신과 고려의 명을 재촉한 셈이다. 최영이 팔도도통사로 정벌군을 총지휘했다면 전선에서 군명軍命을 거역하기는 어려웠다. 그랬다면 요동정벌도 성공했을 가능성

위화도 압록강의 하중도河中島로 의주 하류 쪽에서 2km, 신의주에서 상류 쪽 2km 지점에 위치한다. 고려시대에는 대마도大麻島라 하여 국방상 요지였다. 우왕 14년(1388) 5월 요동정벌에 나선 우군도통사 이성계가 이곳에서 회군을 단행함으로써 조선 개국의 계기를 마련했다.

이 높았다. 《고려사절요》에 실린 이성泥城에서 온 사람의 말이 이를 말해준다.

"근래에 내가 요동에 갔는데 요동 군사가 모두 오랑캐(원나라)를 치러가고 성중에는 다만 지휘가 한 명 있을 뿐이니, 만일 대군이 이르면 싸우지 않고 항복을 받을 것입니다."

이 말에 크게 기뻐한 최영은 많은 상을 주었다.

요동정벌군이 북상한 직후 왜선 80척이 진포鎭浦에 정박하고 여러 고을을 침범하자 우왕은 상호군上護軍 진여의陳汝宜를 전라·양광도로 보내 병을 핑계로 북벌에 빠진 자와, 자제와 노예를 대신 보낸 자를 모두 모아 왜적과 싸우게 했다.

이런 와중에 요동정벌군은 압록강을 건너 운명의 위화노威化島로 들어가 진을 쳤다. 그러나 '도망하는 군사가 길에 이어져서 끊어지지 않았다. 우왕이 곳곳에서 베도록 명했으나 그치게 하지는 못했다'는 《고려사절요》의 기록처럼 사기는 그리 높지 않았다. 그러나 이성원수泥城元帥 홍인계洪仁桂와 강계원수江界元帥 이억李嶷이 먼저 요동으로 건너가 적군을 죽이고 돌아오니 우왕이 크게 기뻐하며 금정자와 무늬비단을 주었다는 《고려사절요》의 기록은 명군의 사기가 높지 않았음을 말해준다.

좌군도통사 조민수도 요동정벌에는 회의적인 인물이었다. 그는 회군을 요청하는 글을 올리자는 이성계의 의견에 동조했다.

'신 등이 뗏목을 타고 압록강을 건너니, 앞에 큰 내가 있는데 비가 내려서 물이 불어나 첫째 여울에서 표류하여 빠진 자가 수백 명이요, 둘째 여울은 더욱 깊으니 섬 가운데 머물러 둔屯을 치는 것은 한갓 양식만 허비할 뿐입니다. 여기서 요동성에 이르는 사이에 큰 내가 많아서 무사히 건널 것 같지 않습니다.'

조민수와 이성계는 요동으로 들어가고 싶지 않았다. 진군進軍과 회군回軍 사이에서 좌·우군도통사가 선택한 대안은 합법적인 회군이었다. 물이 불어 건널 수 없다는 상황론과 선왕(공민왕)의 유지를 이어야 한다는 것을 명분 삼아 회군을 주장한 것이다.

'작은 나라로서 큰 나라를 섬기는 것은 나라를 보존하는 도리인데, 우리 국가는 삼한을 통일한 이래 대국을 부지런히 섬겼으며, 현릉(공민왕)께서는 대명大明을 복종하고 섬겨 그 표문에, 자손만대가 되도

록 길이 신첩臣妾이 되겠다고 했으니 그 정성이 지극했습니다.'

두 장수는 장마철이라 갑옷이 무거워져 군사와 말이 모두 피곤하다는 정황 등을 설명한 후 전장에 나선 장수로서 하기 어려운 요구를 했다.

'엎드려 바라건대, 전하께서는 특별히 회군을 명령하여 삼한 백성의 기대에 맞추소서.'

회군 요청이었다. 출정한 장수의 입에서 나올 수 있는 요청은 아니었다. 거부하면 말머리를 돌리겠다는 뜻이었다. 회군 요청을 받은 우왕과 최영은 배수진을 쳐야 했다. 회군을 허락하든지 최영이 직접 현장으로 가서 이성계와 조민수를 지휘해야 했다.

그러나 우왕과 최영은 이도 저도 아닌 결정을 내렸다. 환관 김완金完을 과섭찰리사過涉察里使로 보내 진군을 독촉했다. 이성계와 조민수는 김완을 억류했다. 신하가 임금이 보낸 사신을 억류했다는 사실은 군신관계의 파탄을 의미하는 것이었다. 이런 상황에서 최영은 배후裵厚를 원나라에 보냈다. 원나라군과 함께 명나라를 협공하려는 계책이었다. 이에 대해 《고려사절요》의 찬자撰者는 '그때 망한 원나라의 종자는 사막으로 도망하여 헛칭호만 일컫고 있었는데, 최영이 그들의 응원을 받으려 했으니 그 계책의 소루하기가 이와 같았다'라고 비판하고 있지만 남북에서 명나라를 협공하려는 계책은 소루한 것이 아니었다. 원나라가 아무리 몰락했다 해도 강한 기병을 갖고 있는 나라였다.

이성계는 회군을 결심했다. 이성계가 우왕에게 올린 글 중에 '대명에 복종' 운운한 것은 이유가 있었다. 회군을 합리화하는 논리가 숨어 있었던 것이다. 우왕을 공민왕의 아들이 아니라 신돈辛旽의 아들이라고 주장하는 '폐가입진(廢假立眞, 가짜를 폐하고 진짜를 세운다)'의 논리가 숨어 있었던 것이다. 논리의 핵심은 '입진'이 아니라 '폐가'에 있었다. 우왕은 공민왕의 아들이 아니니 폐하겠다는 것이었다.

이런 논리는 이성계의 머리에서 나올 수 있는 것이 아니었다. 위화도로 따라가지는 않았지만, 이는 정도전의 머리에서 나올 수 있는 논리였다. 정도전에게 '폐가입진'은 논리적 일관성이 있었다. 그가 우왕 즉위 초 친명정책을 주장한 논리는 그 정책이 공민왕의 계책이라는 것이었다. 그 결과 10년 동안 고통을 겪었지만 그는 자신의 주장을 철회한 적이 없었다. 그는 진군할 수도, 회군할 수도 없는 진퇴양난에 빠진 이성계에게 친명사대가 선왕의 정책이란 논리를 주었다. 선왕은 현왕이 섬겼던 인물이므로 현왕도 선왕의 유지는 따라야 했다. 그리고 그 배후에는 '폐가입진'의 논리가 숨어 있었다. 곧 우왕을 폐하고 새 왕을 세우는 행위에 정당성을 부여한 것이다.

그러나 조민수는 함께 회군 요청을 했지만 이성계가 말머리를 돌리리라고는 생각지도 못했다. 《고려사절요》는 이성계가 회군한다는 소문이 돌자 '조민수는 어찌할 줄 모르고 단기單騎로 태조(이성계)에게 나아가 눈물을 흘리면서 공이 가면 우리는 어디로 가야 하는가, 라고 말했다'고 적고 있다.

이성계는 흔들리는 여러 장수들에게 선언했다.

"만약 상국(上國, 명나라)의 국경선을 범하여 황제로부터 죄를 얻으면 종사宗社는 물론 백성들에게 화가 닥칠 것이다. 내가 순順과 역逆으로써 글을 올려 회군하기를 청했으나 왕이 살피지 못하고……."

순順과 역逆은 '폐가입진'과 같은 논리였다. 공민왕이 명 태조에게 '길이 신첩臣妾이 되겠다'고 맹세했으니 고려 국왕은 명나라 황제의 신하라는 뜻이다. 따라서 우왕은 임금에게 거역하는 역신逆臣이 되고, 자신은 명나라 황제에게 충성하는 충신忠臣이 되는 것이다. 제후 위에 황제를 위치시킴으로써 이성계 자신은 역신의 지위에서 벗어나는 것이었다.

우왕 14년(1388) 5월 22일.

이성계는 말머리를 돌렸다. 돌아올 수 없는 다리를 건넌 것이다.

최영의 최후

이성계의 장남 방우芳雨와 차남 방과芳果, 이지란의 아들 화상和尙과 최고시첩목아崔高時帖木兒 등은 우왕과 함께 성주成州에 있다가 회군 소식을 듣고 탈출해 이성계의 군중에 합류했다. 이성계의 회군 소식을 들은 우왕과 최영은 당황했다. 이성계가 회군할 줄은 몰랐던 것이다. 고려라는 체제의 틀 속에서 바라보니 그 틀을 뛰어넘은 이성계와 정도전의 의도가 보이지 않았던 것이다. 회군한 지 이레쯤 후 이성계 일파는 개경 인근에 도착했다. 이성계는 억류했던 김완을 우왕에게 보냈다.

'우리 현릉(공민왕)께서 지성으로 대국을 섬겼고, 천자도 일찍이 우리에게 군사를 가할 뜻이 없었는데, 최영이 대신이 되어서 조종祖宗 이래로 대국을 섬기는 뜻을 생각하지 않고 대군을 몰아 상국을 범하려고 했으니…… 지금 최영을 제거하지 않으면 반드시 종사를 엎어놓을 것입니다.'

우왕은 진평중陳平仲을 보내 최영을 제거하라는 요구를 반박했다.

'강토疆土는 조종에게 받은 것인데, 어찌 쉽게 남(명나라)에게 줄 수 있는가. 군사를 일으켜 막는 것만 같지 못하다는 뜻에서 여러 사람과 상의하니 모두 옳다고 하였는데, 이제 어찌 감히 어기는가. 비록 최영에게 핑계를 대지만 최영이 내 몸을 호위하는 것은 경(卿, 조민수와 이성계)의 무리가 아는 것이요, 우리 왕실을 위해 수고하는 것도 경의 무리가 아는 일이다. 교서가 이르는 날에는 완미頑迷한 것을 고집하지 말 것이며, 뉘우쳐 고치는 데도 인색하지 말아서 함께 부귀를 보존하여 시종始終을 도모하기를 내가 진실로 바라노라.'

최영

그러나 왕명을 어기고 회군한 군사가 임금의 말을 들을 리 없었다. 두 진영 사이에 충돌은 불가피했다. 양측은 전열을 정비했다. 회군 소식을 듣고 동북면 사람들과 여진족 등 1천여 명이 이성계에게 가세했다. 우왕도 군사를 모집했으나 수십 명에 지나지 않았다. 우왕은 여러 도에 파발을 보내 군사를 보내게 하고, 수레를 모아 골목 입구를 막았다. 그리고 거리에 방을 붙였다.

'조민수 등 여러 장수를 잡는 자는 관가, 사가의 노예를 막론하고 큰 벼슬과 상을 주겠다.'

최영의 군사는 도성문 밖에 진을 치고, 이성계의 군사는 숭인문崇仁門 밖 산대암山臺巖에 진을 쳤다.

예상과 달리 백전노장 최영은 쉽게 무너지지 않았다. 이성계는 유만수柳曼殊를 보내 숭인문 쪽을 공격하게 하고, 좌군은 선의문宣義門 쪽을 공격하게 했으나 최영은 모두 격퇴했다. 서전을 승리로 장식한 것이다. 각 도의 지원군이 올 때까지 버티면 전세가 역전될 수 있었다.

유만수가 패주하자 회군 군사들은 동요했다. 이성계는 동요를 잠재울 필요가 있다고 느꼈다. 유만수의 패전이 다급하게 전해져도 이성계는 장막 가운데 누워 꼼짝하지 않았다. 전혀 당황하지 않는다는 뜻이었다. 주위에서 여러 번 재촉하자 천천히 일어나 식사를 하고 나가 군사를 정돈했다.

백 보쯤 되는 곳에 작은 소나무 한 그루가 있었다. 이성계는 활을 겨누었다. 시위를 떠난 화살은 작은 소나무를 꺾었다. 그제야 군사들의 마음이 안정되었다. 이성계가 군사를 이끌고 진군했을 때 조민수의 군사는 영의서永義署 다리에서 최영의 왕사王師에게 쫓기고 있었다. 이성계는 황룡黃龍을 그린 큰 기를 앞세우고 선죽교善竹橋를 거쳐 남산에 올랐다. 남산에 웅거했던 최영의 부하 안소安沼가 이성계의 군사에게 무너졌다.

그것이 마지막이었다. 전세가 불리함을 읽은 최영은 우왕과 영비를 모시고 궐내의 팔각전八角殿으로 퇴각했다. 이성계의 부하 곽충보

최영의 무덤 '황금 보기를 돌같이 하라'는 신념을 지키며 평생 청렴하게 살았던 최영의 무덤에는 그가 죽기 전에 남긴 말처럼 조선왕조 500년간 정말로 풀이 나지 않았다고 한다. 경기도 고양시 소재.

郭忠輔 등이 대궐 안으로 난입했다. 최영은 우왕을 보호하기 위해 나가기로 결심했다. 최영이 투항하려 하자 우왕은 눈물을 흘렸다.

"경이 가면 나는 어찌하란 말이오?"

최영이 요동정벌군과 함께 가고자 했을 때도 같은 말을 해서 이 지경에 이른 것이었다. 최영도 어쩔 수 없었다. 최영은 우왕에게 마지막 예를 표한 후 투항했다. 이성계가 최영에게 말했다.

"이 사변은 나의 본심이 아니오. 그러나 국가가 편안하지 못하고 백성이 피로하고 곤하여 원망이 하늘에 사무쳤기 때문에 부득이한 일이니 잘 가시오."

둘은 서로 마주 보고 울었다. 이성계는 최영을 고봉현(高峰縣, 경기도 고양)으로 귀양보냈다가 합포合浦와 충주忠州로 다시 옮겼다. 최영의 귀양지를 자주 옮긴 이유는 한곳에 오래 머물면 세력을 모아 봉기할 우려가 있기 때문이었다. 이성계로서는 최영을 살려둘 수 없었다. 왕명을 거역한 인물은 최영이 아니라 자신이었기 때문이다. 왕조국가에서 왕명은 천명이었다. 최영이 살아 있는 한 언제든지 '왕명을 거역한 역적 이성계를 타도하자'고 나올 수 있었던 것이다. 이성계가 그해가 다 가기 전에 최영을 순군옥巡軍獄에 가두고 참살한 것은 이런 두려움의 발로였다. 권세가들이 산천山川과 군현郡縣을 경계로 삼는 대농장을 차지하는 중에도 '황금 보기를 돌같이 하라'는 신념으로 살아온 최영의 73년 인생은 이렇게 막을 내렸다.

"내가 조금이라도 남에게 해가 되는 일을 했다면 내 무덤에 풀이 날 것이고, 그렇지 않다면 풀이 나지 않을 것이다."

야사野史에는 실제로 그의 무덤에 풀이 나지 않았다고 전한다. 어찌 풀이 무덤의 임자를 골라 나겠는가마는 최영에 대한 당시 사람들의 신망이 그런 신화를 만들어냈던 것이다.

최영을 제거한 것은 긴 장정의 시작에 불과했다. 이성계가 왕조의 실력자로 남기 위해 회군을 단행한 것은 아니었다. 그러나 조민수는 달랐다. 그는 여전히 체제 안의 사람이었다. 물론 그도 왕명을 거역한 자신이 우왕을 다시 섬길 수 없다는 사실을 잘 알고 있었다. 정중부鄭仲夫가 무신의 난 직후 의종毅宗을 폐하고 명종明宗을 세웠듯이 우왕의 폐위는 기정사실이었다. 이성계와 조민수는 우왕을 폐위시켜 강화도로 유배하는 데는 의견이 일치했다. 그러나 누구를 후사로 세우냐는 점에서는 의견이 갈렸다. 이는 회군세력이 이질적인 존재로 구성되었음을 반영하는 것이다. 회군에는 동의했지만 둘은 서로 성격이 달랐다. 이성계는 변방의 무장 출신이지만 조민수는 권문세족 출신이었다.

조민수는 우왕의 아들 창昌을 옹립하려 했다. 창은 이인임의 외종外從인 이임李琳의 딸 근비謹妃의 아들이었다. 이인임은 이성계와 최영에 의해 제거된 대표적인 권문세족이었다. 이성계로서 이는 받아들일 수 없는 일이었다. 창이 자라나 성인이 되면 어떤 일이 벌어질지 알 수 없었다. 친아버지를 폐위시키고 외가 친척인 이인임을 제거한 이성계는 창에게 원수일 수밖에 없었다.

조민수가 창을 왕으로 세우려 한 것은 이인임의 천거로 벼슬길에 나선 데 대한 보답이었지만 여러 모로 보아 무리한 처사였다. 조민수는 창을 밀어붙이려 했다. 이성계와 여러 장수들이 모두 반대하는데도 조민수는 뜻을 꺾지 않았다. 조민수는 이색의 힘을 빌려 뜻을 관철시키려 했다. 조민수의 물음에 이색은 주저함이 없었다.

"마땅히 전왕의 아들을 임금으로 세워야 한다."

우왕의 아들 창을 세우라는 말이었다. 조민수는 이색의 권위에 기대어 밀어붙였다.

"원자를 세우는 것으로 한산군(韓山君, 이색)이 이미 계책을 정했으니 어떻게 어길 수 있는가?"

이성계는 양보할 수밖에 없다고 느꼈다. 그래서 아홉 살의 창을 임금으로 앉혔다. 이는 일시적인 양보였다. 이성계는 창을 임금으로 모실 수 없었다. 같은 하늘 아래서 살 수도 없는 사이였다. 그러므로 창왕의 즉위는 싸움의 끝이 아니라 시작이었다. 창의 즉위는 이성계와 정도전의 힘이 충분하지 못함을 말해주는 것이기도 했다.

그러나 정도전에게는 전략이 있었다. '한 고조가 장자방을 쓴 것이 아니라, 장자방이 곧 한 고조를 쓴 것이다'라고 생각하는 정도전은 두 가지가 핵심이라고 생각했다. 새로운 이념 창출과 민심 획득이었다.

새 왕조의 이념을 만들지 못하면 역성혁명易姓革命은 불가능한 것이었다. 기껏해야 무신정권처럼 허수아비 왕을 세워 실권을 장악하는 정도였다. 역성혁명을 위해서는 새 이념이 필요했다.

그러나 이념보다 중요한 것이 민심이었다. 민심을 얻지 못하면 이념도 아무 소용이 없었다. 정도전은 토지문제의 혁명적 개혁이 민심 획득의 첩경이라고 생각했다. 바꿔 말하면, 토지문제가 심각하기 때문에 자신들이 민심을 획득할 수 있었다.

> 요즘 들어, 간악한 도당들이 남의 토지를 겸병兼倂함이 매우 심하다. 그 규모가 한 주州보다 크며, 군郡 전체를 포함하여 산천으로 경계를 삼는다.
>
> _《고려사》 '식화食貨'조

이 한 구절은 고려 말의 토지문제를 압축적으로 보여준다. 한 집안의 토지가 한 주보다 크고 산천으로 경계를 삼을 정도라는 것이다. 이렇게 광대한 토지를 농장農莊이라고 불렀다. '마당 장場' 자가 아닌 '장전 장莊' 자를 쓰는 것은 그 규모가 광대하기 때문이다. 《고려사》에는 '권귀權貴와 환관들이 모두 사전賜田을 받아 많은 것은 2천～3천 결에 이르렀는데, 각기 좋은 땅을 차지하고도 모두 부역賦役은 한 푼도 내지 않았다'라는 기록도 있다.

소수에 의한 토지 집중은 대다수 농민들의 몰락을 불러왔다. 대다수 농민들은 권세가에게 땅을 빼앗기고 전호(佃戶, 소작인)가 되거나 노비가 되었다. 전호의 실제 생활은 노비보나 나을 것이 없다.

> 권세가들이 남의 땅을 조상으로부터 물려받은 땅이라고 우기면서 주인을 내쫓고 땅을 빼앗아, 한 땅의 주인이 대여섯 명이 넘기도 하여 전호들은 세금으로 소출의 8~9할을 내야 한다.
>
> _《고려사》 '식화'조

같은 내용이 대사헌大司憲 조준趙浚의 상소문에도 있는데, 토지는 하나인데 주인이 여럿일 경우에 전호는 누구에게 전세佃稅를 내야 할까? 대여섯 명의 주인 모두에게 전세를 바쳐야 했다. 땅주인 모두가 권세가이기 때문이다. 세금이 소출의 8~9할이나 되는 것은 이 때문이다. 국가에도 공납貢納과 부역을 바쳐야 했다. 이런 사정 때문에 농민들은 새벽부터 밤중까지 논밭에 달라붙어 개미처럼 일해도 먹고살 수가 없었다. 이를 견디지 못한 농민들은 권문세족에게 투탁投託해 스스로 노비가 되었다. 노비가 되면 최소한 국가에 바치는 세금은 면제되기 때문이었다.

> 요사이 국가 기강이 무너져 백성들이 대대로 물려받은 땅을 권세 있는 자들이 모두 빼앗고 노비로 삼았다. 주현의 역리驛吏나 관노官奴, 백성들이 농장에 들어가 백성들이 병들고 나라가 여위게 되었으며, 그 원한이 하늘을 움직여 수해와 가뭄이 끊이지 않고 질병도 그치지 않았다.
>
> _《고려사》 '신돈'조

신돈의 개혁이 실패하면서 토지문제는 현재진행형으로 남았다. 이성계와 정도전은 신돈을 격렬하게 비판하면서도 토지문제는 신돈의 해결방식을 답습했다. 소수에게 집중된 토지문제의 해결만이 새로운 왕조 개창의 명분이 될 수 있었다. 토지문제 해결, 즉 고려 말의 용어로 사전私田개혁은 거부할 수 없는 시대정신이었는데, 정도전은 바로 여기에 주목했다.

사전개혁은 또한 조민수를 겨냥한 성동격서聲東擊西 전략도 되었다. 조민수는 권문세족 출신이기 때문에 토지문제를 거론하면 걸리게 되어 있었다. 우왕 즉위 직후 토지문제를 제기한 인물은 역성혁명파의 대사헌 조준이었다.

> 전제(田制, 토지제도)를 바로잡아 국용國用을 족하게 하고, 민생을 후하게 하며, 인재를 가려 기강을 진작하고 정령을 거행하는 것은 오늘날의 급선무입니다. 나라의 운수가 길고 짧은 것은 민생의 괴롭고 즐거움에 있고, 민생의 괴롭고 즐거움은 전제의 고르고 고르지 못한 데 있는 것입니다. …… 호소할 곳 없는 불쌍한 백성들이 사방으로 유리하여 흩어져서 개천과 구덩이에 빠져 죽을 뿐입니다. …… 백성이 사전의 도조(賭租, 소작료)를 낼 때 다른 사람에게 빌려서 충당하는데, 그 빚은 아내를 팔고 자식을 팔아도 갚을 수 없고 부모가 굶주리고 떨어도 봉양할 수 없으니, 원통하게 부르짖는 소리가 위로 하늘까지 통해서…….
>
> _《고려사절요》 '창왕 1년' 조

조준은 문하시중 조인규趙仁規의 증손이자 판도판서版圖判書 조덕유趙德裕의 아들도 권문세족 출신이었으나 역성혁명에 동조하는 인물이었다. 조준의 상소문은 정도전의 사주에 의한 것이었다. 조준뿐만 아니라 간관諫官 이행李荇, 전법판서典法判書 조인옥趙仁沃 등이 잇달 아 사전개혁을 주장하는 글을 올린 것은 모두 정도전의 전략에 따른 것이었다. 이러한 사전개혁 상소의 유탄을 맞은 인물이 조민수였다.

조민수를 창녕현昌寧縣으로 귀양보냈다. 조민수는 임견미·염흥방 廉興邦이 처형될 때 화가 자기에게 미칠까 두려워 백성에게서 빼앗은 밭을 모두 그 주인에게 돌려주었는데, 다시 득세하자 차츰차츰 도로 빼 앗아 탐하는 버릇을 부려 사전개혁을 저해하므로 대사헌 조준이 논핵 하여 내쫓았다. _《고려사절요》 '창왕 1년 7월'조

임견미·염흥방은 백성들의 토지를 빼앗는 등 권세를 남용하다 이 성계와 최영에게 제거된 인물이었다. 이는 조민수가 본질적으로 이 성계나 정도전 같은 개혁세력과 반대세력임을 말해준다. 정도전은 조민수를 제거하지 않으면 새 왕조 창출이 어렵다는 사실을 잘 알고 있었다. 그래서 조준을 시켜 조민수를 탄핵한 것이었다. 그러나 조민 수는 몇 개월 후 창왕의 생일 특사로 풀려났다. 그도 그만한 기반을 갖고 있었던 것이다. 조민수도 이성계를 제거할 기회를 노렸다.

이런 상황에서 이성계를 제거하려는 사건이 발생하면서 정국에 파 문이 일어났다. 최영의 생질인 전 대호군大護軍 김저金佇와 전 부령副 令 정득후鄭得厚가 여주로 이배移配된 우왕을 몰래 만난 것이다. 이들 을 보자 우왕이 울면서 호소했다.

"답답하게 이곳에 있으면서 손을 묶고 앉아 죽음을 받을 수는 없다. 역사力士 한 사람만 얻어 이 시중(이성계)만 제거한다면 내 뜻은 성취할 수 있다. 내가 평소에 예의판서禮儀判書 곽충보를 좋아했으니 네가 가서 이 일을 도모하라."

우왕은 칼 한 자루를 곽충보에게 전하라면서, '일이 이루어지면 왕비의 동생을 처로 삼게 하고 부귀를 함께 누릴 것이다. 이번 팔관일八關日에 거행하라'는 말도 전하게 했다. 김저가 곽충보에게 알리자 곽충보는 선뜻 동의했다. 그러나 곽충보는 팔각전에서 최영을 체포한 장본인이었다. 곽충보는 즉시 이성계에게 이 사실을 알렸다. 일순간 회오리바람이 불면서 이들은 모두 체포되었다. 문초 결과 이들 외에도 이임, 우현보 등 여러 벼슬아치들이 관련된 형적이 드러났다. 구세력이 이성계 타도를 목표로 결집한 흔적이 드러났던 것이다. 자칫하면 삽시간에 불길이 일 수 있었다. 이성계는 우왕을 오지인 강릉으로 이배시키고 흥국사에 모여 대책을 논의했다. 삼엄한 경계가 펼쳐진 가운데 이성계와 정도전, 조준, 정몽주 등이 모여 숙의했다. 정도전이 말했다.

"우와 창은 본래 왕씨가 아니므로 종사를 받들게 할 수 없으니, 마땅히 가왕(假王, 가짜 왕)을 폐위시키고 진왕眞王을 세워야 할 것입니다."

이른바 '폐가입진'의 논리였다. 우왕과 창왕은 왕씨가 아니라 신돈과 반야般若에게서 난 신씨라는 '우창비왕설禑昌非王說'이었다. 조선시대에 편찬한 《고려사》나 《고려사절요》에서 우왕과 창왕을 '신우' · '신창'이라고 적어놓은 것은 이런 논리의 연장이다.

물론 우왕이 신돈의 아들이라는 주장의 불승은 이늘의 일방적 주상

개성 만월대 고려의 궁전터. 중앙에 회경전會慶殿이 있고 이를 중심으로 궁성 동쪽 벽까지 약 135m, 서쪽 벽까지 약 230m이며, 남쪽 벽의 성문인 승평문昇平門까지 약 250m이다. 1361년 모두 불탄 후에 폐허로 남아 있다.

외에는 거의 없다. 그러나 우왕과 창왕을 공민왕의 후사로 인정하면 새 왕조 개창의 명분이 없기 때문에 부자父子는 신씨가 되어야 했다. 이렇게 무리한 논리를 창안한 정도전은 후세까지 많은 비판을 받았는데, 광해군 때 《홍길동전》을 지은 허균許筠도 그런 인물들 중 한 명이었다.

"우리 태조께서 임금자리에는 뜻이 없었는데 정도전이 먼저 추대할 꾀를 내었다. …… 정도전은 왕씨에게는 충신이 아니었다."

정도전도 자신을 왕씨의 충신이라고 생각하지는 않았을 것이다.

그의 관심은 역성혁명이었고, 새로운 체제의 창출이었다. 이 도상의 방해물은 조민수든 우왕·창왕이든 제거되어야 했다.

창왕은 폐위되고 신종神宗의 7대손인 정창군鄭昌君이 새 왕으로 추대되었는데, 그가 바로 공양왕恭讓王이다. 그러나 조준이 '정창군은 부귀한 집에서 생장해 자기 재산만 다스릴 줄 알고 나라를 다스릴 줄은 모른다'라고 반대한 것처럼 왕재王才는 아니었다. 이는 역설적으로 나라를 다스릴 줄 모르기 때문에 정창군이 발탁된 것이었다. 이는 또한 이성계의 뜻이기도 했다. 이성계는 조준·심덕부沈德符·성석린成石璘을 계명전啓明殿에 보내 왕씨 종실 몇 명의 이름을 써서 태조 왕건에게 고하고 제비를 뽑게 했다. 역시 정창군의 이름이 뽑혔다. 제비뽑기로 임금을 뽑은 것인데, 제비뽑기인들 공정했는지는 알 수 없다.

이렇게 공양왕이 즉위하고 우왕과 창왕은 서인庶人으로 강등되었다. 이 무렵 우왕의 밀명으로 이성계를 제거하려던 김저가 순군옥에서 갑자기 죽는 사건이 발생했다. 그의 시신을 저자로 끌어내어 다시 벴는데, 김저의 우왕 복위 기도 사건에 순군부巡軍府 사람들이 많이 관련되었으므로 많은 이들이 그 죽음의 배후를 의심했다. 이성계 일파에게 우왕 복위 기도 사건은 창왕을 내쫓고 자파의 세력을 확장시키는 계기가 되었다. 권력을 강화한 이들은 다시 민심 획득, 즉 토지 문제에 매달렸다.

토지문서를 불사르다

조민수의 저항은 사전개혁의 어려움을 말해주는 빙산의 일각이었다. 신흥사대부들이라고 모두 사전개혁에 찬성하지는 않았다. 역성혁명에 반대하는 온건개혁파도 토지문제의 심각성에는 모두 동의했다. 온건개혁파의 영수 이색도 마찬가지였다.

4백여 년 동안 이어온 폐단을 어찌 한꺼번에 없앨 수 있겠는가. 전제田制는 더욱 심하다. 경계가 바르지 못하고 권세가가 겸병을 하니 마치 까치집에 비둘기가 들어가 사는 꼴이다. 유사(有司, 법을 집행하는 관리)가 비록 공문에 붉은 글씨로 선후를 가려 땅주인을 정한다 해도 갑甲이 만약 힘이 있으면 을乙은 어찌해볼 도리가 있다. 하물며 공문에 쓴 붉은 글씨라는 것이 대부분 물고기의 눈을 진주라고 적는 형편인데야 더 말할 나위가 있겠는가?

_《고려사》 '이색 열전'

권세가들의 심각한 토지 겸병은 이색뿐 아니라 양식을 가진 이라면 누구나 우려하는 바였다. 이색의 분노는 계속된다.

> 백성이 하늘처럼 여기는 것은 오로지 밭에 있을 뿐이다. 몇 무畝밖에 안 되는 밭을 일 년 내내 부지런히 갈아봤자 부모와 처자를 먹여살릴 만큼도 안 되는데 소작료〔租〕를 걷는 자들은 이미 와 있다. 밭주인이 한 사람이면 그나마 다행이다. 적은 곳은 서너 명이요, 많은 곳은 일고여덟 명이다. 어찌해보려 해도 할 수 없으니 누가 기꺼이 소작료를 갖다바칠 것인가. 밭의 소출로는 소작료도 다 바칠 형편이 못 되는데 어디에서 이자를 낼 것이며, 무엇으로 부모를 봉양하고 처자를 먹여 살릴 것인가. 백성들의 곤궁함이 이런 지경이다.
>
> _《고려사》 '이색 열전'

토지문제의 심각성은 모든 사대부가 인식하고 있었다. 중요한 것은 현실에 대한 인식이 아니라 개혁에 있었다. 개혁방법론의 차이가 신흥사대부를 둘로 나뉘게 한 핵심 요인이었다. 토지문제에 대한 이색의 해결책은 주인이 중복된 땅을 지주들이 합리적으로 재분배하자는 것이었다. 정도전과 조준의 해결방안은 달랐다. 정도전과 조준이 구상한 전제개혁안은 모든 토지를 국가가 몰수해 공전公田으로 만든 다음, 그것을 모든 백성에게 나누어주는 계구수전計口授田 방식의 토지개혁이었다.

옛날에는 토지를 관에서 소유하여 백성에게 주었으니, 백성이 경작하는 토지는 모두 관에서 준 것이었다. 천하의 백성으로서 토지를 받지 않은 사람이 없었고 경작하지 않는 사람이 없었다. 따라서 백성은 빈부나 강약의 차이가 그다지 심하지 않았으며, 토지에서의 소출이 모두 국가에 들어갔으므로 나라 역시 부유하였다.

_《조선경국전》〈부전賦典〉'경리經理'조

'옛날에는 토지를 관에서 소유하여 백성에게 주었으니'라는 말은 계구수전 방식의 토지개혁이 동양 고대의 토지제도임을 뜻하는 것이다. 국가는 백성들에게 토지를 나누어주고 그 대가로 세금을 요구하는 것이었다.

토지제도가 무너지면서 호강자豪强者가 남의 토지를 겸병하여 부자는 밭두둑이 잇닿을 만큼 토지가 많아진 반면 가난한 사람은 송곳 꽂을 땅도 없게 되었다. 그래서 가난한 사람은 부자의 토지를 빌려 일 년 내내 부지런히 고생해도 식량은 오히려 부족하였고, 부자는 편안히 앉아서 손수 농사를 짓지 않고 용전인(傭佃人, 소작인)을 부려서도 그 소출의 태반을 먹었다. 국가에서는 팔짱을 끼고 구경만 하고 그 이득을 차지하지 못하니, 백성은 더욱 곤궁해지고 나라는 더욱 가난해졌다.

_《조선경국전》〈부전〉'경리'조

사전개혁에 총대를 메고 나선 인물은 조준이었는데, 그의 토지개혁안 역시 모든 백성에게 토지를 나누어주자는 것이었다.

위로는 시중으로부터 아래로는 서인에 이르기까지 관에 있는 자는
물론, 군역에 종사하는 모든 자와 백성 및 공사천인公私賤人으로 적에
올라 국역을 맡고 있는 모든 자들에게 토지를 나누어주어야 합니다.

_《고려사》 '조준 열전'

권세가들의 토지를 몰수해 모든 백성에게 나누어주자는 급진적 사
전개혁안에 권세가들이 찬성할 리 만무했다. 이들은 이구동성으로
반대했다. 그러나 이성계·정도전·조준에게 사전개혁은 선택사항
이 아니었다. 혁명적 토지개혁과 새 왕조 개창은 동전의 양면이었다.
혁명적 토지개혁이 없다면 민심 획득이 없고, 민심 획득이 없다면 새
왕조 개창이 없었다. 혁명적 사전개혁 없이 새 왕조를 개창할 경우,
이에 반대하는 사대부들이 농민들을 부추길 수 있었다. 농민들의 봉
기를 막기 위해서는 농민들에게 토지를 분배해야 했다. 그러려면 먼
저 권문세족들의 토지를 몰수해야 했다. 그 다음이 농민들에게 분배
하는 것이었다. 역성혁명파는 먼저 권문세족들의 대농장을 몰수하기
위해 극단적인 조치를 취했다. 다음 기록은 역성혁명파 신흥사대부
들이 권문세족들의 토지문제에 어떤 조치를 취했는지를 잘 보여주고
있다.

공양왕 2년(1390) 9월 기존의 모든 토지문서〔公私田籍〕를 도성 한복
판에 쌓은 후 불을 질렀다. 그 불이 여러 날 동안 탔다.

_《고려사》 '식화' 조

《고려사절요》는 이때 공양왕이 '조종부터 내려온 사전의 법이 과인의 대에 이르러 갑자기 개혁되니 애석한 일이다'라며 '탄식하고 눈물을 흘렸다'라고 기록하고 있다. 조준이 '정창군은 부귀한 집에서 생장해 자기 재산만 다스릴 줄 안다'라고 말한 대로 공양왕 자신이 막대한 사전의 소유자였다. 정도전으로 대표되는 역성혁명파는 이렇게 국왕의 눈물까지 무릅쓰며 기존의 토지문서를 불사름으로써 권문세족들의 경제적 기반을 무너뜨렸다. 남은 것은 몰수한 토지의 재분배 문제였다.

그것이 바로 공양왕 3년(1391) 5월에 반포한 과전법科田法이었다. 기존의 토지문서를 불태운 터전에 수립한 새로운 토지제도였다.

과전科田이란 국가에서 관리들에게 주는 토지를 의미한다. 그러나 토지의 소유권이 아니라 수조권收租權을 준 것이다. 수조권이란 토지에서 나오는 세금을 받을 권리였다. 국가에 바칠 전세田稅를 벼슬아치들의 봉급으로 준 것이다.

벼슬의 높낮이에 따라 정1품부터 종9품까지 18과로 나누어 최고 1백50결에서 최하 10결을 지급했다. 위로는 시중부터 아래로는 향리, 서리, 역리를 포함해 군인과 학생도 포함되어 있었으나 모든 백성에게 나누어주겠다던 계구수전 방식은 아니었다. 역성혁명파는 그 탓을 권문세족들의 반대로 돌렸다.

우리 태조(이성계)는 조준·정도전과 함께 사전개혁에 대해 의논했는데, 조준이 동료들과 함께 신창(창왕)에게 글을 올려 이에 대해 역설

가을 들판 무신란 이후 고려의 토지제도는 권문세족들의 농장확대와 사원전寺院田의 팽창으로 문란하기 이를
데 없었다. 위화도회군 이후 정권을 장악한 이성계는 공양왕 2년(1390)에 종래의 공사전적을 모두 불살라버리고
이듬해 새로운 전제의 기준이 되는 과전법을 공포, 새 왕조 개창의 경제적 기반을 마련했다.

했다. …… 명문거족들은 모두 비난 중상했으나 조준은 더욱 자신의 주
장을 견지했다. 도당에서 그 가부를 토의하게 되었을 때 시중이었던 이
색은 오랜 법제를 경솔하게 고칠 것이 아니라고 주장했고……. 논의에
참여한 53인 중에 토지개혁에 찬성하는 자는 18~19명에 불과했다. 반
대하는 자는 대개가 권문세족의 자제〔巨室子弟〕들이었다.

_《고려사》 '조준 열전'

권문세족들의 반대로 일반 농민들에게 토지를 지급하지 못했다는
것이다. 정도전의 설명도 마찬가지이다.

전하는 잠저(潛邸, 즉위하기 전에 거주하던 집)에 있을 때 친히 그 폐단을 보고 개탄스럽게 여기어 사전 혁파를 자기의 소임으로 정하였다. 그것은 대개 경내의 토지를 모두 몰수하여 국가에 귀속시키고 인구를 헤아려서 토지를 나누어주어 옛날의 올바른 토지제도를 회복시키려고 한 것이었는데, 당시의 구가舊家 세족世族들이 자기들에게 불편한 까닭으로 입을 모아 비방하고 원망하면서 여러 가지로 방해하여, 이 백성들로 하여금 지극한 정치의 혜택을 입지 못하게 하였으니, 어찌 한탄스러운 일이 아니겠는가? _《조선경국전》〈부전〉 '경리'조

권문세족들의 방해 때문에 농민들에게 토지를 분배해주지 못했다는 것이다. 농민에게 토지를 분배하지 못한 것은 자신들이 농민들을 배신한 것이 아니라 힘이 부쳤기 때문이라는 변명이다. 이는 변명의 측면도 없지 않지만 사실의 반영이기도 했다. 정도전은 토지제도의 문란이 고려의 멸망을 불렀다고 보았기 때문이다.

토지제도가 심하게 문란해지면서 세력가들이 서로 토지를 겸병하여 한 사람이 경작하는 토지의 주인이 더러는 일고여덟 명에 이르는 경우도 있었다. 전조田租를 바칠 때는 인마人馬의 접대며, 청을 들어 강제로 사는 물건이며, 노자로 쓰이는 돈이며, 조운漕運에 드는 비용들이 또한 조세의 수효보다 배, 또는 다섯 배 이상이나 되었다. 상하가 서로 이익을 다투어 일어나서 힘을 겨루어 빼앗으니, 화란禍亂이 이에 따라 일어나고 마침내는 나라가 망하고야 말았다. _《조선경국전》〈부전〉 '경리'조

한때 천민들과 함께 살았던 정도전에게 토지제도는 새 왕조 개창의 정당성이었다. 그래서 그에게 과전법은 만족할 만한 것은 아니지만 과거와는 비교할 수도 없을 만큼 개선된 토지법이었다.

백성에게 토지를 분배하는 일이 비록 옛사람에게는 미치지 못하였으나, 토지제도를 정제하여 1대의 전법을 삼았으니, 전조의 문란한 제도에 비하면 어찌 만 배나 나은 게 아니겠는가?

_《조선경국전》〈부전〉 '경리'조

정도전의 말대로 고려 말과 비교하면, 만 배까지는 아니라도 최소한 몇 배는 사정이 나아진 것이 분명했다. 과전법으로 역성혁명파는 민심 획득에 성공했다. 새 왕조 개창의 기틀이 갖추어진 것이다. 그러나 5백 년 왕업을 갈아치우기는 쉽지 않았다. 이성계를 제거하려는 사건이 다시 발생했다.

03

고려를 구하려는 마지막 몸부림

이성계를 제거하라

공양왕 2년(1390) 5월 사신으로 갔던 왕방王昉과 조반趙胖이 남경에서 돌아와 명나라 예부禮部에서 들은 이야기를 전하면서 사건은 시작되었다.

고려인으로 파평군이라는 윤이尹彛와 중랑장이라는 이초李初가 명나라 수도 남경에 와서 황제에게 '고려의 이 시중(이성계)이 왕요(王瑤, 공양왕)를 세워 왕으로 삼았으나, 요는 종실이 아니고 이성계의 인친姻親입니다. 왕요가 이 시중과 함께 병마를 움직여 장차 상국을 범하려고 하므로, 재상 이색 등이 옳지 않다고 하자 여러 사람을 살해하고 귀양보냈습니다. 귀양가 있는 재상들이 몰래 우리를 보내 천자에게 고하고, 곧 친왕(親王, 황제의 동생이나 아들)이 천군天軍을 거느리고 토벌해주기를 청합니다'라고 말했다는 것이다.

조반은 남경에서 윤이를 만나 '네가 지위가 봉군封君이라는데 나를 알겠느냐?'라고 따지자 윤이가 깜싹 놀라 얼굴빛이 변했다고 덧붙었다.

명나라 예부에서는 왕방과 조반에게 윤이와 이초가 올린 글을 주면서 '천자께서 성명聖明이 있으셔서 이것이 거짓인 것을 알고 있으니, 네가 빨리 본국으로 돌아가 왕과 재상에게 말해서 윤이의 글 속에 있는 사람들을 조사해 보고하라'고 말했다고 조반은 전했다.

대간에서는 윤이와 이초의 글에 나온 인물들을 국문하기를 청했는데, 그 글을 궁중에 두고 내려보내지 않았다. 윤이의 글은 살아 있는 이색, 이숭인, 권근 등이 이미 살해되었다고 쓰는 등 과장이 심해서 이들이 실제로 관련되었는지 확신이 서지 않았기 때문이다.

그런데 그 글에 이름이 나온 인물들 중에 김종연金宗衍이 밤중에 도주하는 사건이 발생했다. 김종연의 도주는 사건이 실체가 있음을 입증해주는 것으로 받아들여져 크게 확대되었다. 이색, 우현보, 이숭인, 권근, 윤유린尹有麟, 최공철崔公哲 등이 옥에 갇혀 심문을 받았는데 윤유린, 최공철 등은 옥중에서 죽었다. 윤이는 원래 윤유린의 종제(從弟, 사촌동생) 윤사강尹思康이었는데, 《고려사》는 뇌물죄를 범하고 도망해 명나라에 가서 이름을 '윤이'로 고쳤다고 기록하고 있다.

조사가 확대되는 중에 김종연이 봉주鳳州에서 체포되어 순군옥에 갇혔다. 그러나 김종연은 변소 구멍으로 도망가고 말았다. 사흘 동안 성 안을 샅샅이 수색했으나 찾지 못하자 당직 영사令史의 목을 벨 정도로 이성계 일파는 강경했다.

이런 와중에 사건 확대에 반대하는 움직임도 있었다. 좌사의左司議 김진양金震陽이 동료에게 '윤이·이초 사건은 세 살 난 아이라도 조반의 무고임을 알고 있다'라고 말한 것이다. 사헌부에서는 김진양의 삭탈관직과 유배를 요청했고 김진양은 유배형에 처해졌다. 사건이 계속 확대되자 정몽주가 나서서 이색, 권근 등 사건 관련자들의 사면을 요청했고 공양왕은 같은 해 7월 대사大赦를 베풀었다.

중요한 것은, 이때부터 정몽주가 역성혁명파 신흥사대부들과 다른 길을 걷기 시작했다는 점이다. 두 달 후의 사전 혁파에 대해서도 정몽주는 뚜렷한 소신을 밝히지 않고 방관하는 자세를 취했다. 역성혁명파가 장악한 사헌부에서 같은 해 8월 다시 윤이·이초 사건 관련자들의 처벌을 요구했을 때도 정몽주는 '이미 사면을 받은 사안'이라고 반대했다. 우현보 등은 귀양길에 올라야 했으나 정몽주는 이제 역성혁명파의 반대자가 되었다.

도망간 김종연의 행방이 오리무중인 가운데 서경(평양)에서 또 다른 관련자가 발생했다. 서경천호西京千戶 윤귀택尹龜澤이 천호 양백지楊百之와 술을 마시다가 '너는 재상宰相을 하고 싶지 않느냐?'고 물었다.

"누가 그런 마음이 없겠습니까만, 하기가 어렵지 않습니까."

"김종연이 판사 조유趙裕와 모의해 이 시중을 해치려고 하는데, 네가 만일 강한 군사를 거느리고 우리와 함께한다면 재상이 될 수 있을 것이다. 시중 심덕부도 이 모의를 알고 있다."

양백지는 좋다고 응답했으나 윤귀택은 양백지가 거짓으로 응답했다는 인상을 받았다. 그래서 윤귀택은 양백지가 고발하기 전에 먼저 개경으로 달려와 이성계에게 고했다.

"김종연이 제가 있는 서경으로 도방쳐서 함께 군사를 일으켜 시중을 해치자고 약속했습니다. 김종연은 이미 개경으로 잠입해 시중 심덕부를 비롯해 많은 사람들과 함께하기로 모의했습니다. 조유도 내게 '심 시중이 그 부하를 시켜 휘하 군사를 모아 이 시중을 치려 한다'고 했습니다."

이성계는 시중 심덕부에게 비밀리에 이 사실을 알렸다. 심덕부는 자신의 결백을 밝히려면 철저한 조사를 하는 수밖에 없다고 생각해 판사 조유를 옥에 가두었다. 뿐만 아니라 김종연의 아내와 종, 박가흥朴可興 등 여러 친척들을 순군옥에 가두고 심문했다. 고문에 못 이긴 김종연의 종이 '주인 김종연이 상복喪服으로 변장하고 박가흥의 집으로 가서 윤귀택이 군사를 거느리고 개경으로 오면 일은 성취된다고 했다'고 자백했다. 사헌부에서 윤귀택과 조유의 대질심문을 청하자 평리評理 박위朴葳와 사헌부 집의執義 유정현柳廷顯에게 국문을 맡겼다. 박위가 먼저 윤귀택을 고문하려 하자 유정현이 '관련된 조유는 가만두고 고발한 윤귀택을 먼저 국문하는 것은 무슨 뜻이냐?'라고 반발했다.

조유를 감싸는 것 아니냐는 비난이었는데, 얼굴빛이 변한 박위는 아무 말도 못했다. 결국 먼저 심문을 받은 조유가 사실이라고 자백해 참형에 처해지고 가산이 적몰되었다.

문제는 시중 심덕부의 연관 여부였다. 심덕부는 위화도회군에도 참가한 인물로, 이성계의 신임을 받아 시중까지 오른 터였다. 사건 초에 이성계가 먼저 공양왕에게 심덕부는 죄가 없다고 변호했다.

"신은 심덕부와 마음을 같이하여 나라를 받들었으며, 본래 시기와

조민수의 묘 이성계 일파의 전제개혁을 반대하여 창녕에 유배된 조민수는 창왕의 생일에 특사로 풀려났으나, 우왕의 혈통을 에워싼 논쟁으로 이성계 일파에 대항하다가 서인으로 강등되고, 이듬해 다시 창녕으로 유배, 배소에서 죽었다.

의심이 없었습니다. 청컨대 조유를 심문하지 마셔서 우리 두 신하의 '정의情誼'를 끝까지 보존하게 하소서."

그러자 심덕부가 놀라서 아뢰었다.

"조유의 공사供辭에 이미 신의 이름이 나왔는데, 지금 심문하지 않으면 신이 어찌 변명하겠습니까?"

심덕부는 스스로 순군옥으로 나아갔는데, 공양왕이 두 번이나 들어오라고 명하자 대궐로 나아와 사례했다. 그러나 이는 겉과 속이 다른 이성계의 복선이었다. 대간들이 날마다 대궐문 앞에 엎드려 나머지 관련자들을 처벌해야 한다고 요청했다. 이는 박위와 심덕부를 겨냥한 것이었다. 결국 박위는 풍주豊州로 유배되었고, 심덕부도 토산兎山으로 귀양갔다.

그해 12월 김종연이 곡주谷州의 산 속에 숨어 있다는 정보를 듣고 임순례任純禮를 보내 잡아왔는데, 이튿날 옥중에서 죽고 말았다. 김종연이 죽자 임순례가 고의로 죽게 했다는 의심을 받았다. 임순례가 중로中路에 밥을 주지 않을 뿐만 아니라 하루 밤낮 사이에 3백 리를 쉬지 않고 달렸으며, 추운 겨울에 별다른 방한 조치를 취하지 않아 일부러 죽인 것이 아니냐는 것이었다. 김종연은 사지를 찢어 여러 도에 돌리는 형벌을 받았는데, 임금이 아니라 문하시중 이성계를 제거하려 한 죄가 능지처참이었다는 점에서 이미 이성계는 임금과 다름이 없었다.

바로 같은 달 조민수가 창녕에서 세상을 떠났다. 사건 관련자가 복주伏誅되고 조민수까지 세상을 떠남으로써 이제 새 왕조 개창을 가로막는 방해물은 모두 제거된 셈이었다. 이듬해인 공양왕 3년(1391) 1월 역성혁명파는 군권까지 장악했다. 5군을 3군으로 줄이고 도총제부都總制府를 설치해 중앙과 지방의 군사를 모두 통솔하게 했는데, 이성계가 도총제사가 되고, 역성혁명파인 배극렴裵克廉이 중군총제사, 조준이 좌군총제사, 정도전이 우군총제사가 되었다.

군사권을 장악한 역성혁명파는 새 왕조 개창에 반대하는 마지막 버팀목 제거에 나섰다. 바로 이색이었다. 총대를 멘 것은 정도전으로, 공양왕 3년(1391) 4월 왕의 구언求言 교지에 응하는 형식으로 상소를 올린 것이다.

회군한 뒤에…… 왕씨를 세우려는 의논을 저해하여 마침내 창昌을

무열사 조선 정조 21년(1797)에 나주 유림의 발의와 전국 각 향교의 도움으로 건립된 사당으로 통합 삼한 일등 공신 무열공 배현경(?~936), 금헌 배정지(1259~1322), 조선개국 일등공신 정절공 배극렴(1335~1401)의 삼위를 모셨다. 전주 나주 소재.

세워서 왕씨를 부흥하지 못하게 한 자가 있으며, 신우辛禍를 맞아다가 길이 왕씨를 끊어버리려 하는 자도 있었습니다. 이는 난적의 무리로서 왕법王法에 용납되지 못할 바입니다.

_《삼봉집》 '공양왕에게 올리는 상소'

이 상소에서 '창을 세워서 왕씨를 부흥하지 못하게 한 자'란 바로 이색을 가리키는 것이다. 스승이기 때문에 직접 언급하지 않은 것이었다. 《고려사절요》는 '그해 5월 정도전이 도당에 글을 올려 이색과 우현보의 목을 베라고 청했다'고 적고 있다. 우현보는 정도전의 모계 혈통과 관련된 원수지간이지만 이색은 정도전의 스승이었다. 정도전으로서는 대의大義를 위해 사정私情을 끊은 것이겠지만, 스승을 배신했다는 배사背師 혐의를 받을 만한 일이었다. 이색이 우왕과 창왕 옹립에 앞장섰다는 공격인데, 공양왕은 이색의 처벌 요청을 일단 거부했으나 사헌부에서 계속 주청하자 이색을 함창咸昌으로 귀양보낼 수밖에 없었다. 우현보는 손자 우성범禹成範이 공양왕의 사위라는 이유로 용서했다. 과전법은 이런 와중에 단행된 것이었다. 권문세족은 군사권에 이어 경제권까지 상실한 것이다.

정도전 등 역성혁명파 신흥사대부는 이제 모든 준비가 끝났다고 판단했다. 이성계를 국왕으로 추대하고 새 왕조를 개창하는 일만 남은 것이었다. 그런데 생각지도 못한 곳에서 변수가 발생했다. 그리고 그 위력은 막강했다. 그것은 바로 역성혁명파의 굳센 동지였던 정몽주의 반기였다.

동지에서 정적으로

윤이·이초 사건의 확대에 불만을 품은 정몽주는 정도전이 스승 이색을 공격하는 데 강한 거부감을 느꼈다. 정도전은 공양왕이 이색을 귀양보내고 우현보를 용서한 것에 불만을 품고 정사를 거부했다. 이성계의 신임을 받는 정도전이기에 공양왕은 대언代言 안원安瑗을 보내 등청登廳을 간절히 권했다. 조정에 나온 정도전에게 공양왕이 '이색의 죄상은 조금 드러났지만 우현보의 죄는 아직 명백하지 않다'고 설득하자 정도전은 곧바로 받아쳤다.

"이색의 죄는 이미 드러났으니 마땅히 극형에 처해 불충한 죄를 보여야 할 것이며, 우현보는 죄상이 명백하지 않기에 대간이 번갈아 글을 올려 먼 지방으로 귀양보내기를 청한 것입니다."

공양왕은 대간이 이 문제를 계속 제기하는 것을 정도전의 사주라고 맞받아쳤다.

"이색과 우현보의 일은 정지시킨 지 오래인데 지금도 상소를 올리는 자가 있는 것은 분명 경의 상소에 따른 것이다."

정도전은 쉽게 물러서지 않았다.

"주상전하께서 지금은 비록 신을 꾸짖지만, 후에 만약 진심으로 신을 임용하신다면 감히 분발하지 않겠습니까."

정도전은 이색과 우현보를 제거해야 새 왕조 개창에 반대하는 자들이 기댈 곳이 없다고 판단한 것이다. 모든 권력을 빼앗긴 그들의 지지세력은 없었다. 그런데 바로 이때 정몽주가 나선 것이다. 정몽주는 재상들과 함께 상소를 올려 이색·우현보 문제에 대한 의견을 개진했다.

'공도公道로 볼 때 양쪽 모두 잘못인 것 같습니다.'

정몽주는 재상들과 함께 사건 재조사를 주장했다. 중요한 것은, 결정권을 공양왕에게 준 것이었다. 공양왕이 '신료들을 불러 친히 자리에 앉아 심사하여 원통하고 억울한 일이 없게 한 후에, 내쫓기도 하고 석방하기도 한다면 인심이 복종하고 공도가 행해질 것'이라는 것이었다. 공양왕으로서는 이 뜻밖의 우군을 배척할 이유가 없었다.

이것이 신호였다. 반역성혁명파에서 반격을 개시했다.

그해 9월 대사헌 김주金湊와 형조에서 정도전을 공격하고 나섰다. 정도전이 규정糾正을 몰래 꾀어 대간을 비방했다며 극형에 처해야 한다고 상소한 것이다. 첫 공격 상소가 사형에 처해야 한다는 것이었으니, 그에 대한 반대세력의 원한이 사무쳤던 것이다. 공양왕은 정도전이 공신이란 이유로 용서하고 지방관인 평양부윤平壤府尹에 임명하는 것으로 절충했다. 그러나 반대세력도 결심하고 칼을 뽑은 것이었다. 더구나 뒤에는 정몽주와, 그동안 침묵했던 재상들이 있었다. 사헌부와 형조에서 계속 상소를 올려 정도전을 공격하자 공양왕은 못 이기는 척 정도전을 봉화현奉化縣으로 돌려보냈다. 사실상 유배였다.

그와 동시에 공양왕은 세자 석奭을 명나라 남경에 사신으로 보냈다. 명나라에 차기 국왕의 지위를 보장받으려는 속셈이었다. 정몽주는 창왕을 추대한 것은 조민수의 잘못이지 이색의 잘못이 아니라고 주장하고 나섰다. 공양왕은 이에 동의하면서 '다시 이 일을 논핵하면 무고죄로 다스리겠다'고 말했다. 잇단 승리에 힘을 얻은 사헌부에서는 계속 정도전을 공격했다.

"정도전은 가풍이 바르지 못하고 파계派系가 명백하지 못한데도 외람되게 높은 관직을 받고 조정에 섞여 있으니, 고신告身과 녹권錄券을 회수하고 그 죄를 밝게 다스리기를 청합니다."

공양왕은 정도전의 직첩職牒과 녹권을 회수하고 귀양지를 나주로 옮겼으며, 두 아들 전농정典農正 진津과 종부부령宗簿副令 담澹도 서인으로 강등했다. 반면 이색은 한산부원군韓山府院君, 우현보는 단산부원군丹山府院君으로 복권되었다. 순식간에 사태가 역전된 것이었다. 비록 정도전의 귀양지도 봉화로 다시 옮겨져 고향으로 돌아갔으나 몰락의 조짐은 뚜렷했다. 공양왕 4년(1392) 정월 공양왕은 김종연 사건에 관련되었던 박위와 박가흥 등에게 살고 싶은 곳에 살아도 좋다고 말했다. 사실상 해배(解配, 유배에서 풀려남)된 것이었다. 같은 해 2월 왕권강화 조치기 취해졌다. 예조에서 공양왕에 대한 예의를 강화하도록 권한 것이다.

"매양 조회 때 예를 마치면 전하께서 이 전전殿에 앉아 계신데도 백관이 먼저 나가니 예가 아닙니다. 청컨대 지금부터는 예를 마치고 전하께서 일어나 내전으로 들어가시면 군신들은 몸을 굽히고 공손히 보내고 난 후에 차례로 나가도록 할 것입니다."

공양왕이 허수아비가 아니라 군부君父라는 뜻이었다. 이런 상황에서 그 다음달에는 아무도 예상치 못한 사태가 발생했다. 이성계가 세자를 황주黃州로 나가서 맞이하고 해주海州에서 사냥하다가 말에서 낙상落傷한 것이었다. 《고려사절요》는 '정몽주가 이성계의 낙상 소식을 듣고 기뻐하는 기색이 있었다'라고 기록하고 있는데, 정몽주는 이를 하늘이 준 기회로 여겼다.

> 왕세자가 남경에서 돌아오니 도당에서는 금교金郊에서 맞이하고, 백관은 반열班列을 지어 선의문 밖에서 맞이하였다. 명나라 황제가 세자에게 특별히 은총이 두텁게 대우해 세자를 공후公侯 다음에 서열시키고, 내전에서 잔치를 베풀어준 것이 무려 다섯 번이나 되었다.
>
> _《고려사절요》 '공양왕 4년 3월' 조

사대를 명목으로 회군한 이성계 일파로서는 세자가 명나라 황제의 환대를 받고 온 것이 신경 쓰이지 않을 수 없었다. 그해 4월 반역성혁명파의 총공세가 시작되었다. 간관 김진양, 이확李擴, 이래李來, 이감李敢 등이 조준, 정도전, 남은南誾, 윤소종尹紹宗, 남재南在, 조박趙璞

등 역성혁명파 대부분을 탄핵하고 나선 것이었다. 이성계를 제외한 거의 전원이 탄핵된 것은 처음이었다.

"삼가 바라옵건대, 해당 관사官司로 하여금 조준, 남은, 남재, 윤소종, 조박 등의 직첩과 공신녹권功臣錄券을 회수하고 그 죄를 밝게 다스리고 정도전은 귀양간 곳에서 처단하여 뒷사람을 경계해야 할 것입니다."

정도전을 귀양지에서 처형시키고 나머지도 모두 처벌하라는 상소였다. 힘을 얻은 공양왕도 이들의 처리에 주저하지 않았다. 정몽주가 배후에 있는데다 이성계는 낙상한 상태였기 때문이다. 지신사知申事 이첨李詹이 상소문을 아뢰자 공양왕은 '아뢴 대로 하라'면서 조준은 귀양보내고, 남은·윤소종·남재·조박의 관작을 삭탈하고 귀양보내라고 명했다. 이때 이첨은 이미 귀양 중이던 정도전을 언급하지 않았다. 실수였는지 고의였는지 알 수 없지만, '정도전은 귀양간 곳에서 처단해야 합니다'라는 상소에 '아뢴 대로 하라'는 명이 내려졌다면 정도전의 운명은 끝장났을 것이다. 정도전에 대한 언급이 없었다고 무사한 것은 아니었다. 간관 김진양은 '아뢴 대로 하라'는 명에 준해 정도전도 처리할 수 있다고 판단해 관원을 봉화로 내려보내 정도전을 보주甫州로 끌고 갔다. 풍전등화의 상태였다.

이 몸이 죽고 죽어 일백 번 고쳐 죽어
백골이 진토 되어 넋이라도 있고 없고
님 향한 일편단심이야 가실 줄이 있으랴.

이는 정몽주의 〈단심가丹心歌〉인데, 이방원의 '이런들 어떠하리 저런들 어떠하리'라는 〈하여가何如歌〉에 화답한 시로 널리 알려져 있다. 이방원이 정몽주를 〈하여가〉로 포섭하려 하자 정몽주가 〈단심가〉로 거부했다는 것인데, 이 시는 이런 상황에서 만들어졌을 것이다. 정몽주의 공격에 당황한 이방원이 정몽주를 포섭하려 한 것이다. 정몽주의 공격이 뼈아팠던 이유는, 역성혁명파가 생각하기에 정몽주는 역성혁명파라고 믿어 의심치 않았기 때문이다.

정몽주도 정도전처럼 친명정책의 주창자였다. 정몽주가 위화도회군에 찬성한 것도 친명론자로서 명나라를 공격하는 데 반대했기 때문인지도 모른다. 역성혁명파가 정몽주를 자파로 생각한 것은 그가 우왕은 물론 창왕 폐위에도 동조했기 때문일 것이다. 목은 이색이 유배된 우왕을 몰래 찾아 눈물을 흘렸다는 것과는 뚜렷이 대비되는 행적이었다.

공양왕 옹립에도 정몽주는 적극 찬성했고, 그 공으로 익양군충의군益陽郡忠義君에 봉해지고 좌명공신佐命功臣까지 되었다.

그러나 그뿐이었다. 정몽주는 역성혁명파가 공양왕도 폐위하고 이성계를 임금으로 추대하는 것에 동의할 수 없었다. 공양왕 옹립 때까지는 동지였던 정몽주와 이성계·정도전은 이제 정적으로 변했다. 그에 관한 일화가 있다.

조선이 개창되기 전, 이방원이 이성계에게 물었다.

"정몽주는 어떤 일이 있어도 우리 집안을 버리지 않겠지요?"

"우리가 모함을 받는다면 목숨 걸고 도와주겠지만, 국가에 관계되는 일이라면 알 수 없다."

이성계의 '국가'에 우왕·창왕은 배제되고 공양왕만 포함되는지는 알 수 없지만, 이성계 일파가 역성혁명의 의도를 드러내면서 정몽주는 정적으로 변했다.

이성계는 말에서 떨어져 벽란도碧瀾渡에 드러누웠는데 이방원이 찾아왔다.

"정몽주가 반드시 우리 집안을 해칠 것입니다."

이성계는 대답이 없었다.

"이곳에 유숙해서는 안 됩니다. 개경으로 돌아가야 합니다."

이성계는 허락하지 않다가 병든 몸으로 견여肩輿에 올랐다. 이성계를 태운 견여는 밤을 새워 개경의 집으로 돌아왔다. 사태는 급박했다. 사헌부에서는 정도전, 조준, 남은 등 역성혁명파의 목을 베야 한다고 연일 상소를 올리는 중이었다.

이방원이 이성계에게 물었다.

"형세가 위급합니다. 어찌하면 좋겠습니까?"

《고려사절요》는 이성계가 이때 '죽고 사는 것은 천명에 있으니, 다만 순하게 받을 뿐이다'라고 답했다고 적고 있다.

이때 변수가 발생했다. 정몽주가 이성계를 문병한 것이다. 이성계가 위독하다는 소문을 뒤엎고 개경으로 돌아오자 사실 여부를 알아보기 위해 문병을 핑계한 것이다. 이때는 왕조의 흥망이 경각에 달린 시기였다. 왕조 유지냐, 새 왕조 개창이냐의 긴박한 순간이었다. 정세 파악을 위해 수장이 직접 적진을 방문해도 좋은 시기가 아니었다.

이 기회를 놓치지 않기로 결심한 인물이 결단의 사내 이방원이었다. 그는 가신인 서얼 출신 조영규趙英珪 등 4~5명을 문병을 마치고 돌아가는 정몽주에게 붙였다. 이들은 선죽교에서 정몽주를 쇠도리깨로 때려 죽였다. 정몽주의 만 55세의 일생은 그렇게 끝나고 만 것이다.

정몽주의 죽음은 고려의 죽음과 마찬가지였다. 이제 역성혁명을 막을 세력은 없었다. 정몽주가 살해되자 곧 돌아서는 자가 나타났다. 정도전, 조준 등을 제거하는 데 앞장섰던 좌상시左常侍 김진양이었다.

"정몽주·이색·우현보가 이숭인·이종학李種學·조호趙瑚를 보내 이 판문하(判門下, 이성계)가 세운 공을 믿고 권력을 마음대로 하는데 지금 말에서 떨어져 병이 위독하니, 마땅히 그 우익인 조준 등을 제거한 후에야 도모할 수 있다고 했습니다."

김진양의 고발에 따라 이숭인, 이종학 등이 먼 지방으로 귀양갔다. 이렇게 사태가 재역전되는 중에 정몽주의 머리가 죄상을 적은 종이와 함께 거리에 매달렸다.

'없는 일을 꾸며서 대간을 꾀어 대신을 모해하고 국가를 요란시켰다.'

정몽주를 죽인 태종 이방원은 훗날인 재위 5년(1405) 권근의 주청을 받아들여 정몽주에게 대광보국숭록대부大匡輔國崇祿大夫 영의정부사領議政府事 수문전대제학修文殿大提學 감예문춘추관사監藝文春秋

선죽교 정몽주가 이성계를 문병하고 오다가 이방원이 보낸 조영규 등에 의해 숨진 곳. 처음 1216년 이전에 다리를 만들었을 때는 '선지교'라 불렀다가 사건 후 주위에 충절을 뜻하는 대나무가 돋아 '선죽교'라고 불리게 되었다.

館事 익양부원군益陽府院君이란 시호를 추증했다. 자신이 죽인 지 13년 후였다. 그를 영의정에 추증함으로써 자신의 포용력을 과시한 것인데, 그는 정몽주를 미워하지는 않았던 것이다.

정몽주의 죽음으로 역성혁명을 막으려는 마지막 시도는 실패로 돌아갔다. 이제 이성계의 즉위를 막을 세력은 없었다. 그러나 공양왕은 여전히 미련을 버리지 않고 있었다. 재위 4년(1392) 7월 12일.

공양왕은 이성계의 사제私第로 거둥했다. 동맹을 맺기 위해서였다. 사예司藝 조용趙庸이 초 잡은 〈맹세문〉은 공양왕의 이몽異夢을 잘 보여준다.

> 경이 있지 않았더라면 내가 어찌 이런 자리에 이르겠는가. 경의 공덕을 내가 어찌 감히 잊겠는가. 하늘이 위에 있고 땅이 곁에 있으니, 대대로 자손들이 서로 해치지 말 것이다.

공양왕으로서는 불길한 낌새를 눈치챘으나 이미 때는 늦은 것이었다. 이성계와 공양왕이 동맹하는 바로 그 순간 시중 배극렴 등은 왕대비王大妃에게 아뢰고 있었다.

"지금 왕이 혼암昏暗하여 임금의 도리를 이미 잃고 인심도 이미 떠나갔으므로, 사직과 백성의 주재자가 될 수 없으니 폐하기를 청합니다."

명목뿐인 왕대비로서는 막을 방법이 있을 수 없었다. 역성혁명파 남은이 교지를 가지고 공양왕이 거주하던 북천동北泉洞의 시좌궁時坐宮에 가서 선포하니, 공양왕이 부복俯伏하고 명령을 들은 다음 말했다.

"내가 본디 임금이 되고 싶지 않았는데, 여러 신하들이 나를 강제로 세웠습니다. 내가 성품이 불민하여 사기事機를 알지 못하니 어찌 신하의 심정을 거스른 일이 없겠습니까?"

《태조실록》은 이때 공양왕이 울어 눈물이 두서너 줄기 흘러내렸다고 적고 있다. 공양왕은 두 아들과 함께 원주原州로 물러갔다. 동북면

의 벼슬아치로 정계에 등장한 이성계는 배극렴, 조준, 정도전, 남은,
김사형金土衡 등 백관의 추대를 받아 왕위에 올랐다. 태조 왕건이 고
려를 세운 지 474년 만이고 위화도회군 후 4년 만인 1392년의 일이었
다. 새 왕조가 개창된 것이었다.

04

새 왕조의 개창

"일이 커지기 전에 미리 막는 것이 《춘추春秋》의 의리입니다.
신 등이 지난번에 공양군 삼부자에게 천주天誅를 가하기를 청하였으나,
윤허를 얻지 못하였으니 낭패를 견딜 수 없습니다.
…… 즉시 유사로 하여금 위 사람들과 그 처자, 동생, 조카까지
섬으로 옮겨 사단을 미연에 방비한다면 종사에 매우 다행하겠습니다."
_《태조실록》3년 2월 21일

이성계는 고려의 마지막 왕?

이성계는 고려 왕조를 타도하고 새 왕조를 개창한 것이 아니었다. 고려의 최고의결기구인 도평의사사都評議使司의 추대를 받아 왕위에 올랐던 것이다. 도평의사사의 〈권유문〉을 보자.

사직은 반드시 덕이 있는 사람에게 돌아갑니다. 또한 왕위는 오래 비워놓을 수 없습니다. 공로로 보나 덕망으로 보나 모든 인심이 (이성계를) 붙좇으니 마땅히 왕위에 올라 백성들의 마음을 안정시키소서. ……백성들의 마음이 이와 같으니 이는 하늘의 뜻입니다. 백성들의 요청도 거절할 수 없으며 하늘의 요청도 거절할 수 없습니다.

이미 대세는 결정난 것이었다. 그런데 이성계는 〈즉위교서〉에서 마치 자신이 새 왕조의 개창자가 아닌 듯한 표현을 사용했다.

나라 이름은 그전대로 고려라 하며 의장儀章과 법제는 한결같이 고려의 고사를 따른다.

새 왕조의 개창자 이성계는 〈즉위교서〉에서 자신이 고려를 이은 적자(?)임을 대내외에 선포했다. 태조 이성계는 이처럼 공손하게〔恭〕양위한〔讓〕 공양왕으로부터 왕위를 물려받아 형식적으로는 고려를 이으면서 내용적으로는 새 왕조를 개창했다. 이로써 이성계는 운곡耘谷 원천석元天錫의 시구대로, '5백 년 왕업을 목적牧笛에 부치고' 새 왕조의 태조가 된 것이다.

새 왕조가 개창되자 이를 예언했다는 많은 조짐이 만들어졌다. 어떤 사람이 문 밖에서 이성계에게 이상한 글을 바치면서 '이것을 지리산智異山 바위 속에서 얻었습니다'라고 말했는데, 그 글에 '木子(목자)가 돼지를 타고 내려와 다시 삼한三韓의 강토를 바로잡을 것이다'라는 말이 있었다. '木子'는 곧 '李' 자의 파자破字였다. 그 글에는 또 '非衣(비의)', '走肖(주초)', '三奠三邑(삼전삼읍)' 등이 쓰여 있었는데 '非衣'는 '裵' 자의 파자로 배극렴을 뜻하고, '走肖'는 '趙' 자의 파자로 조준을 뜻하고, '三奠三邑'은 '鄭' 자의 파자로 정도전을 의미한다는 것이다. 이성계가 이들의 보좌를 받아 새 왕조를 개창한다는 뜻이다. 《태조실록》은 '사람을 시켜 맞이해 들어오게 하니 이미 가버렸으므로, 이를 찾아도 찾아내지 못하였다'라고 전하고 있는데, 사실 여부는 알 수 없다.

그러나 이성계가 예상보다 적은 반발 끝에 새 왕조를 개창할 수 있

이성계

었던 것은 조작 혐의가 짙은 이런 조짐들 때문이 아니라 한 해 전에 반포한 '과전법' 때문이었다. 고려 말의 문란한 토지제도를 바로잡은 것이 백성들의 지지를 받았기 때문에 새 왕조를 개창할 수 있었던 것이다.

형식적으로는 고려를 잇지만 임금이 왕씨에서 이씨로 바뀌었는데 국호를 똑같이 사용할 수는 없었다. 이성계는 중추원사中樞院事 조림趙琳을 명나라에 파견해 자신이 새 임금이 되었음을 알리는 한편 국호도 개정하겠다는 뜻을 전했다. 명으로서는 '작은 나라로서 큰 나라를 치는 것은 안 된다'는 4불가론을 명분으로 말머리를 돌린 친명파가 수립한 새 나라를 반대할 이유가 없었다. 더구나 개국 직후인 명나라도 국경을 맞대고 있는 나라와의 외교적 마찰을 원치 않았을 것이다.

백관들이 한자리에 모여 새 나라의 국호를 의논한 결과 '조선朝鮮'과 '화령和寧'으로 압축되었다. 조선은 고조선의 맥을 잇는다는 뜻이고, 화령은 이성계의 고향 이름이었다.

이성계는 예문관藝文館 학사 한상질韓尙質을 다시 명나라로 보내 '조선'과 '화령' 중에서 국호를 정해달라고 요청했다. 이듬해인 1393년, 명나라는 '조선'을 새 나라의 국호로 정해주었다. 정도전은 《조선경국전》에서 '조선이라고 일컬은 이가 셋이 있었으니, 단군·기자·위만이 바로 그들이다'라고 말해 조선이 고조선을 이은 국호라고 생각했다.

국호가 조선으로 바뀜에 따라 고려의 왕족인 왕씨들의 입지는 더욱 좁아졌다. 비록 이성계가 유화적인 태도를 보였지만, 이는 정치적 계산에 지나지 않았다. 정치적 입장이 바뀌면 왕씨들의 운명은 알 수 없는 나락으로 떨어지게 되어 있었다.

이씨가 왕이 된 나라에서 왕씨들이 어찌 안전할 수 있으랴?

공양왕 삼부자의 최후

살아남은 왕족들의 처리문제는 이성계를 비롯한 개국공신들의 골칫거리였다. 비록 권력을 잃었지만 왕씨들은 5백 년 고려 왕실의 적자들이었다. 지금은 무력이 두려워 새 왕조를 지지하는 척하지만 형세 일변하면 '왕씨 만세, 고려 만세'를 외치며 새 왕조를 역적으로 몰 자가 얼마일지 알 수 없었다. 무인정권 백 년 세월을 버티고 살아남아 원나라와 손을 잡고 재기한 왕씨들이었다.

그렇다고 이들을 무조건 죽일 수도 없었다. 민심이 어떻게 받아들일지 알 수 없고, 새 왕조의 지배이념인 성리학에도 맞지 않았기 때문이다. 고민 끝에 이성계가 선택한 방법은 여론을 이용하는 것이었다. 이성계 자신은 왕씨들을 살려두고자 하나 여론이 이들의 처벌을 원하기 때문에 할 수 없이 처벌한다는 식의 연출이었다. 조선에서는 대간 또는 양사兩司라 불리는 사헌부, 사간원 등이 언론기관이었다. 왕씨들의 처리문제를 맨 먼저 들고 나온 것은 사헌부였다.

태조 원년 7월 20일, 이성계 즉위 사흘 만에 사헌부에서는 고려의 왕씨들을 지방으로 추방해야 한다고 주청했다. 이성계는 순흥군順興君 왕승王昇과 그 아들 강康은 국가에 공이 있다는 이유로, 정양군定陽君 왕우王瑀와 그 아들들은 전조(前朝, 고려)의 제사를 받들어야 한다는 이유로 제외하고 나머지 왕씨들은 모두 강화도와 거제도에 안치시켰다. 이때만 해도 왕씨들은 이성계가 자신들을 죽이리라고 예상하지 못했을지도 모른다. 왕씨들을 죽이자는 대신들의 잇단 요구를 이성계가 받아들이지 않고 있었기 때문이다.

하지만 왕씨의 존재를 가장 불안하게 바라보는 사람은 바로 이성계 자신이었다. 형식적이나마 왕씨를 왕으로 온존시킨 채 실권을 장악했던 백여 년 전의 무신정권과 달리 자신은 직접 왕이 된 처지였다. 자신에 대한 왕씨들의 원한이 하늘에 닿아 있음을 그는 잘 알고 있었다. 왕씨들이 살아 있는 한 이성계는 발을 뻗고 편히 잘 수 없었다. 그렇다고 죽은 듯이 엎드려 있는 왕씨들을 무조건 죽여버릴 수도 없는 노릇이었다.

이성계는 왕씨들을 죽일 수 있는 꼬투리가 잡히기를 기다렸다. 태조 3년, 드디어 기회가 왔다. 동래현감 김가행金可行과 염장관鹽場官 박중질朴仲質 등이 밀양의 맹인 점쟁이 이흥무李興茂에게 새 왕조의 앞날과 왕씨들의 운명을 점친 사건이 발생한 것이다. 여기에 참찬문하부사參贊門下府事 박위가 관련되었음이 드러났다.

"고려 왕조 공양왕의 명운命運과 우리 주상전하 중 누가 낫겠는가? 또 왕씨 중에는 누가 명운이 귀한 사람인가?"

점쟁이 이흥무는 '남평군南平君 왕화王和의 명운이 귀하고, 그 아우 영평군鈴平君 왕거王琚가 그 다음'이라고 답해주었다. 이들이 왕이 될 수 있다는 것이다. 이는 당시의 많은 사람들, 심지어 중앙의 고관들까지도 새 왕조의 미래에 확신이 없음을 말해주는 예이다. 그만큼 새 왕조는 정치적·사회적으로 불안한 상태였다.

점쟁이 이흥무는 개경으로 압송되어 대간·형조·순군만호부巡軍萬戶府의 합동조사를 받았다. 한 점쟁이에 대한 사법기관의 합동심문이었다. 심문 결과, 대간과 형조는 이흥무, 김가행, 박중질, 박위 등의 처벌을 요청했다. 그 중 박위를 제외한 박중질, 김가행, 이흥무 등은 곤장을 맞은 후 변방 고을로 유배되었다. 그러나 실제 과녁은 이들이 아니었다. 왕화와 왕거 등 왕씨들이었다. 연일 왕씨들을 성토하는 상소가 올라왔다. 대간과 형조의 성토 수위가 점점 높아졌다. 이성계가 몇 차례 거부하자 대간과 형조는 항의의 뜻으로 사직했다. 태조는 이들을 불러 다독거렸다.

"불윤不允한 것은 다른 뜻이 있어서가 아니라, 다만 좀더 깊이 생각하고자 함이니 모두 다시 등청하여 집무하라."

평소에 태조 이성계는 대간들의 의사를 별로 존중하지 않았다. 한 해 전인 태조 2년에 발생한 내시內侍 이만李萬과 세자빈 유씨의 간통사건 때의 일이다. 세자빈이 내시와 간통한, 그야말로 국기國基를 뒤흔드는 큰 사건이었다. 대간에서는 사건의 진상규명을 요구했다. 이성계가 그 사건을 쉬쉬하면서 넘어가려 했기 때문이다. 이런 사건은 숨길수록 드러나는 법이어서 소문이 파다했다. 이성계는 간통 당사자인 세자빈 유씨를 사저私邸로 돌려보냈다. 대간은, 왕실사는 개인사가 아니므로 나라 사람들의 의혹이 없도록 철저히 규명할 것을 요구했다. 이성계는 이런 주장을 편 수십 명의 대간들을 하옥시키고 유배하는 것으로 답했다. 외인이 간섭할 바 아닌 왕실의 사사로운 일을 대간·형조가 망령되이 말했다는 것이 태조 이성계가 규정한 죄목이었다.

왕조국가에서 국모가 될 세자빈의 간통사건이 사사로운 일일 수는 없었다. 왕씨 문제 처리에 불만을 품고 사퇴한 대간들을 불러 다독거린 처사와 비교해보면 하늘과 땅 차이였다.

태조의 속마음을 읽은 대간은 한층 더 강력히 요구했다. 대간은 박위와 왕화, 왕거 등 점쟁이 사건 관련자들을 모두 잡아들여 대질심문할 것을 청했다. 결국 국문이 허용되었고 왕화, 왕거 등은 목이 베어졌다. 그러나 이것으로 끝이 아니었다. 역성혁명파의 최종목표는 이들이 아니었다. 두 아들과 목숨을 부지하고 있는 공양왕이었다. 공양군으로 강등된 삼부자에게 화살이 날아갔다.

대간과 형조에서 상언하였다.

"일이 커지기 전에 미리 막는 것이 《춘추春秋》의 의리입니다. 신 등이 지난번에 공양군 삼부자에게 천주天誅를 가하기를 청하였으나, 윤허를 얻지 못하였으니 낭패를 견딜 수 없습니다. …… 즉시 유사(有司, 법을 집행하는 관리)로 하여금 위 사람들과 그 처자, 동생, 조카까지 섬으로 옮겨 사단을 미연에 방비한다면 종사에 매우 다행하겠습니다."

_《태조실록》3년 2월 21일

　이성계는 공양왕 삼부자를 섬으로 옮기자는 주청을 받아들이지 않았다. 하지만 대간과 형조는 태조의 불허가 진심이 아님을 확신하고 있었다. 또한 이성계의 속셈이 공양군의 섬 유배에 그치지 않는다는 것도 알았다. 불윤이 거듭될수록 수위는 더 높아졌다. 급기야 최종목표가 드러났다.

　"공양군 삼부자를 잡아 법으로 처치하십시오."

　이성계는 다시 불윤했다. 공양왕 부자를 보호하려는 자신의 노력을 내외에 과시한 것이다. 하지만 이것이 짜고 치는 노름임을 알 만한 사람들은 다 알았다. 공양군을 죽이자는 주청이 거듭 불윤되자 대간과 형조는 또다시 집무를 거부했다. 공양왕 삼부자의 유배지는 삼척三陟으로 옮겨졌다. 공양왕을 죽이자는 주청이 올라올 때마다 이성계는 불윤이란 한마디로 대응했다. 그러나 대간들은 이성계의 속마음은 다름을 확신했다.

　"유사로 하여금 공양군 부자와 여러 왕씨를 잡아오게 해 모두 사형시켜야 하옵니다."

　공양군 부자와 왕으로 옹립될 가능성이 있는 왕씨들을 모두 처치하자는 주장이었다. 이성계는 공양왕을 처형하자는 이 상소를 곧장 불윤하지 않고 계류시켰다. 불윤할 만큼 했다는 의사표시였다. 대간과 형조에서 이런 변화를 묵과할 리 없었다. 대간과 형조는 다시 주청을 올렸다.

　"어제의 주청을 윤허하소서."

　이성계는 불윤하는 대신 도평의사사에 명해 왕씨 처리에 관해 각사

공양왕릉 신종神宗의 7대손으로 이성계에 의해 창왕의 뒤를 이어 즉위한 공양왕은 과단성이 없는 성품으로 이성계에게 완전히 실권을 빼앗겼다가, 정몽주가 살해된 후 덕이 없고 어리석다는 이유로 폐위당하였다. 이로써 고려는 34대 475년 만에 망하였다. 공양왕은 폐위된 뒤 원주로 추방되어 공양군恭讓君으로 강등되었다가 2년 뒤에 삼척三陟에서 살해되었다.

各司, 한량閑良, 기로(耆老, 고령으로 현직에서 물러난 자)의 의견을 묻게 했다. 공양왕 부자를 처형하자는 주장에 각계의 의견을 묻게 한 것은 이들을 죽이겠다는 선언이나 마찬가지였다. 예상대로 고위관료들은 모두 왕씨를 제거해 후환을 방지해야 한다고 찬성했다.

이때 변수가 발생했다. 서운書雲 · 전의典醫 · 요물고妖物庫의 하급관료 수십 명이 사형 대신 섬에 유배해야 한다고 했던 것이다. 하급관료 수십 명만 한때 자신들이 섬겼던 임금에 대해 충성을 표시한 것이다. 나머지 고위관료들은 모두 과거의 주군主君을 죽여야 한다고 목소리를 높였다.

하급관료 몇십 명이 반대하자 이성계는 다시 논의케 했다. 그 결과는 정해진 것이어서 중추원부사中樞院副使 정남진鄭南晋과 형조의랑刑曹議郎 함부림咸傳霖이 공양왕 부자가 있는 삼척으로 떠났다. 태조 3년 4월 17일. 이성계는 정남진에게 자신의 말을 전하게 했다.

"신민이 추대하여 나를 임금으로 삼았으니 실로 하늘의 운수요. 군(君, 공양왕)을 관동(關東, 삼척)에 가 있게 하고, 그 나머지 동성(同姓, 왕씨)들도 각기 편리한 곳에 가 생업을 보게 했는데, 지금 동래현감 김가행과 염장관 박중질 등이 반역을 도모하고자 하여, 군과 친속親屬의 명운을 장님 이흥무에게 점쳤다가 발각되어 복죄(伏罪, 사형)되었소. 군은 비록 알지 못하지만, 일이 이 지경에 이르자 대간과 법관이 열두 번이나 장소章疏에 연명으로 청하고, 여러 날 동안 다투고, 대소 신료들도 글을 올려 간하므로, 내가 마지못해 억지로 그 청을 따르는 것이니 군은 이 사실을 잘 알기 바라오."

자신은 죽이고 싶지 않지만 할 수 없이 죽이는 것이니 이해하라는 말이었다. 처음부터 왕이 될 생각이 없었던 이 비운의 임금과 두 아들은 결국 교살되고 말았다.

공양왕恭讓王! 공손히 왕위를 물려주었다 하여 붙은 이름이었으나 왕위를 공손히 이성異姓에게 넘겨준 대가는 목 졸려 죽는 것이었다. 고려 태조인 왕건은 경순敬順하게 왕위를 바친 신라의 경순왕敬順王을 경주의 사심왕으로 삼아 육신을 보존시켰으나 이성계에겐 그런 최소한의 아량도 없었다. 물론 이는 단순한 도량의 문제라기보다는 경직된 정치상황의 반영이었다.

비참한 운명을 당한 것은 공
양왕뿐만이 아니었다. 새 왕조
의 주도세력들은 이에 만족하지
않고 이성계를 졸랐다.

"나머지 왕씨들을 제거하지
않으면 반드시 후환이 있을 것
입니다. 죽여 없애는 것만 못합
니다."

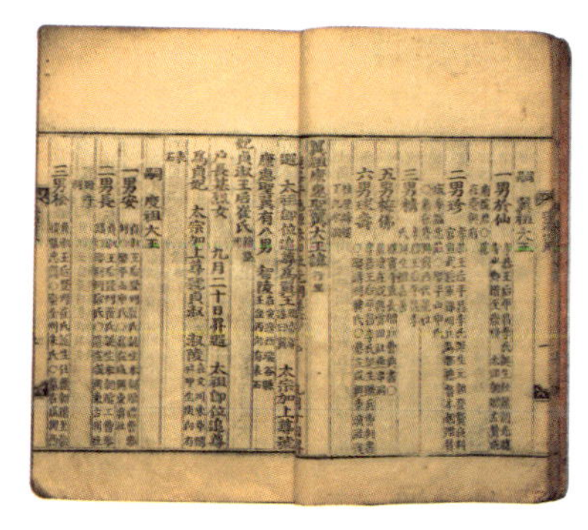

선원록 '선원계보기략璿源系譜記略' 또는 '선원보
략璿源譜略'이라고도 불리는 왕실의 족보

핵심 왕씨들을 죽여버린 터라 나머지에 연연할 까닭이 없었다.

새 왕조는 유인책을 썼다. 섬 하나를 내주어 편히 살게 해줄 테니
나루로 모이라는 것이었다. 우직한 왕씨들은 이 말을 믿고 모였지만
눈치 빠른 왕씨들은 더 멀리 도망갔다. 왕씨들이 탄 배가 해안을 떠나
자 잠수부가 배 밑바닥을 뚫었다. 수장水葬이었다.

야사에는 이날 밤 이성계의 꿈에 왕건이 나타나 저주했다 한다.

"내가 삼한을 통합하여 이 백성들에게 공이 있는데도 네가 내 자손
을 멸하였으니 오래지 않아 보복하겠다. 너는 이 말을 명심하라."

깜짝 놀라 꿈에서 깬 이성계는 고려 왕실의 족보인 왕씨의 선원록
璿源錄에서 한 장을 찢어 거기에 올라 있던 왕씨들을 사면했다고 전해
진다.

몇 년 후 이성계의 자식들끼리 서로 죽이는 왕자의 난이 일어났으
니 왕건의 저주 때문이라는 해석도 나올 법하다. 하지만 현실 속에서
왕건이 이성세에게 보복할 힘이 있을 리 없있다. 수장 소식이 퍼지자

살아남은 왕씨들은 살 곳을 찾아 도망가기 바빴다. 먼 지방으로 도망 간 왕씨들은 성을 바꾸어야 했다. 왕씨라는 사실이 밝혀지면 곧 황천행이기 때문이었다.

이들은 태조 왕건이 이성계에게 복수해주기를 빌면서 현실에서는 생존을 위해 왕씨임을 부인해야 했다. 이들은 그나마 자신들의 성씨인 '왕王' 자를 살리기 위해 갖은 꾀를 썼다. 즉 '전全' 씨나 '전田' 씨, '옥玉' 씨 등 '왕王' 자가 들어가는 성을 택했던 것이다. 임금의 상징인 '용龍' 씨로 바꾼 왕씨도 있었으니 몰락한 왕족으로 태어난 기구한 운명이 아닐 수 없었다.

고려의 마지막 충신들

5백 년 왕업을 지키려던 고려의 충신들은 새 왕조 개창과 함께 몰락했다. 이성계는 〈즉위교서〉에서 이들 세력에 대한 처분도 내리고 있다.

유사가 상언하기를, '우현보, 이색, 설장수偰長壽 등 56인이 고려의 말기에 도당徒黨을 결성하여 반란을 모의해서 맨 처음 화단禍端을 일으켰으니, 마땅히 법에 처하여 장래의 사람들을 경계해야 될 것입니다' 했지만 나는 오히려 이들을 가엾이 여겨 목숨을 보전하게 하니 우현보, 이색, 설장수 등은 그 직첩을 회수하고 폐하여 서인으로 삼아 해상海上으로 옮겨서 종신토록 같은 계급에 끼지 못하게 할 것이며…….

_《태조실록》 1년 7월 28일, 〈즉위교서〉

유사의 상언은 우현보, 이색 등 56인을 사형시켜야 한다는 것이었다. 이성계는 한 등급 낮추어 우현보는 해양海陽, 이색은 장흥부長興

府, 설장수는 장기長鬐로 유배하고, 나머지 인물들도 모두 곤장을 친 후 연변沿邊의 주군州郡으로 귀양보냈다. 이성계로서는 목숨을 살려 준 것이지만 새 왕조를 인정하지 않는 우현보, 이색 등으로서는 은혜 일 수 없었다.

이성계는 이색만큼은 꼭 포섭하고 싶었다. 새 왕조 개창에 마지막으로 저항했던 정몽주의 배후도 이색이었다. 이성계 추대 움직임이 무르익을 무렵, 이색이 이성계를 찾은 적이 있었다. 뜻밖의 방문에 기뻐한 이성계는 그를 상석에 모셨다. 이색만 끌어들이면 잡음 없이 왕좌에 오를 수 있기 때문이었다. 이성계는 꿇어앉아 술을 따를 정도로 그를 높였다. 이색은 사양하지 않고 받아 마셨다. 그 모습을 본 이성계 추종세력이 비방했으나 이색도, 이성계도 개의치 않았다.

그러나 이색은 이성계를 추대할 수 없었다. 그의 길은 고려 왕조를 온존시킨 채 개혁하는 것이지 새 왕조 개창은 아니었다. 더구나 이색의 두 아들 이종학과 이종덕李種德은 고려 때 급제해 새 왕조 개창에 끝까지 반대하다가 맞아죽었다.《해동악부海東樂府》에는 이색이 여주에 머물 때 문인이 찾아오자 그를 데리고 깊은 산 속으로 들어가 인적이 드문 곳에 이르더니 하루종일 목놓아 통곡했다고 전하고 있다. 산에서 내려오며 이색이 '오늘에야 내 가슴이 조금 시원하구나'라고 말했는데, '아마 죽은 두 아들을 상심한 것'이라고 기록하고 있다.

고려 말의 삼은三隱이었던 포은(圃隱, 정몽주) · 목은(牧隱, 이색) · 야은(冶隱, 길재)은 모두 고려에 절개를 지켰다. 포은이 목숨을 걸고 새 왕조 개창에 저항했다면, 목은과 야은은 끝까지 출사를 거부함으

공주 동학사 삼은각 원래 이곳은 고려의 유신遺臣 길재가 동학사의 승려 영월影月·운선雲禪과 함께 단을 쌓고 고려의 태조, 충정왕, 공민왕의 초혼제를 지낸 곳이다. 그러다 고려의 유신 유방택柳芳澤이 정종 1년(1399)에 이곳에서 정몽주와 이색의 초혼제를 지내고, 세종 3년(1421)에 유방택柳芳澤의 아들 유백순柳伯淳이 길재를 추가로 모셔 삼은각이라 불리게 되었다.

로써 고려에 절개를 지킨 것이다. 왕자의 난으로 실권을 잡은 방원이 정종定宗에게 아뢰어 길재吉再에게 봉상박사奉常博士라는 직책을 내리자 그는 상소를 올려 거절했다.

'여자는 두 남편이 없고 신하는 두 임금이 없다고 하니, 원컨대 저를 돌려보내 두 임금을 섬기지 아니하는 뜻을 이루게 하고 노모를 봉양하며 여생을 마칠 수 있도록 해주십시오.'

정종은 그 뜻을 가상히 여기고 납세와 부역을 면하도록 조치해주었다.

운곡 원천석도 새 왕조 참여를 거부했다. 원천석은 이색과 자주 만나 고려에 대한 충절을 약속하며 시세를 한탄했다. 그는, 현실은 승자의 것이지만 미래는 역사서의 것이라고 생각해 역사서를 남겼다. 그는 자신이 지은 역사서를 상자에 넣고 가묘家廟에 감추어놓은 후 자손들에게 유언했다.

"내 자손이 나와 같은 생각이 아니면 열어보지 마라."

증손자대쯤 제사를 지낼 때 그의 자손들이 모여 의논했다.

"선조의 유언이 있었으나 세월이 많이 흘렀으므로 열어보아도 괜찮을 것이다."

열어보니 고려 말을 기록한 역사책이었다. 《연려실기술》은 《축수록逐睡錄》과 《해동악부》를 인용해 '고려 말의 일을 기록한 것인데 사실대로 바로 적어 꺼리어 감춘 것이 없었으므로 내용이 대부분 국사(國史, 고려사)와 같지 않았다'라고 적고 있다. 《연려실기술》은 또한 '우왕이 공민왕 아들이라고 한 것이 그 직필 중에서 가장 뚜렷한 것이

정선 칠현사 전오륜全五倫, 김충한金仲漢, 고천우高天祐, 이수생李遂生, 신안申晏, 변귀수邊貴壽, 김위金瑋 등 고려의 일곱 충신이 은거하던 거칠현동 어귀에는 칠현을 기리는 비석과 사당 칠현사七賢祠가 세워져 있다.

다'라고 부연하면서 최영을 칭송하는 시까지 있다고 전하고 있다. 조선의 정통성을 부인하는 내용이기 때문에 자손들은 크게 놀랐다.

"이는 우리 가문을 멸하는 책이다. 이미 본 이상 소문이 나지 않기가 어려울 것이다."

결국 후손들은 자신들의 목숨을 보전하기 위해 책을 태웠다.

이는 개인이 편찬한 야사의 기록이지만 정사에도 이를 남기려 한 인물이 있었다. 전 예문춘추관藝文春秋館 학사 이행이었다. 《태조실록》 2년 1월 12일조는 사헌부에서 이행이 사관수찬史官修撰을 겸하면서 '우리 주상전하께서 신우·신창과 변안열邊安烈을 죽였다고 거짓으로 꾸며서 썼다'며 국문하기를 청했다. 이성계가 위화도회군(1388) 이후의 사초史草를 가져오게 해 이행의 기록을 보니, 우왕·창왕 부자와 변안열을 모두 죄 없이 죽였다고 기록되어 있었다. 이성계가 사초를 보고 말했다.

"변안열은 사헌부에서 죄 주기를 청하자 공양왕이 문득 목베기를 허가했으므로, 내가 미처 이의 중지를 청하지 못했으며, 우와 창 부자는 백관과 나라 사람들이 합사合辭하여 목베기를 청하므로, 공양왕이 이를 윤허했으니, 나는 처음부터 살해할 마음이 없었는데, 작은 선비〔小儒〕가 어찌 이 지경에 이르렀는가?"

변안열은 우왕을 추대했다는 이유로 공양왕 때 사형된 인물이었다. 국문 결과 이행은 장杖 1백 대를 맞고 가산이 적몰되고 울진蔚珍으로 귀양갔는데, 이듬해 10월 11일 이성계의 생일을 맞아 사면되었다.

이들 외에 김진양, 예문관제학藝文館提學 이숭인, 형조전서刑曹典書 안원, 집현전 직제학直提學 이고李皐, 도관찰사都觀察使 김자수金自粹 등은 새 왕조 참여를 거부하고 시골로 내려가 숨어산 온건개혁파들이다. 이들이 집단으로 모여 산 곳이 개경 근교의 두문동杜門洞인데, '두문불출'이란 말이 여기에서 유래한다.

이들은 두문동에 들어가 은둔하는 것으로 새 왕조 개창이란 대세에 저항했다. 그러나 개경 근교의 두문동 72인 외에도 많은 사람들이 새 왕조 개창을 거부하고 향리에 은거했다. 향리에 은거한 이들은 학문을 닦고 후학을 가르쳤다. 학문과 교육은 고려에 대한 충절을 지키면서 생을 유지할 수 있는 최소한의 방패였다. 은거라는 소극적 저항의 수단으로 향촌에 은거해 학문을 닦고 후학을 가르치는 것이 무의미해 보일 수도 있지만, 이들의 이런 행위는 훗날 커다란 역사의 흐름을 형성한다. 이들의 제자들이 공신집단인 훈구파勳舊派에 대항하는 '사림파士林派'를 형성하기 때문이다. 은둔한 고려 왕조의 지지자들, 곧 온건개혁파 신흥사대부들의 후예들이 사림파를 형성하고, 새 왕조를 개창한 역성혁명파 신흥사대부의 후예들과 조선의 운명을 두고 건곤일척의 승부를 벌이는 것이다.

05

부서진 제국의 꿈

태상왕이 종이와 붓을 가져다 조준에게 주며
이방번의 이름을 쓰게 하니, 준이 땅에 엎드려 쓰지 아니하였다.
이리하여, 태상왕이 마침내 강씨의 어린 아들 이방석을 세자로 삼으니,
조준 등이 감히 다시 말하지 못하였다.
_《태종실록》 5년 6월 27일, '영의정부사 평양부원군平壤府院君 조준의 졸기'

소근 등이 꾸짖어 칼을 버리게 하니,
도전이 칼을 던지고 문 밖으로 나와서 말하였다.
"청하건대 죽이지 마시오. 한마디 말하고 죽겠습니다."
소근 등이 끌어내어 정안군의 말 앞으로 가니, 도전이 말하였다.
"예전에 공이 이미 나를 살렸으니 지금도 또한 살려주소서."
_《태조실록》 7년 8월 26일

역사에 패자가 있으면 승자가 있듯, 음지가 있으면 양지가 있게 마련이었다. 개국공신들이 바로 새 왕조의 양지였다. 조선 개창 다음달인 1392년 8월 왕조 개창에 공이 있는 사람들을 개국공신으로 봉한 것이다. 나라 이름은 여전히 고려였지만 새 나라를 개창한 개국공신이 봉해지고, 공신들의 시대가 열렸다. 일등공신 16명, 이등공신 11명, 삼등공신 16명으로 합계 43명이 개국공신으로 봉해졌다. 여기에 이런 저런 사유로 12명이 추가되어 모두 55명이 개국공신이 되었다.

일등공신은 정도전, 배극렴, 조준, 김사형, 이제李濟, 이화李和, 정희계鄭熙啓, 이지란李之蘭 등이었다.

이등공신에는 정몽주를 선죽교에서 때려죽인 조영규와 훗날 이성계의 넷째아들 방간과 함께 제2차 왕자의 난을 일으키는 박포朴苞 등이 있고, 삼등공신에는 조영무趙英茂 등이 있었다. 입사入仕 경로를 확인할 수 있는 43명을 분석해보면 문신은 31명이고 무신은 12명인

데, 무력으로 개국한 나라의 개국공신에 문신들이 더 많은 것이 이채롭다. 문신 31명 중 18명이 고려에서 과거에 급제한 인물이었다.

일등공신 조준은 평양 조씨로, 고려 왕실과도 혼인할 수 있던 '재상지종宰相之宗'이었다. 조준의 동생 조견趙狷도 이등공신이었고, 조카이자 방원의 동서였던 조박은 일등공신이 되어 권문세족 출신으로는 드물게 전 가족이 역성혁명에 가담했다. 조준은 정도전과 함께 토지개혁을 적극 주창했던 인물이었다. 그의 이런 개혁 성향이 새 왕조 개창에 몸을 던지게 했겠지만, 그 외에 그의 큰형 조린趙璘의 비극적 운명이 고려를 등지게 했는지도 모른다. 조린은 홍건적과 왜구를 격파한 공으로 응양군상호군鷹揚軍上護軍에 올랐으나 도첨의都僉議 오인택吳仁澤, 밀직密直 김정金精 등과 신돈을 두 차례나 죽이려다 실패하고 되레 죽고 말았다.

조준은 음서蔭敍로 처음 관직에 진출했는데, 어머니가 '내 자식이 여럿이건만 과거 급제자가 한 명도 없으니 이들을 어디에다 쓸 것인가!'라고 한탄하는 소리를 듣고 공부에 정진해 드디어 과거에 급제했다. 그러나 큰형 때문인지 계속 한직만 떠돌다가 위화도회군을 단행한 이성계에 의해 지밀직사知密直司 겸 대사헌에 천거됨으로써 빛을 보기 시작했다.

일등공신 김사형도 아버지 김천金蔵이 밀직부사密直副使까지 지낸 고관 출신이며, 형제가 나란히 일등공신에 오른 정총·정탁 형제 역시 증조부가 청하군清河君을 역임한 명문 집안이었다. 정씨 형제가 역성혁명의 길로 들어선 것도 신돈과의 악연 때문이었다. 아버지 정

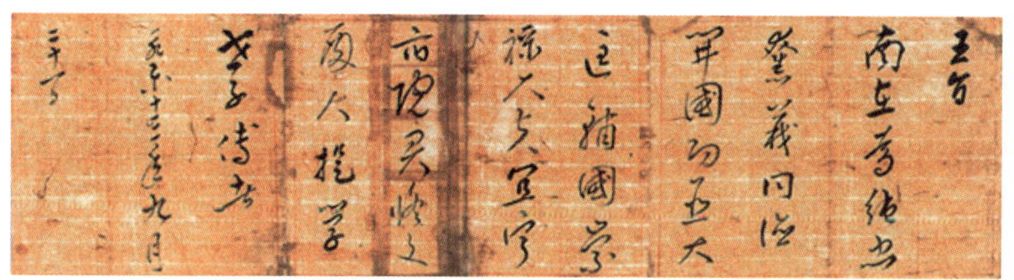

남재왕지 동생 남은과 함께 조선의 개국공신이었던 남재는 동생과는 달리 평탄하게 영의정까지 지냈다. 이 문서는 태종 15년(1415) 남재에게 '수문전대제학세자시修文殿大提學世子侍'라는 관직을 제수하는 국왕의 명령서로서, 원본은 아니고 나중에 베껴 쓴 것이다.

공권鄭公權이 공민왕에게 신돈을 내쫓으라고 극언했다가 도리어 자신이 쫓겨났던 것이다. 개국 삼등공신인 한상경韓尚敬도 부친이 밀직제학密直提學을 역임한 고려 말의 명문가 출신이었다.

개국공신들 중에는 이처럼 권문세족 출신도 있었지만 한미한 집안이 더 많았다. 형제로서 일등공신에 봉해진 남재와 남은은 '어린 시절 몹시 가난하여 노비나 말과 같았다'라고 할 정도로 집안이 어려웠다.

무인들도 빈한한 가문 출신이 더 많았다. 이성계의 의형제이자 일등공신인 이지란은 본명이 두란첩목아豆蘭帖木兒인 여진 사람이었다. 몽고인도 아닌 여진인이 고려의 상류사회와 인연을 가질 수 없음은 당연했다. 일등공신 김인찬과 삼등공신 한충韓忠은 한 대의 화살로 비둘기 두 마리를 잡는 이성계의 활 솜씨에 감복해 그의 부하가 되었다고 알려진 농민 출신이었다. 이처럼 개국공신 반열에 오른 대다수 무인들은 빈한한 가문에서 태어나 이성계와의 인연을 바탕으로 새 왕조 개창에 참여하게 된 것이었다.

이성계도 왜구와 홍건적 토벌에 혁혁한 전과를 세웠으나 중앙정계에서는 그만한 대우를 받지 못했다. 그가 부여받은 동북면원수東北面

元帥, 동북면도지휘사 같은 관직은 대개 임시직인데다 '동북면'이란 지명이 빠지지 않는 데서 알 수 있듯 함경도 지방의 토호로 대접받았을 뿐이었다. 이성계가 중앙 정계의 명실상부한 실력자가 된 해는 우왕 14년(1388)이었다. 이해에 그는 대사건을 두 번 치렀는데 하나는 이인임 일당을 제거한 것이고, 다른 하나는 위화도회군을 단행한 것이다.

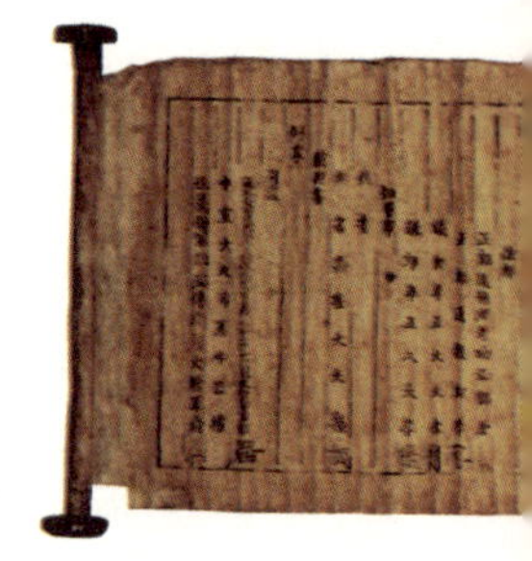

최영은 죽기 직전에 '내 평생에 잘못한 것이 없으나 이인임·임견미·염흥방 집안을 모두 죽인 것은 과하였다'라고 후회했다고 한다. 이는 단순한 양심의 가책이 아니라 이인임 일당을 모두 제거함으로써 결과적으로 이성계의 견제세력을 말살한 것에 대한 회한이었다. 최영으로서는 동북면 출신의 시골 변장邊將이 새 왕조 개창을 목표로 삼을 줄은 꿈에도 몰랐을 것이다.

그러나 이성계는 정도전을 비롯한 많은 세력들을 끌어모아 목적을 달성했고, 그들은 개국공신이 되었다. 공신에 책봉되면 당사자는 물론 후손들까지 자자손손 영화가 보장되었다. 공신들은 등급에 따라 벼슬이 몇 계단 승진하는 것은 물론 과전법에 의한 과전 외에도 수백에서 수십 결에 이르는 공신전功臣田이 지급되었고, 수백에서 수십명의 노비도 지급되었다.

일등공신인 배극렴과 조준은 사실상 개인 소유인 식읍食邑 1천 호戶와 식실봉食實封 3백 호, 토지 2백20결結을 받았다. 또한 노비 30구口와 구사(丘史, 공신에게 내려주는 관노비) 7인과 파령把領 10인을 받았

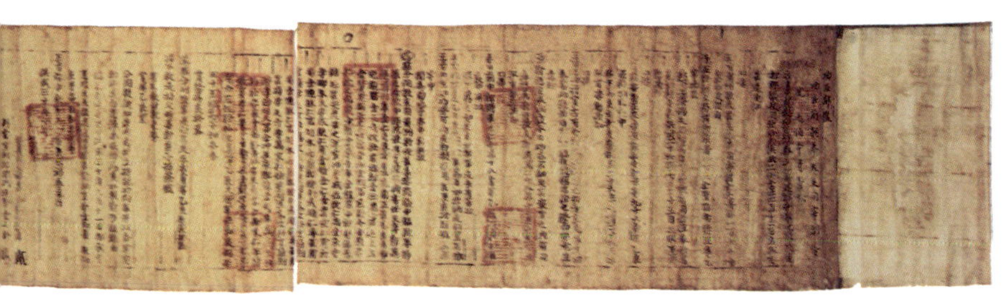

개국원종공신녹권 태조 6년(1397) 10월 왕명으로 내린 문서로, 사재부령司宰副令 심지백에게 개국원종공신 3등에 봉하고 내린 녹권이다. 공신은 정공신과 원종공신으로 구분되고 정공신은 1등에서 4등, 원종공신은 1등에서 3등으로 나뉘는데 조선 초기, 정공신에게는 교서와 녹권을 함께 주었으나 원종공신에게는 녹권만 주었다.

다. 이등공신은 1백 결의 토지와 10구의 노비를, 삼등공신은 70결의 토지와 7구의 노비를 받았다. 게다가 공신전은 세습이 가능했다. 당사자가 죽으면 국가에 반납해야 하는 과전과는 달랐다. 과전은 세금을 걷는 권리인 수조권만 있었으나 공신전은 소유권이 있는 사유지였다. 공신전과 음서는 새로운 특권층의 탄생을 알리는 것이었다.

1392년 9월 28일 개국공신들과 왕자들은 개경의 왕륜동王輪洞에서 회맹會盟하고 〈회맹문〉을 발표했다.

> "문하좌시중門下左侍中 배극렴 등은 감히 황천후토皇天后土와 송악松嶽, 성황城隍 등 모든 신령에게 고합니다. 삼가 생각하옵건대, 우리 주상전하께서는 하늘의 뜻에 응하고 사람의 마음에 따라서 대명을 받았으므로 신 등이 힘을 합하고 마음을 같이하여 함께 큰 왕업을 이루었습니다."
>
> _《태조실록》1년 9월 28일

개국공신들과 왕자들이 회맹한 이유는 서로 변심치 말자고 약속하기 위한 것이었다.

"이미 일을 같이했으므로 함께 한 몸이 되었으니 이보다 다행한 일이 없습니다. 그러나 '누구나 처음은 함께할 수 있지만 끝까지 함께하는 것은 드물다'고 옛사람이 경계한 바 있습니다. 무릇 우리들 일을 같이한 사람들은 각기 마땅히 임금을 성심으로 섬기고, 친구를 신의로 사귀고, 부귀를 다투어 서로 해치지 말며, 이익을 다투어 서로 꺼리지 말며, 이간하는 말로 다른 사람의 생각을 움직이지 말며, 말과 얼굴빛의 조그만 실수로 마음에 의심을 품지 말며, 등을 돌려서는 미워하면서도 얼굴을 맞대해서는 기뻐하지 말며, 겉으로는 서로 화합하면서도 마음으로는 멀리하지 말며, 과실이 있으면 바로잡아주고, 의심이 있으면 물어보고, 질병이 있으면 서로 부조扶助하고, 환란이 있으면 서로 구원해줄 것입니다. 우리의 자손에게 이르기까지 대대로 이 맹약을 지킬 것이니, 혹시 변함이 있으면 신神이 반드시 죄를 줄 것입니다."

_《태조실록》 1년 9월 28일

'부귀를 다투어 서로 해치지 말며, 이익을 다투어 서로 꺼리지 말며, 이간하는 말로 다른 사람의 생각을 움직이지 말며'라는 〈회맹문〉의 내용은 마치 6년 후에 벌어질 왕자의 난을 예견하고 있는 것처럼 생생하다.

공신과 왕자들이 분열하는 첫 번째 조짐은 세자 책봉에 있었다. 이성계가 즉위한 1392년 7월 그의 나이 벌써 58세였다. 후사문제가 비상한 관심사가 될 수밖에 없었다. 이성계는 두 부인을 두었는데, 향처鄕妻라 불린 첫째부인 신의왕후 한씨는 이성계가 임금이 되기 1년 전인 공양왕 3년(1391)에 세상을 떠났다. 한씨 소생의 맏아들 진안대군과 막내 덕안대군이 태조 즉위 전에 죽었으나 방과, 방의, 방간, 방원 등의 아들이 남아 있었다. 경처京妻라 불린 둘째 부인 신덕왕후 강씨康氏에게는 이방번李芳蕃과 방석芳碩이 있었다. 배극렴, 조준 등의 공신들은 한씨 소생의 아들들 중에서 세자를 세우고 싶어했고, 이성계는 강씨 소생의 이방번을 염두에 두고 있어서 이성계와 공신들 사이에 심각한 갈등이 빚어졌다.

이방번은 차비次妃 강씨에게서 출생하였는데, 태상왕(이성계)이 이를 특별히 사랑하였다. 강씨가 개국에 공이 있다고 칭탁하여 이를 세자로 세우려고 조준과 배극렴, 김사형, 정도전, 남은 등을 불러 의논했다. 배극렴이 말했다.

"적장자嫡長子로 세우는 것이 고금을 통한 의義입니다."

태상왕이 기뻐하지 않았다. 조준에게 물었다.

"경의 뜻은 어떠한가?"

조준이 답했다.

"세상이 태평하면 적장자를 먼저 하고, 세상이 어지러우면 공功이 있는 이를 먼저 하오니 원컨대, 다시 세 번 생각하소서."

강씨가 이를 엿들어 알고, 그 우는 소리가 밖에까지 들렸다. 태상왕이 종이와 붓을 가져다 조준에게 주며 이방번의 이름을 쓰게 하니, 준이 땅에 엎드려 쓰지 아니하였다. 이리하여, 태상왕이 마침내 강씨의 어린 아들 이방석을 세자로 삼으니, 조준 등이 감히 다시 말하지 못하였다.

_《태종실록》5년 6월 27일, '영의정부사 평양부원군平壤府院君 조준의 졸기'

태조의 뜻은 신덕왕후 강씨의 맏아들 방번에게 있었다. 하지만 방번을 세자로 세우는 데 조준을 비롯해 대부분의 대신들이 반대했다. 《태조실록》은 태조의 뜻이 이방번에게 있었으나 이방번은 광망狂妄하고 경솔하여 볼품이 없으므로, 공신들이 이를 어렵게 여겨, 사적으로 서로 이르기를, '만약에 반드시 강씨가 낳은 아들을 세우려 한다면, 막내아들이 조금 낫겠다'라고 했다고 전하고 있다. 얼마 후 태조가 또다시 배극렴과 공신들을 불러 세자 건저建儲 문제를 의논하자 이번에는 적자를 세워야 한다느니, 공이 있는 사람을 세워야 한다느니 하는 말은 없는 대신 배극렴이 '막내아들이 좋습니다'라고 해서 방석이 세자로 결정되었다. 이방석의 나이 만 10세 때였다.

이성계는 세자 방석에게 학문과 정사를 가르칠 서연관書筵官을 임명했는데 조준, 정도전, 남재, 정총 등으로 모두 개국 일등공신이었다. 핵심 공신들에게 세자를 보필해 그 권력을 강화시킨 것이다. 정도전은 세자 방석에 대해 이렇게 평가한다.

> 지금 우리 동궁은 뛰어난 자질과 온화한 성품으로 일찍 일어나고 늦게 자면서 부지런히 서연에 참여하여 강론을 게을리 하지 않고 있으니, 앞으로 일취월장하여 반드시 그 학문이 광명한 경지에 이르게 될 것이 기대된다.
>
> _정도전, 《조선경국전》

그러나 탈락한 형제들, 특히 한씨 소생의 이복형제들은 강하게 반발했다. 이들의 반발을 누르기 위해 정도전과 남은은 태조에게 비밀스레 주청했다.

"중국에서는 왕자들을 각 지방의 제후로 봉합니다. 우리나라도 이에 따라 왕자들을 각 도에 나누어 보내는 것이 좋겠습니다."

왕자들의 세력을 약화시키기 위해 지방으로 보내자는 제안이었다. 여기에는 복심腹心이 있었다. 왕자들의 사병私兵을 혁파하는 문제였다. 개국 과정에서 왕자들은 독자적인 사병들을 거느리고 있었는데, 개국 후에도 사병들을 국가의 공적 군대 편제에 포함시키지 못하고 있었다. 왕자들이 지방으로 가면서 사병을 거느리고 갈 수는 없었기에, 결과적으로 사병도 혁파하고 어린 세자의 입지도 강화할 수 있는 일거양득의 방안이었다.

태조는 정도전의 말뜻을 알아들었다. 그도 어린 세자의 지위를 안정시켜주는 것이 필요하다고 생각했다. 그러나 왕자들을 지방으로 보내면서 그들의 기를 죽이고 싶지는 않았다. 태조는 방원을 불러 타일렀다.

"너와 네 형들에 대해 우려하는 소리가 있으니 마땅히 네 형들에게 일러서 경계하고 조심하라."

자신이 충분히 제어할 수 있다고 과신한 것이다. 그러나 이미 성인이 된 왕자들의 불만은 그치지 않았다. 이런 상황에서 사병문제까지 발생했다. 왕자들과 공신들은 자신의 사병을 가지고 있었다. 실로 새 왕조는 사병을 가진 세력이 연합해 세워졌다고 해도 과언이 아니었다. 하지만 새 왕조가 건설된 이상 사병은 국가의 공적 체제에 편입되어야 했다.

태조 원년 9월, 삼군총제부三軍摠制府를 의흥삼군부義興三軍府로 고치고 무신들의 권력기구였던 중방을 폐지한 것은 왕자와 공신들에게 분산되어 있는 사병들을 국가의 통제 아래 놓기 위한 준비작업이었다. 정도전과 조준이 의흥삼군부의 수장인 의흥삼군부사義興三軍府事를 번갈아 맡아가며 이런 작업을 수행했다.

이듬해에는 지방군도 이들이 장악했다. 정도전이 판삼사사(判三司事, 종1품)로서 경상전라양광삼도도총제사慶尙全羅楊廣三道都摠制使를 겸하고, 조준이 좌시중左侍中으로서 교주강릉서해경기좌우오도도총제사交州江陵西海京畿左右五道都摠制使를 겸했던 것이다. 그야말로 두 사람 손에 중앙과 지방의 병권이 모두 쥐어진 것이다.

정도전과 조준은 문신이었다. 이성계로서는 이들이 문신이기 때문에 안심하고 군권을 내주었는지 몰라도 이를 바라보는 무장들의 심정은 착잡할 수밖에 없었다. 무신들의 불만은 곧 터져나왔다. 전중경殿中卿 변중량卞仲良이 병조정랑 이회李薈에게 불만을 토로했다.

"예로부터 정권(政權, 행정권)과 병권(兵權, 군사권)은 한 사람이 겸임을 못하는 법입니다. 병권은 종친에게 있어야 하고, 정권은 재상에게 있어야 하는 것이오. 그런데 지금 조준, 정도전, 남은 등이 병권을 장악하고 또 정권을 장악하니 실로 좋지 못합니다."

변중량이 종친인 의안백義安伯 이화에게 말했고, 이화가 태조에게 고했다. 태조가 변중량을 불러 묻자 사실이라고 말하면서 덧붙였다.

"박포 또한 전하께서 국정을 잘못하여 여러 번 변고가 일어난 것이라고 말했습니다."

그러자 태조가 성이 나서 말했다.

"이들은 모두 나의 수족과 같은 신하들로, 끝끝내 같은 마음을 가진 사람들이다. 이들을 의심한다면 믿을 사람이 누구냐? 이런 말을 하는 자들은 까닭이 있을 것이다."

이성계는 변중량과 이회, 박포를 국문한 후 변중량을 영해寧海로, 이회를 순천順天으로 유배하고 삭직했으며 박포는 죽주竹州에 안치했다. 박포는 개국 이등공신이었다. 이는 조선 초 정도전의 지위가 어느 정도였는지를 잘 말해준다. 또한 이는 개국공신 내부의 분열을 알리는 파열음이기도 했다. 그럼에도 정도전은 개의치 않았다. 그에게는 더 큰 과제가 기다리고 있었던 것이다. 비로 요동정벌이었다.

정도전의 위기

정도전은 요동정벌에 강한 의지를 갖고 있었다. 정도전은 개국하던 1392년 10월 계품사啓稟使 및 사은사謝恩使로 명나라에 갔다가 이듬해 3월 귀국했다. 명목은 왕조 창업의 전말을 알리기 위한 계품사이자 신년을 하례하는 사은사였지만 내용은 달랐다. 말 60필을 선물로 가져갔지만 사실은 요동 지역의 정보를 수집하는 한편 명나라 변장邊將을 포섭하고 여진족들을 회유하기 위한 것이었다. 그의 활동은 곧 명나라의 정보망에 포착되었다. 명 태조 주원장은 이에 격분해 1393년 5월 태조 이성계에게 흠차내사欽差內史 황영기黃永奇 등을 보내 강하게 항의했다.

주원장은 이성계에게 '사람을 요동으로 보내 포백布帛과 금은으로 우리 변장을 꾀었다'라고 비판하고, 또 '요사이 몰래 사람을 보내어 여진족을 꾀어 가권家眷 5백여 명을 거느리고 압록강을 몰래 건넜으니, 죄가 이보다 큰 것이 없었소'라고 항의하면서 이성계를 협박했다.

'짐朕은 장차 칼날을 녹여 농구農具를 만들고, 전사戰士들을 어루만
져 옛날의 노고를 잊게 하며, 칼날에 부상한 사람을 후하게 부양하여 제
집에서 평생을 마치게 하고, 여러 장수들에게 가벼운 갖옷에 살진 말을
타고 사시四時의 경치를 구경하면서 태평을 누리게 하려고 하는데, 어
찌 그대의 고려에서 급하게 병화兵禍를 일으키는가? …… 짐은 장수에
게 명해서 동방을 정벌할 것이지만…… 이미 간 여진의 모든 사람을 돌
려보낸다면 짐의 군사는 국경에 들어가지 않을 것이오.'

_《태조실록》8년 5월 23일

주원장은 당황하고 있었다. 조선이 여진족과 손잡고 요동정벌에
나선다면 막을 방법이 없었던 것이다. 그러나 태조 이성계도 개국한
지 1년 만에 명나라와 전쟁할 수는 없다고 생각했다. 이성계는 황영
기가 귀국할 때 4백여 명의 여진인을 딸려보내는 수밖에 없었다. 그
러나 이것으로 끝이 아니었다. 명나라는 조선이 요동을 노리고 있다
고 의심했다. 그래서 그 뿌리를 제거해야 한다고 생각했다. 그 뿌리란
다름 아닌 정도전이었다. 명나라는 정도전을 요동정벌의 주창자로
의심하고 있었다.

정도전은 명나라의 의심을 약화시키기 위해 다른 방법을 사용했
다. 황영기가 귀국한 직후인 태조 2년 8월 그는 《사시수수도四時蒐狩
圖》를 지어 바쳤다. 사시사철 사냥을 하는 방법에 관한 책이지만, 실
제로는 요동정벌에 필요한 군사훈련에 관한 책이었다. 그해 11월에
는 격구擊毬를 하는 구정毬庭에 군사들을 모아놓고 《진도陣圖》에 따라

고각鼓角·진퇴進退 훈련 등을 실시했다. 이 역시 격구를 빙자해 요동 정벌을 위한 지휘 훈련을 한 것이었다.

그 직후인 태조 3년(1394) 정월 정도전은 판의흥삼군부사判義興三軍府事가 되었다. 비로소 중앙군의 최고책임자가 된 것인데, 여기에는 이성계의 친위군인 의흥친군위義興親軍衛도 포함되어 있었다. 그해 2월 그는 군제개혁에 관한 상소문을 올리는 한편 6월에는 '역대부병시위지제歷代府兵侍衛之制'를 지어 군제개혁을 역설했다.

드디어 태조 5년(1396) 2월 정도전의 행보를 주목하던 명나라는 그를 겨냥해 직격탄을 날렸다. '표전문 사건'이 그것이다. 이해 정월 명나라에 보낸 표전문에 '경박하게 희롱하고 모멸하는 문구가 있어 또 한 번 죄를 범했다'며 비판하더니 급기야 작성자의 송환을 요구한 것이다.

조선이 명절 때마다 사람을 보내 표전表箋을 올려 하례하니, 예의가 있는 듯하나, 문사文辭에 있어 경박하고 멋대로 능멸하여 근일에 인신印信과 고명(誥命, 새 임금을 인정하는 조서)을 주청한 장계 안에 주(紂, 은나라의 폭군)의 일을 인용했으니 더욱 무례하였다. 혹 국왕의 본의인지, 신하들의 희롱함인지, 아니면 인신이 없는데도 거리낌 없었으니, 혹 사신이 받들어 가지고 오다가 중도에 바꿔치기한 것인지도 모두 알 수 없으므로 사신을 돌려보내지 않겠다. 만약에 글을 만들고 교정한 인원을 전원 다 내보낸다면 사신들을 돌려보내겠다.

_《태조실록》5년 3월 29일

명나라에서 압송을 요구하는 작성자는 바로 정도전이었다. 조선은 중국 외교문서의 형식을 잘 몰라서 발생한 실수라고 변명하면서 작성자는 정도전이 아니라 정탁 등이라고 해명했다. 실제로 표전문은 대사성 정탁이 짓고 정총과 권근이 교정을 본 것이었다. 정도전은 자신의 나이가 이미 55세이고 각기병까지 겹쳐 표전문을 고칠 겨를이 없었다고 해명했다.

그러나 명나라의 요구가 워낙 강경했으므로 이해 7월 그는 판삼

주원장 한반도가 고려왕조가 무너지고 조선왕조가 새로 들어서는 과도기에 있을 때 중국 대륙 역시 이민족이 세운 원왕조가 쇠퇴하고 한족이 세운 명왕조가 세력을 키워가는 과도기에 있었다. 그림은 빈농 출신으로 각지의 군웅을 굴복시키고 명나라를 세운 주원장의 모습이다.

사사에서 봉화백奉化伯으로 물러났다. 명나라는 이런 몸짓에 흔들리지 않았다. 정도전이 근신하는 듯한 자세를 취해도 명나라는 정도전에 대한 의심을 거두지 않았다. 드디어 태조 6년(1397) 4월 명 태조 주원장은 정도전의 이름을 직접 거론하며 제거하라고 요구했다.

나라를 열고 가업을 잇는 데 있어서 소인은 쓰지 말아야 하는데, 조선이 새로 개국하여 등용된 사람의 표전을 보니, 이것은 삼한 생령生靈의 복이 아니요, 삼한의 화수(禍首, 화의 우두머리)이다. …… 정도전이란 자는 왕에게 어떤 도움을 주는가? 왕이 만일 깨닫지 못하면 이 사람이

반드시 화禍의 근원일 것이다. 지금 정총 · 노인도盧仁度 · 김약항金若
恒이 만일 조선에 있다면 반드시 정도전의 우익羽翼이 되었을 것이니,
곧 이들로 인하여 이미 화를 불러 그 몸에 미쳤을 것이다.

_《태조실록》6년 4월 17일

정총 · 노인도 · 김약항은 표전을 지었다는 이유로 명나라에 가서
억류된 인물들이었다. 즉 그들을 억류하는 이유가, 돌려보내면 정도
전의 우익이 될 것이라는 것이었다.

중원의 황제를 꿈꾸다

정도전은 분개했고 물러설 수 없다고 생각했다. 개국하는 해에 명나라에 가보았기 때문에 그 허실도 잘 알고 있었다. 명나라도 개국 초이기 때문에 그는 요동정벌이 충분히 승산이 있다고 판단했다. 정도전은 조준·남은과 상의했는데, 남은은 적극 찬성했으나 조준은 적극 반대했다. 남은은 태조에게 상서上書했다.

'사졸이 이미 훈련되었고 군량이 이미 갖추어졌으니, 동명왕東明王의 옛 강토를 회복할 만합니다.'

워낙 큰일이기 때문에 이성계는 섣불리 결심하지 못했다. 남은이 여러 차례 간하자 태조는 정도전에게 물었다.

정도전이 지나간 옛일에 외이外夷가 중원中原에서 임금이 된 것을 차례로 들어 논하여 남은의 말을 믿을 만하다고 말하고, 또 도참圖讖을 인용하여 그 말에 붙여서 맞추었디. _《태종실록》5년 6월 27일

‘외이가 중원에서 임금이 된 것’은 바로 중원을 정복했던 거란족의 요나라, 여진족의 금나라, 몽고족의 원나라를 뜻하는 것이었다. 14년 전(1383) 함주의 이성계를 찾아가 ‘훌륭합니다. 이 군대로 무슨 일인들 성공하지 못하겠습니까?’라고 임금이 되는 길을 제시했던 정도전이 이제 황제가 되는 길을 제시한 것이었다. 내친김에 황제까지 되라는 것이었다. 동북면 변방에서 태어나 개국의 위업을 달성한 이성계로서 ‘동명왕의 옛 강토를 회복’하는 일은 생애 마지막 과업으로 삼을 만했다.

이성계는 군권의 또 다른 축인 조준의 동의를 얻고 싶었다. 이전에 최영과 자신의 의견이 달라 실패한 전철을 밟지 않기 위해서였다. 태조가 조준에게 유시諭示하자 병중이었던 조준은 가마를 타고 대궐에 나와 불가하다고 주장했다.

본국은 예로부터 사대의 예를 잃지 않았고, 또 새로 개국한 나라로서 경솔히 이름 없는 군사를 출동시키는 것은 심히 불가합니다. 이해관계로 말하더라도 천조(天朝, 명나라)가 당당하여 도모할 만한 틈이 없으니, 신은 거사하여야 성공하지 못하고 뜻밖에 변이 생길까 염려되옵니다.

_《태조실록》 6년 6월 14일

조준이 눈물을 흘리며 간하자 남은이 힐난했다.

정승政丞은 다만 두승(斗升, 곡식)의 출납出納만 알 뿐이라, 어찌 기

모奇謀와 양책良策을 낼 수 있겠소? _《태종실록》5년 6월 27일

조준은 토지개혁에나 능하지 중원정벌 같은 대사는 이룰 수 없는 인물이란 비판이었다. 어쨌든 이는 역성혁명파 핵심 진영의 분열이었다. 고려 말 혁명적 토지개혁을 주창했던 두 인물이 요동정벌을 둘러싸고 갈라진 것이었다.

《태종실록》은 태조가 조준의 말을 듣고 의논을 중지했다고 적고 있지만, 이는 사실과 다르다. 그해 8월 각 도와 각 진鎭에 정도전이 지은 《진도》를 가르칠 진도훈도관陣圖訓導官을 보내 군사훈련을 시켰기 때문이다. 이는 사실상 전쟁 준비였다. 그해 10월 13일 간관의 상언 내용은 요동정벌 준비가 어느 정도 진행되었는지를 잘 보여준다.

"공경하여 생각하건대, 전하께서 즉위한 지 지금 6년인데, 가령 군려(軍旅, 전쟁)의 변이 있다면 2년의 저축이 있어서 수십만의 군사를 공급할 수 있사옵니까? 먹는 것이란 삼군三軍의 사명(司命, 생명)이니, 군량이 넉넉하지 못하면 용맹한 군사가 백만이 있더라도 쓸데가 없고, 철옹성〔鐵城〕이 천 길〔千仞〕이 되더라도 믿을 만한 것이 못 되옵니다."

_《태조실록》6년 10월 13일

'군려의 변'이란 물론 요동정벌을 뜻하는 것이었다. 군량미를 확보하기 위해 특단의 조치를 취해야 한다는 것이었다. 태조 이성계가 도평의사사에 명해 연구하고 의논한 다음 상신하여 아뢰게 하자 도평의

사사에서는 그 대책을 보고했다. 각 궁이나 아문, 또는 진津이나 원院에서 사용하는 전토와 공신의 밭을 제외한 공전公田과 사전私田의 전조田租 모두를 국가에서 받아들이자는 것이었다. 한마디로 국가비상사태를 선포한 것이었다. 그 직후인 10월 16일 정도전은 군수물자를 관리하는 유비고有備庫의 제조관提調官이 되었다. 그리고 조준에게 판의흥삼군부사를 겸임토록 했다. 조준을 끌어들이려는 것이었다.

이 무렵 이성계와 정도전을 분개케 한 사건이 발생했다. 표전문 문제로 억류되었던 정총·김약항·노인도가 명나라에서 사형되었다는 것이었다. 정총이 태조 이성계의 부인 현비顯妃 강씨가 승하했다는 소식을 듣고 흰 상복을 입은 것이 화근이었다. 명 태조 주원장이 노해서 말했다.

"너는 무슨 마음으로 내려준 옷을 입지 않고 흰옷을 입었는가?"

정총은 국문을 받던 중 도주하다가 체포되어 사형되었고, 김약항·노인도 역시 사형되었다. 태조 이성계는 처음에 이 소식을 들었을 때 믿지 않았다. 정총·김약항·노인도의 부인이 정윤보鄭允輔의 말을 듣고 발상發喪하려고 하자 금하게 했던 것이다.

"황제가 만일 정총 등을 죽였으면 예부에서 반드시 자문이 있을 것이다. 정윤보의 말을 믿을 수 없다."

그러나 사실로 드러나자 태조는 크게 슬퍼해서 정총의 시호를 문민文愍이라 지었다. 태조 이성계는 분개했다. 인신人臣으로 국모의 상을 당해 상복을 입었다고 사형시키다니 사람이 할 짓이 아니라고 분개했던 것이다.

정도전은 그해 12월 22일 동북면도선무순찰사東北面都宣撫巡察使
가 되어 함경도 지역의 주군州郡 구획과 호구 정리, 성보城堡 수리, 그
리고 군관의 재품才品을 파악하는 일 등에 종사했다. 이것 역시 전쟁
준비였다.

제1차 왕자의 난과 정도전의 죽음

운명의 해인 태조 7년(1398), 정도전은 여전히 함경도에서 동북면도 선무순찰사 일을 보고 있었다. 태조는 정도전에게 서신과 옷 등을 내려주었는데, 임금이라는 명칭을 쓰고 싶지 않았다. 그래서 좌승지 이문화李文和에게 물었다.

"내가 들으니, 전조(고려)의 충숙왕忠肅王이 거사居士라고 일컬어 예천군醴川君 권한공權漢功에게 글을 보내었다. 나도 또한 봉화백에게 거사라고 일컬어 글을 보내려 하는데, 무엇이라고 호號를 정하는 것이 좋겠는가?"

정문화가 답했다.

"상감의 잠룡(潛龍, 즉위하기 전의 임금) 때의 헌호(軒號, 남의 당호의 존칭)가 어떠합니까?"

이성계는 이를 받아들여 '송헌거사松軒居士'라고 정했다. 이성계가 중추원부사 신극공辛克恭을 통해 정도전에게 보낸 편지가 전한다.

서로 작별한 지 여러 날이 되니 생각하는 바가 매우 깊다. 신 중추(신극공)를 보내어 행역行役을 묻고자 하였더니, 최긍崔兢이 마침 와서 그곳 소식을 알게 되니 조금 위로되고 풀린다. 이에 저고리 한 벌로써 바람과 이슬을 막게 하는 것이니 영납領納하면 다행이겠다. …… 나머지는 신 중추의 구전口傳에 있다. 춘한春寒 때에 잘 적응해 스스로 보전해서 변방의 공功을 마치라. 갖추지 못한다. 송헌거사는 쓴다.

_《태조실록》7년 2월 5일

송헌거사는 이성계가 정도전에게 편지를 보낼 때만 쓰는 당호堂號였다. 군신관계를 뛰어넘는 동지라는 뜻이었다. 이성계를 조선의 개국 군주로 만든 정도전은 이제 그를 중원의 황제로 만들려 하고 있었다. 태조 7년(1398) 3월 정도전이 돌아오자 이성계는 연회를 베풀어주면서 그의 업적이 고려시대 윤관尹瓘이 9성九城을 쌓은 것보다 더 위대하다고 칭찬했다.

"경의 공이 윤관보다 낫다. 윤관은 다만 9성을 쌓고 비碑를 세운 것뿐이지만 경은 주군州郡과 참로站路를 구획하고 관리의 명분名分까지 제도를 정하지 않은 것이 없어서, 삭방도(朔方道, 함경도)를 다른 도와 다를 바가 없이 했으니 공이 작지 않다."

정도전은 이 자리를 요동정벌의 기틀을 잡는 계기로 삼기로 하고 사전에 남은과 말을 맞추었다. '충성된 말이 귀에는 거슬리나 행실에는 이로우니, 경들은 마땅히 말하여 숨기지 말라'고 이성계가 말하자 남은이 진언했다.

정도전

"상감께서 잠저에 계실 때 군사를 장악하고 있지 않았던들 어떻게 오늘이 있었겠습니까? 신 같은 자도 또한 보전할 수 없었을 것입니다. 개국하는 처음에는 여러 공신들이 군사를 맡은 것이 가했지만, 지금은 즉위하신 지 이미 오래이니 마땅히 여러 절제사節制使를 혁파하고 병사를 합하여 관군官軍을 만들면 거의 만전할 것입니다."

이성계가 말했다.

"누가 남은을 무실無實하다 하는가? 이 말이 진실로 시종始終의 경계이다."

이 말이 본격적인 사병개혁의 신호탄이었다. 요동정벌에는 수치를 씻기 위한 외교적 목적이나 고토 회복이라는 역사적 목적뿐만 아니라 사병혁파라는 국내 정치적인 요소도 들어 있었다. 정도전은 요동정벌이란 대의명분을 앞세워 군제를 단일화함으로써 여러 왕자들과 공신들이 갖고 있던 사병을 관군으로 편입해 왕자들과 공신들을 무력화하려 했던 것이다.

사병을 갖고 있던 왕자와 공신들은 격렬히 반발했다.

정도전이 진법 훈련을 강조한 것도 사병들을 국가체제 속에 편재하려는 의도가 깔려 있었다. 이에 왕자·공신들은 사병을 진법 훈련에 내보내지 않았다.

운명의 달인 태조 7년 8월 1일 이성계는 사헌부에 진도 훈련에 불참한 여러 왕자들과 상장군, 대장군 등에게 그 까닭을 묻게 했다. 4일 사헌부는 태조의 교지를 받들어 진도 훈련에 불참한 삼군절도사三軍節度使와 상장군, 대장군, 군관軍官 등 2백92명을 탄핵했다. 이성계가 진두지휘하는 한 왕자들도 진도 훈련에 참가하지 않을 수 없었다. 그런데 이틀 후 변수가 발생했다. 태조가 병에 걸려 누운 것이다. 태조는 병석에서도 모든 군사들에게 진도를 익히게 할 정도로 이 문제에 열성적이었다. 인생의 대미를 중원정벌로 장식할 참이었다.

8월 9일, 대사헌 성석용成石瑢이 왕자·공신들을 비판하고 나섰다. 성석용은 새 왕조 개창에 반발해 태조의 〈즉위교서〉에 의해 처벌받았다가 다시 중용된 터였다.

"전하께서 무신들에게 진법 훈련에 참가하라고 명했으나 이를 거부하고 있으니 고위직은 직첩을 빼앗아 한 등급을 감하고 5품 이하의 무신에게는 태笞를 내리소서."

사실 왕자·공신들의 행위는 항명이었다. 태조는 진법 훈련을 거부한 회안군懷安君 방간芳幹, 익안군益安君 방의芳毅, 정안군靖安君 방원芳遠, 흥안군興安君 이제 등의 왕실 종친과 유만수 같은 원종공신原從功臣들의 부하장수들에게 태 50대를 치게 했다. 맞은 사람은 부하 장수이지만 본인이 맞은 것과 마찬가지 효과였다. 이제 왕자들은 선택을 해야 했다. 진도 훈련에 참여해 사병들을 관군으로 편재시키든지 쿠데타를 일으켜야 했다. 그러나 정도전에게 반기를 든다는 것은 아버지에게 반기를 드는 것과 마찬가지였다. 이성계는 변방의 호족 집안을 왕가로 만든 아버지였다. 그야말로 천명을 받은 인물이었던 것이다. 그러나 사병을 모두 빼앗기면 앞으로 더 이상 기회가 없다는 점이 방원과 방간의 마음을 막다른 길로 몰고 갔다.

8월 14일, 태조가 다시 병에 걸려 누웠다. 방원은 마지막 기회라고 생각했다. 그러나 방원은 부친에 맞서 쿠데타를 결심하지는 못했다. 운명의 날인 8월 26일 먼저 쿠데타를 결심한 것은 방원의 부인 민씨와 그 동생 민무질閔無疾이었다.

이날 신시申時에 민무질이 정안군(이방원)의 사저에 나아가서 정안군의 부인夫人과 마주 앉아 한참 동안 이야기하다가, 부인이 급히 종 소근小斤을 불러 말하였다.

"네가 빨리 대궐에 나아가서 공(公, 이방원)을 오시라고 청하라."

소근이 대답하였다.

"여러 군君들이 모두 한 청廳에 모여 있는데, 제가 장차 무슨 말로써 아뢰겠습니까?"

부인이 말하였다.

"네가 내 가슴과 배가 갑자기 아파서 달려와 아뢴다고 하면 공께서 마땅히 빨리 오실 것이다."

소근이 말을 이끌고 서쪽 행랑에 나아가 자세히 사실대로 알리니, 의안군(義安君, 이화)이 청심환淸心丸과 소합환蘇合丸 등의 약을 주면서 말하였다.

"마땅히 빨리 가서 병을 치료하십시오."

정안군이 사저로 즉시 돌아오니, 조금 후에 민무질이 다시 와서 정안군 및 부인과 함께 세 사람이 서서 비밀히 한참 동안을 이야기하다가, 부인이 정안군의 옷을 잡고서 대궐에 나아가지 말기를 청하니, 정안군이 말하였다.

"어찌 죽음을 두려워하여 대궐에 나아가지 않겠소! 더구나 여러 형들이 모두 대궐 안에 있으니 사실을 알리지 않을 수가 없소. 만약 변고가 있으면 내가 마땅히 나와서 군사를 일으켜 나라 사람들의 마음을 살펴보아야 될 것이오."

이에 옷소매를 떨치며 나가니, 부인이 지게문 밖까지 뒤따라오면서 말하였다.

"조심하고 조심하세요."

날이 이미 어두워졌다. 이때 여러 왕자들이 거느린 시위패(侍衛牌, 사병)를 폐하게 한 것이 이미 10여 일이 되었는데, 다만 방번만은 군사를 거느림이 그전과 같았다. 정안군이 처음에 군사를 폐하고 영중營中의 군기軍器를 모두 불에 태워버렸는데, 이때에 와서 부인이 몰래 병장기兵仗器를 준비하여 변고에 대응할 계책을 하였던 것이다.

_《태조실록》7년 8월 26일

이방원 측에서 작성한 이 기록이 말해주는 것은 방원의 부인 민씨와 그 동생 민무질이 먼저 거사를 종용했다는 점이다. '어찌 죽음을 두려워하여 대궐에 나아가지 않겠소!'라는 이방원의 말은 쿠데타를 합리화하기 위한 것이고, '만약 변고가 있으면 내가 마땅히 나와서 군사를 일으켜 나라 사람들의 마음을 살펴보아야 될 것이오'라는 말이 쿠데타를 결심했다는 뜻이었다.

이방원과 동복형제의 거사 명분은 이른바 '음모설'이었다. 정도전과 남은, 그리고 방석의 장인인 심효생沈孝生이 태조의 병세가 위독하다는 핑계로 왕자들을 모아 죽이려 했다는 내용이다. 같은 날의 기록은 점쟁이〔卜者〕 안식安植이 정도전에게 '세자저하의 이복형제들 중에 왕이 될 사주를 타고난 이가 하나만이 아닙니다'라고 말하자 '곧 마땅히 제거할 것인데 무슨 근심이 있겠는가?'라고 말했다고 기록하고 있다. 이방원의 선제 기습공격이 아니라 방어라는 것이다. 물론 조작된 음모였다. 이성계가 아무리 정도전을 신뢰한다 한들 그 아들 다수를 죽이고도 계속 신뢰받을 수는 없었다. 왕자들이 군사를 일으켰을 때 정도전은 남은의 첩 집에 모여 이직李稷과 술잔을 나누고 있었다. 음모설이 허구임은 여기에서도 밝혀진다. 그가 태조의 병을 빙자해 왕자들을 불러모았다면 군사를 동원해 현장을 지휘했지 남은의 첩 집에 모여 술잔을 기울일 만큼 한가하게 시간을 보낼 수는 없었을 것이다.

밤이 이경二更인데, 송현(松峴, 오늘날의 한국일보사 근처)을 지나다가 숙번叔蕃이 말을 달려 고하였다.

"이것이 소동小洞이니 곧 남은의 첩 집입니다."

정안군이 말을 멈추고 먼저 보졸步卒과 소근小斤 등 10인으로 하여금 그 집을 포위하게 했다. 안장 갖춘 말 두서너 필이 그 문 밖에 있고 노복은 모두 잠들었는데, 정도전과 남은 등은 등불을 밝히고 모여 앉아 웃으면서 이야기하고 있었다. 소근 등이 지게문을 엿보고 들어가지 않았는데, 갑자기 화살 세 개가 잇달아 기와지붕에 떨어져 소리가 났다. 소근 등이 도로 동구洞口로 나와 화살이 어디서 날아왔는가를 물으니, 숙번이 말하였다.

"내가 쏜 화살이다."

소근 등에게 도로 들어가 그 집을 포위하고 이웃집 세 곳에 불을 지르게 하니, 정도전 등은 모두 도망하여 숨었고 심효생, 이근李懃, 장지화張至和 등은 모두 살해되었다. 정도전이 도망하여 이웃의 전 판사 민부閔富의 집으로 들어가니, 민부가 아뢰었다.

"배가 불룩한 사람이 내 집에 들어왔습니다."

정안군은 그 사람이 정도전인 줄 알고 소근 등 4인을 시켜 잡게 하였더니, 도전이 침실 안에 숨어 있었다. 소근 등이 그를 꾸짖어 밖으로 나오게 하니, 도전이 작은 칼을 가지고 걸음을 걷지 못하고 엉금엉금 기어서 나왔다. 소근 등이 꾸짖어 칼을 버리게 하니, 도전이 칼을 던지고 문밖으로 나와서 말하였다.

"청하건대 죽이지 마시오. 한마디 말하고 죽겠습니다."

소근 등이 끌어내어 정안군의 말 앞으로 가니, 도전이 말하였다.

"예전에 공이 이미 나를 살렸으니 지금도 또한 살려주소서."

'예전'이란 임신년(태조 즉위년)을 가리킨 것이다. 정안군이 말하였다.

"네기 조선의 봉회백이 되었는데도 도리어 부족不足하게 여기느냐?

어떻게 악한 짓을 한 것이 이 지경에 이를 수 있느냐?"

이에 그를 목베게 하였다. _《태조실록》7년 8월 26일

이방원 측에서 작성한 이 기록은 정도전에 대한 모욕으로 가득 차 있다. 마지막 순간에 목숨을 구걸하는 그릇이라면 이성계에게 개국 군주의 길과 중원 황제의 길을 제시하기는커녕 꿈도 꿀 수 없었을 것이다. 오히려 그는 중원을 점령해 이성계가 황제가 되어 이방원 같은 한씨 소생의 왕자들을 제후로 만듦으로써 갈등을 해소하려 했는지도 모른다. 그 자신도 봉화백에서 봉화왕이 될 수 있다고 생각했는지 모른다.

정도전과 뜻을 같이했던 남은도 불이 나자 도주해 미륵원彌勒院 포막圃幕에 숨었으나 뒤쫓던 사병들에게 죽음을 당하고 말았다. 혁명가 정도전이 죽자 그가 꿈꾸었던 개혁정치도, 중원정벌도 허사가 되고 말았다.

정도전이 혁명가인 것은 비단 새 나라를 개창했기 때문만은 아니다. 그의 사상 자체가 혁명이었던 것이다.

통치자는 법을 가지고 그들을 다스려서 다투는 자와 싸우는 자를 평화롭게 해주어야만 민생이 편안해지는 것이다. 그러나 그 일은 농사를 지으면서 병행할 수 없으므로 백성은 10분의 1을 세로 바쳐서 통치자를 봉양하는 것이다. 통치자가 백성으로부터 수취하는 것이 큰 만큼 자기를 봉양해주는 백성에 대한 보답 역시 중한 것이다. 후세 사람은 부세법

을 만든 의의가 이러한 것을 모르고 '백성들이 나를 공양하는 것은 직분상 당연한 것이다'라고 말한다. 그리하여 가렴주구苛斂誅求를 자행하면서도 오히려 부족하다고 걱정하는데, 백성들이 또한 이를 본받아서 서로 일어나 다투고 싸우니 화란이 일어나게 되었다.

_《조선경국전》〈부전〉'부세賦稅'

벼슬아치들이 법이라는 공평한 잣대로 백성들 사이에 평화와 안정을 주기 때문에 백성들이 세금을 내는 것이라는 일종의 사회계약사상이다. 18세기 프랑스를 중심으로 유럽에 널리 퍼졌던 계몽사상가들이 주장했던 '사회계약설'의 핵심을 이미 정도전이 다 말한 것이다. '백성들이 민생과 평화를 위해 세금을 낸다'는 정도전의 말은 '자연상태에서 벗어나기 위해 계약을 맺고 정부를 세운다'는 존 로크(John Locke, 1632~1704)의 사회계약설보다 무려 3백여 년이 빠른 것이었다. 신분제가 하늘이 정한 천경지의天經之義로 여겨지던 시대에 정도전은 혁명적 공직관을 갖고 있었던 것이다.

또한 중원정벌 기도는 고구려 연개소문 이후 최영과 정도전, 그리고 이성계만이 꾸었던 꿈으로 그 역시 혁명이었다. 그가 세상을 떠나기 직전까지 '부처의 잡소리'란 뜻의 《불씨잡변佛氏雜辨》을 쓴 것도 불교라는 고려의 지배이념을 당시로서는 선진적이었던 성리학이라는 지배이념으로 바꾸기 위한 것으로 이 역시 혁명적이었다. 이런 혁명가가 골육상쟁骨肉相爭에 희생된 것은 이후 역사가 어떻게 전개되었든지 간에 역사의 큰 손실이었다.

　방원과 왕자들의 쿠데타 소식에 궁중에서는 군사를 출동시켜 진압하려 했으나 정도전과 남은이 모두 현장에 없는 터라 지휘할 사람이 없었다. 어린 방석은 두려워 떨기만 할 뿐 나아가 싸울 생각을 못했다.

　전광석화 같은 방원과 왕자들의 거사에 정도전과 남은은 속수무책으로 당하고 방원이 실권을 쥐게 되었다. 이복동생들에게 한이 맺힌 그는 신덕왕후 강씨의 두 아들 방번과 방석을 모두 죽여버렸다. 세자 방석의 나이 만 16세였다. 심지어 강씨의 외동딸 경순공주敬順公主의 남편인 개국 일등공신 이제마저 죽여버렸다. 이성계가 병으로 누워 있는 와중에 형제간에 죽고 죽이는 골육상쟁이 벌어진 것이었다. 제1차 왕자의 난이었다.

　세자 방석의 후임이 문제였다. 제1차 왕자의 난에 공이 있는 왕자는 4남 방간과 5남 방원이었다. 둘 중에서 세자를 책봉한다면 형인 방간이 더 유력했다. 그래서 방원은 생존 형제들 중에 장자인 둘째 방과를 추대했다. 4남 방간은 사병을 보유하고 있을 뿐만 아니라 방석을 제거하는 데도 공이 있었다. 만약 방간이 세자가 되면 자신에게는 기회가 없었다. 그래서 방원은 방과를 세자로 추대한 것이었다.

　실권을 장악한 후 기회를 엿보기로 한 것이다. 방간은 세자가 되지 못한 것에 불만을 가졌다. 또 다른 불행의 씨앗이었다.

06

백주에 벌어진 왕자들의 시가전

방간이 선죽교에서 가조가可祚街에 이르러 군사를 멈추고, 양군이 교전하였다.
방간의 보졸 40여 인은 마정동馬井洞 안에 서고,
기병 20여 인은 전목 동구典牧洞口에서 나왔다.
정안공(방원)의 휘하 목인해睦仁海가 얼굴에 화살을 맞고,
김법생金法生이 화살에 맞아 즉사하였다.
방간의 군사가 다투어 이숙번을 쏘았다.
이숙번이 10여 살을 쏘았으나 모두 맞지 않았다.
양군이 서로 대치하였다.
_《정종실록》2년 1월 28일

갈리는 개국공신들의 운명

제1차 왕자의 난은, 크게 보면 왕권 중심의 국가체제를 지향한 방원의 국왕 중심 이념과 재상 중심의 국가체제를 지향한 정도전의 재상 중심 이념의 대립이었다. 하지만 작게 보면 세자자리를 둘러싼 왕자들의 골육상쟁이자 정국 주도권을 쥐려는 공신들의 싸움이었다. 따라서 제1차 왕자의 난은 '제1차 공신의 난'이라고 할 수도 있다. 개국공신들 중 대다수가 이 난에 관계되어 있으며, 누구에게 줄섰는가에 따라 그들의 운명이 달라졌다.

정도전에게 줄섰던 공신들은 역적으로 몰린 반면 방원에게 줄섰던 공신들은 거듭 공신이 되었다. 조선의 두 번째 공신, '사직社稷을 바로 세웠다'는 뜻의 정사공신定社功臣에 책봉된 것이다. 개국 일등공신들 중 정도전과 남은, 그리고 경순공주의 남편이기도 했던 이제는 방원의 칼에 목이 날아간 반면 방원을 도왔던 조준, 이화, 김사형, 조박 등은 정사공신 일등에 거듭 봉해졌다. 29명의 정사공신들 중 과반수에 가까운 13명이 개국공신이었다. 이들에게 수백 결의 토지와 노비가 하사되었음은 물론이다. 정사공신에 책봉된 인물들의 면면을 볼 때, 왕자들의 난이다 보니 종친들이 많았다. 우선 방의, 방간, 방원 등의 왕자들과 이성계의 이복동생인 이화, 그리고 태조의 외척 이거이 李居易가 일등공신에 책봉되었다.

정사공신의 특징들 중 하나는 무신들이 훨씬 더 많다는 점이다. 제1차 왕자의 난이 왕자와 무장들이 지닌 사병들을 국가의 공적인 군사로 변화시키려던 문신 정도전, 남은 등을 제거한 사건이었기 때문일 것이다. 문신은 조준, 김사형, 조박, 하륜河崙 등 일곱 명뿐이었고, 이들 중 개국공신 출신이 아닌 인물은 하륜과 이숙번李叔蕃 두 명이었다. 이무李茂와 조영무를 비롯한 나머지는 모두 무신이었다.

불과 7년 전 왕륜동에 모여 작성한 개국공신들의 〈회맹문〉은 제1차 왕자의 난으로 휴지조각이 되어버렸다. 한쪽은 역적이 되었고, 다른 쪽은 역적을 토벌한 공신이 되었다. 어제의 동지가 오늘의 적이 된 것이다.

어제의 적이 오늘의 동지가 되고 어제의 동지가 오늘의 적이 된다는 정치판의 생리를 가장 잘 말해주는 예가 정도전과 조준, 그리고 하륜과 이방원 사이의 얽히고설킨 관계일 것이다.

정도전과 조준은 전제개혁과 새 왕조 개창에 인생을 걸었던 동지였다. 평생 동지일 것 같았던 두 사람은 명나라에서 표전문을 구실로 정도전의 압송을 요구했을 때 조준이 의외의 태도를 취하면서 사이가 벌어졌다.

(명나라에서) 사신을 보내 그 글을 지은 사람 정도전을 잡아서 경사(京師, 남경)로 보내게 하였는데, 태상왕이 조준을 불러 비밀히 의논하니, 보내지 아니할 수 없다고 대답했다.

정도전을 명나라로 보내라는 것은 가서 죽으라는 말과 마찬가지였다. 조준이 예상을 뒤엎고 정도전을 보내라고 주청한 것은 개인적으로는 정도전이 주도하는 개국 정국에 대한 불만의 표시였고, 외교정책적으로는 친명사대주의의 발로였다. 정도전이 요동정벌이란 초강수로 나가자 병석의 조준이 수레에 누워서까지 대궐에 들어가 태조에게 요동정벌계획을 취소하도록 진언한 것 역시 정도전 주도 정국에 대한 불만과 친명사대주의가 복합적으로 작용한 것이었다. 야사에는 제1차 왕자의 난 때 이방원의 부름을 받은 조준이 점쟁이를 찾아가 누가 이길 것인가를 물었다고 전한다. 이때 이미 조준은 정도전을 버릴 생각을 갖고 있었던 것이다.

하륜의 경우는 더욱 극적이다. 고려 말의 정치적 · 사상적 입장을 따지면 하륜은 도저히 이방원과 함께할 수 없는 인물이었다. 하륜은 우왕 때의 대표적인 권문세족인 이인임 일족과 인척관계였다. 조준이 권세가 출신이면서 계급적 이익 대신 개혁에 앞장선 데 반해 하륜은 가문의 이익에 충실했던 인물로, 우왕 14년 이인임이 최영과 이성계에 의해 제거된 후 그 일당으로 분류되어 유배되었을 정도였다. 다시 복귀한 이후에도 하륜은 정몽주, 이색, 이숭인 등과 손잡고 새 왕조 개창에 번번이 반대했다.

이색, 이숭인, 정몽주는 고려에 대한 충절을 지켰지만 하륜은 대세가 기울자 태도를 바꾸어 이성계에게 붙었다. 이런 하륜이 보기에 표전문제로 정도전과 조준이 갈라진 것은 자신의 정치적 입지를 넓힐 수 있는 좋은 기회였다. 그래서 하륜도 정도전의 명나라 압송을 찬성했다.

> (명나라에서) 우리나라에서 문장을 쓴 사람 정도전을 불러 입조入朝하게 하였다. 태조가 비밀히 보낼지 안 보낼지를 정신廷臣들에게 물으니, 모두 서로 돌아보고 쳐다보면서 반드시 보낼 것이 없다고 하였는데, 하륜이 홀로 보내는 것이 편하다고 말하니, 정도전이 원망하였다.
>
> _《태종실록》16년 11월 6일, '진산부원군晉山府院君 하륜의 졸기'

야사에는 하륜이 이방원을 만나게 된 것은 방원의 장인인 민제閔霽를 통해서라고 적고 있다. 하륜이 민제에게 '제가 관상을 보니 공의 둘째사위 같은 분을 보지 못했소. 그를 좀 만나게 해주시오'라고 부탁했는데, 그때부터 하륜은 열성을 다해 섬겼다는 것이다. 하륜이 실제로 관상을 보아 그리했는지, 아니면 정치판의 대세를 읽어서였는지는 알 수 없지만 정도전이 주도하는 개국 정국에서 그의 입지가 없었던 점은 분명하다.

하륜은 방원에게 이숙번을 추천한 사람이기도 하다. 하륜이 충청도 관찰사로 임명받자 방원은 그의 집을 찾아 전송해주었다. 이때 하

진양부원군 신도비 신도비는 임금이나 고관 등의 업적을 기록하여 무덤 남동쪽에 세워두는 것이다. 경남 진주시에 소재한 이 비는 하륜의 아버지인 하윤린의 공적을 기리고 있다. 이 비를 세운 이후 왕실주변의 권력층을 중심으로 신도비를 세우는 것이 유행처럼 번지게 된다.

륜은 취한 척하며 술상을 엎어 방원의 옷을 더럽혔다. 방원이 노하여 일어서 나가자 하륜은 주위 사람들에게 말했다.

"내가 실수했으니 가서 사죄해야겠소."

집까지 찾아온 하륜에게 방원은 비로소 무슨 뜻이 있는 줄 알고 물었다.

"무슨 할말이 있소?"

"나리의 일이 위태롭습니다. 상을 엎은 것은 앞으로 있을 환란을 예고한 것입니다."

방원은 그를 침실로 데려가 대책을 물었다.

"신은 왕명을 받아 곧 부임지로 떠나야 하기 때문에 나리 곁에 있을 수 없습니다. 하지만 저를 대신할 사람을 추천하겠습니다. 안산군수 이숙번이 신덕왕후의 묘인 정릉貞陵을 이장하기 위해 군사를 거느리고 도성에 와 있으니 이 군대를 이용하면 될 것이옵니다. 신 또한 진천鎭川에서 기다릴 터이니 일이 생기면 신을 급히 부르십시오."

이숙번이 정사공신이 된 데는 이런 사연이 있었던 것이다.

하륜은 품성에 문제가 있는 인물이었다. 예천군수로 재임할 때 그는 온 고을 기생들을 다 상대한 호색한이었고 정사도 돌보지 않았다. 조선의 지방관은 1년에 두 차례씩 관찰사로부터 전최殿最라 불리는 심사를 받았다. 상上을 '최最', 하下를 '전殿'이라 하는데 경상도사는 하륜에게 최하등급인 전殿을 매기려 했다. 그때 관찰사 김주가 도사를 만류했다.

"하륜은 이런 고을에 오래 머물 사람이 아니니 좋은 등급을 주십시오."

관찰사의 부탁을 거절할 수 없었던 도사는 등급을 올려주었다.

제1차 왕자의 난 때 김주는 정도전 쪽에 섰다가 목숨이 경각에 달렸는데, 김주의 아내가 하륜의 말머리에 꿇어앉아 선처를 호소하는 바람에 하륜이 힘써 변호해 살아날 수 있었다고 한다.

재위 7년(1398) 9월 5일. 태조 이성계는 방과에게 왕위를 물려주고 상왕으로 물러앉았다. 재위에 오른 지 6년 2개월, 나이 63세였다. 사실상 강제로 퇴위된 셈이지만 제1차 왕자의 난 이후 태조 이성계가 세상일에 흥미를 잃은 것도 사실이었다. 국왕이 된 것을 후회했을지도 모른다. 그렇지 않으면 두 아들이 죽지 않아도 되었을 것이기 때문이다. 퇴위 이틀 후(9월 7일), 《태조실록》은 '상왕이 이방석 등을 위하여 소선素膳을 드니, 도평의사사에서 육선肉膳을 올리기를 청하였다'라고 전하고 있다. 이방석 등의 명복을 빌며 채소 반찬만 먹은 것이다. 강씨 소생의 두 아들을 모두 잃은 그는 현실의 도피처로 불교를 선택했다. 《태조실록》 7년 12월 8일조에는 '소와 말을 죽이는 것을 금했다'라는 의외의 기록이 있다. 정종의 의지라기보다는 이성계의 의지였을 것이다. 그렇게 해서라도 그는 두 아들의 명복을 빌고 싶었던 것이다.

　이성계의 뒤를 이어 정종이 즉위했지만 이성계의 마음을 아프게 했던 골육상쟁은 끝이 나지 않았다. 정종의 후사문제가 남아 있었던 것이다. 정종은 허수아비에 불과했고 정국은 제1차 왕자의 난을 주도한 방원의 뜻대로 돌아갔다. 방원에게는 정종 외에도 두 명의 형이 더 있었다. 태조의 3남인 익안군 방의와 4남인 회안군 방간이었다. 두 사람은 모두 정사 일등공신이었으나 서로 성격이 달랐다.

　익안대군은 자신이 왕이 되어야겠다는 꿈을 꾸지 않았다. 아버지가 즉위함으로써 얻게 된 대군자리도 분에 넘치는 것으로 여겼다. 변방의 토호 아들로 태어나 대군까지 되었으면 행복한 것이 아닌가라는 생각이었다. 익안대군은 가진 것에 만족할 줄 아는 처세술을 갖고 있었던 반면 회안군 방간은 그렇지 않았다.

　방간은 다음 임금자리는 자신이 차지해야 한다고 믿었다. 정종이 허수아비인 점과 정종에게 적자嫡子가 없었던 것이 이런 생각을 부채질했다. 정종은 정안왕후定安王后 김씨와 일곱 명의 후궁을 두었는데, 정안왕후는 아이를 낳지 못했고 후궁에게서만 15명의 아들을 두었다. 방원이 정종에게 왕위를 양보한 이유 중 하나도 정종에게 적자가 없었기 때문이다. 서자인 방석을 왕세자로 책봉했다가 치른 제1차 왕자의 난의 피비린내가 가시기도 전에 다시 서자를 세자로 책봉할 수는 없을 것이라고 생각했기 때문이다. 이 경우 정종의 동생들 가운데 후사가 나와야 했다. 그것이 당연히 자신이라 생각한 인물이 둘이었던 점이 문제였다. 방간과 방원의 동상이몽은 다시 골육상쟁을 향해 달려가고 있었다.

방간의 야욕에 불을 지른 인물은 지중추원사知中樞院事 박포였다. 방간의 아들 의령군義寧君 이맹종李孟宗도 아버지를 부추겼다. 활을 잘 쏘았던 맹종은 정종 다음 왕은 아버지 방간이 되어야 하고, 그 다음은 자신이라고 생각했다. 그는 그런 심사를 아버지에게 자주 토로했다. 여기에 방간의 마음이 움직였다.

박포는 제1차 왕자의 난 때 사병을 동원해 방원을 도운 무장이었다. 그는 자기가 방원의 승리에 결정적인 공헌을 했다고 자부하고 있었다. 하지만 공을 논할 때 그는 이등으로 떨어졌다. 자신이 이무보다 공이 더 많은데, 이무는 일등공신이고 자신은 이등공신으로 떨어졌다고 불평했다.

박포는 공공연히 비난하고 다녔다.

"이무는 무인정사(제1차 왕자의 난)에 참가는 하였으나 실제 공은 별로 없다."

2차 공신인 정사공신이 다시 분열되는 소리였다. 방원은 공신들의 분열을 우려해 박포를 죽주竹州로 귀양보냈다가 얼마 후 불러들였다. 잠시 동안의 유배였자만 박포는 자신에 대한 모욕으로 받아들였다. 박포는 방원을 원망했다. 그는 방원을 버리고 방간에게 다가갔다. 방원과 방간이 세자자리를 두고 다투고 있는 틈이 그가 들어설 자리였다.

박포는 방간에게 접근해 서로 장기를 둘 만큼 친해졌다. 어느 날 장기를 두는데, 갑자기 우박이 내리고 하늘이 붉게 물들자 박포가 방간에게 말했다.

"하늘에 요사한 기운이 있으니 미땅히 조심하셔야 할 것입니다."

만약 방원이 임금이 된다면 방간을 가만두지 않으리라는 뜻을 암시한 말이었다.

방간이 물었다.

"어떻게 처신할꼬?"

박포는 첫 번째 방안을 말했다.

"가지고 계신 사병을 다 해체하고 행동을 자숙하기를 여러 왕씨들처럼 해야 합니다."

고려의 왕손들인 왕씨들이 목숨을 부지하기 위해 전전긍긍하듯이 해야 한다는 뜻이었다. 이는 물론 방간의 마음을 떠본 말이었다. 예상대로 방간은 즉각 반박했다.

"그렇게는 못하겠으니 다음 계책을 말해보시오."

이에 박포는 두 번째 방안을 말했다.

"형만荊蠻으로 도망갔던 태백太伯과 우중虞仲처럼 행동하는 것입니다."

고대 중국 주周나라 임금 고공단보古公亶父의 큰아들 태백과 둘째아들 우중은 부왕이 막내 계력季歷에게 왕위를 물려주려는 뜻을 알고 자진해서 형만이라는 족속이 사는 곳으로 이주해 왕위를 계력에게 양보했다. 맏아들 이외의 인물에게 가통이나 왕통이 이어질 때 많이 인용되는 고사다. 방원에게 양보하고 물러나라는 말이었다. 이 또한 방간의 마음에 들지 않았다.

"그 다음 계책은 무엇이오?"

"정안군은 군사가 많고 강합니다. 공의 군사는 적고 약하여 아침이

슬 같습니다. 약한 군사로 강한 군사를 이기는 방법은 선수를 쳐서 기습전을 펼치는 것입니다."

이것이 방간이 듣고 싶은 대답이었다.

권력에 대한 꿈으로 방간과 박포는 동지가 되었다. 둘은 방원을 공격하기 위해 모의를 거듭하면서 동조자를 끌어모았다. 판교서감사判校書監事 이래는 그 계획을 듣고 놀라 방간을 만류했다.

"정안대군은 개국과 왕자의 난 때 큰 공을 세운 인물입니다. 또한 어찌 골육骨肉을 해칠 수 있습니까?"

이래가 만류하자 방간은 성을 냈다.

"나를 도울 사람이면 말이 이와 같지 않을 것이다."

이래는 여기에서 그치지 않고 스승인 단양백丹陽伯 우현보에게 방간의 음모를 전했다. 우현보는 아들 홍부洪富를 시켜 방원에게 알렸다. 하륜과 이무 등이 모여 대책을 숙의했다. 방간은 방번·방석과 달랐다. 방번과 방석은 이복형제였지만 방간은 동복형제였다. 하지만 이미 엎질러진 물이었다. 죽이지 않으면 죽는 것이다. 거사의 날은 다가왔다.

이에 앞서 방간이 다른 음모를 꾸며 가지고 정안공(이방원)을 그의 집으로 청하였는데, 정안공이 가려다가 갑자기 병이 나서 가지 못했다. 다른 날 방간이 정안공과 더불어 대궐에 나가 임금을 뵙고 말〔馬〕을 나란히 하여 돌아오는데, 방간이 한 번도 같이 말하지 아니하였다. 그때에 삼군부에서 여러 공후公侯로 하여금 시낭을 하게 하여 두제(纛祭, 대가大駕나 군중軍中의 앞에 세우는 큰 깃발〔纛旗〕에 지내던 제사)에 쓰게 하였다. 정안공이 다음날 사냥을 나가려고 하여, 먼저 조영무를 시켜 몰이꾼을 거느리고 새벽에 들에 나가게 하였다. 방간의 아들 의령군 이맹종이 정안공의 저택에 와서 사냥하는 곳을 묻고 말했다.

"우리 아버지도 오늘 사냥 갑니다."

정안공이 사람을 방간의 집에 보내 그 사냥하는 곳을 정탐했는데, 방간의 군사는 모두 갑옷을 입고 분주히 모였다. 정안공이 이에 변이 있는 것을 알았다.   _《정종실록》2년 1월 28일. '제2차 왕자의 난'

친동기간의 골육상쟁이 다가왔다. 방원은 최소한의 명분을 얻기 위한 연막전술을 썼다. 휘하 장수들과 군사들이 다 모였으나 방에 틀어박혀 나오지 않았다. 자신은 싸우기 싫다는 모양새를 남기고 싶었던 것이다. 방원이 나오지 않자 이성계의 이복동생인 의안군 이화가 방으로 들어갔다. 방원이 울면서 말했다.

"제가 무슨 낯으로 집안사람들을 보겠습니까?"

"방간이 이미 군사를 일으켰네. 자네가 어찌 작은 의리〔小節〕를 지키느라 종사의 대계大計를 그르치겠는가? 어서 나가세."

이화는 방원을 끌어당겼다. 방원이 문 밖으로 나오자 완산군完山君 이천우李天祐가 의안군과 함께 그에게 갑옷을 입혀 말 위에 앉혔다. 제2차 왕자의 난이 시작된 것이다. 정종 2년(1400) 정월 28일의 일이다.

제2차 왕자의 난

제1차 왕자의 난은 그나마 왕권주의王權主義와 신권주의臣權主義의 대결이라는 이념적 분석을 할 수도 있으나, 제2차 왕자의 난은 세자 자리를 놓고 벌어진 골육상쟁이었다. 제2차 왕자의 난을 기록한《정종실록》은 시종 태종 이방원의 자리에서 기록하고 있다. 그러나 이날 방간이 사병을 거느리고 이성계가 있는 태상전太上殿을 지나다가 사람을 시켜 '방원이 장차 신을 해치려 하니, 신이 속절없이 죽을 수는 없습니다. 그래서 군사를 발하여 응변應變하는 것입니다'라고 말했다는 기록도 있다. 그러자 이성계가 크게 노해, '네가 방원과 아비가 다르냐, 어미가 다르냐? 저 소 같은 위인이 어찌 이에 이르렀는가?'라고 말했다고 한다.

　형제의 충돌은 이성계도 막을 수 없어서 개경 한복판에서 칼부림이 벌어졌다. 방원의 군사가 많았으나 형세는 그리 간단하지 않았다. 방간의 기세가 만만찮았던 것이다.

임금(정종)이 또 대장군 이지실李之實을 방간에게 보내 중지시키려 하였으나, 화살이 비 오듯이 쏟아져서 들어가지 못하고 돌아왔다. 방간이 선죽교에서 가조가可祚街에 이르러 군사를 멈추고, 양군이 교전하였다. 방간의 보졸 40여 인은 마정동馬井洞 안에 서고, 기병 20여 인은 전목동구典牧洞口에서 나왔다. 정안공(방원)의 휘하 목인해睦仁海가 얼굴에 화살을 맞고, 김법생金法生이 화살에 맞아 즉사하였다. 방간의 군사가 다투어 이숙번을 쏘았다. 이숙번이 10여 살을 쏘았으나 모두 맞지 않았다. 양군이 서로 대치하였다.　　　　　　_《정종실록》 2년 1월 28일

방원의 부인 민씨는 집에서 초조한 시간을 보내고 있었다. 이때 목인해가 탔던 방원의 집 말이 화살을 맞고 스스로 제집으로 도망와 마구간으로 들어갔다. 민씨는 싸움에 패한 것으로 생각하고 스스로 싸움터에 가서 함께 죽으려 했다. 남편뿐만 아니라 두 친정동생까지 가담한 싸움이었다. 패하면 시가媤家는 물론 친가親家도 망하는 것이었다. 시녀 등이 말렸으나 듣지 않았다. 종 한기韓奇 등이 길을 막고 못 가게 했다. 그때 정사파淨祀婆라는 노파가 왔다. 정사파는 전에 민씨에게 해몽을 해준 여인이었다.

"어젯밤 새벽녘 꿈에 내가 신교新敎의 옛집에 있었는데, 태양이 공중에 있고 아기 막동(莫同, 충녕대군)이가 해 바퀴 가운데에 앉아 있었으니, 이것이 무슨 징조인가?"

정사파의 해몽은 놀라웠다.

"공(방원)이 마땅히 왕이 되어 이 아기를 안아줄 징조입니다."

바로 그렇게 말했던 정사파가 방원이 이겼다고 전하자 민씨는 안도했다. 제2차 왕자의 난도 방원의 승리로 끝났다. 이성계의 지략과 무예를 고스란히 물려받은 인물은 방간이 아니라 방원이었던 것이다. 방간의 거병 명분이 약했기 때문에 29명의 정사공신들 중 방간을 따른 인물이 박포와 장사길뿐이었던 것도 승패에 한몫을 했다. 그나마 장사길도 적극 가담한 것이 아니라 중간에서 눈치를 살핀 정도였다.

방원은 패장인 박포의 목을 자르는 데는 주저함이 없었으나 방간은 그럴 수 없었다. 방원은 친형의 피까지 묻히고 싶지 않았다. 정종 또한 혈육을 죽이고 싶지 않았다. 정종과 방원의 생각이 맞아떨어져 방간은 토산 유배형으로 낙찰되었다.

제2차 왕자의 난으로 방원은 사실상 정권을 장악했다. 이성계는 이복형제들 사이의 골육상쟁에 이어 동복형제들 사이의 골육상쟁까지 벌어지자 부끄러워 몸둘 바를 몰랐다. 한양에서 제1차 왕자의 난이 발생한 후 개경으로 돌아온 이성계의 일화가 이를 증명한다.

태상왕이 새벽이 밝기 전에 시중 윤환尹桓의 옛집에 이어移御하였다. 태상왕이 말했다.

"내가 한양에 천도遷都했다가 아내와 아들을 잃고 오늘 환도還都했으니 실로 도성 사람에게 부끄럽도다. 반드시 날이 밝지 않았을 때 출입해서 사람들이 보지 못하게 해야겠다." _《정종실록》1년 3월 13일

제1차 왕자의 난 때도 이런 부끄러움을 느꼈던 태조가 개경에서 제2

차 왕자의 난이 벌어졌을 때 어떤 감정이었을지 짐작하기는 어렵지 않다. 제2차 왕자의 난 직후 세제世弟로 책봉된 방원이 문안하자 이성계는 이렇게 말했다.

"삼한에 귀가貴家·대족大族이 많으니, 반드시 모두 비웃을 것이다. 나도 부끄럽게 여긴다."

새 나라를 세운 지 10년이 안 되어 두 번씩이나 골육상쟁이 일어났으니 부끄럽기도 했을 것이다. 방원이 처음 제1차 왕자의 난을 일으킨 것은 사병혁파에 대한 반발이었다. 그런데 막상 정권을 잡은 방원이 맨 먼저 한 것도 사병혁파였다. 제2차 왕자의 난 때 방원에게 가담했던 권근이 이 문제를 제기했다.

"병권兵權은 국가의 대병大柄으로서 마땅히 국가에 소속되어야 하옵니다. 신하가 사병을 보유하면 반드시 군주를 위협하게 되오니 마땅히 사병을 혁파해야 하옵니다."

이는 정도전이 사병혁파를 추진하면서 한 말과 완전히 같았다. 주도권을 쥔 인물만 달라졌을 뿐이다.

> 권근의 상소가 올라가니 임금이 세제와 더불어 의논하고 곧 시행하게 하였다. …… 이거이 부자와 병권을 잃은 자들은 모두 앙앙怏怏하여, 밤낮으로 같이 모여서 격분하고 원망함이 많았다.
>
> _《정종실록》 2년 4월 6일

정도전의 사병혁파에 이방원과 병권을 잃은 자들이 반발한 것처럼

양촌삼대부조묘 고려말, 선초의 학자로 제1차 왕자의 난 이후 사병 폐지를 주장하여 왕권확립에 큰 공을 세웠던 권근(1352~1409)의 묘역. 권근의 묘역에는 아들 권제와 손자 권람의 묘도 함께 있는데 권제는 세종대에 집현전 부제학, 대사헌, 한성부윤, 경기도 관찰사, 이조판서 등을 지냈고 정인지 등과 함께 용비어천가를 지었다. 권람은 계유정란의 일등공신으로 좌의정까지 지냈다.

이방원의 사병혁파에 이거이 부자와 병권을 잃은 자들이 반발했다. 그러나 방간까지 제거된 지금 사병혁파에 불만을 품고 세제 방원에게 저항할 인물은 없었다. 심지어 정종까지 방원에게 왕위를 물려주려고 마음먹었다.

정종은 아래 동생 방의와 같은 처세술을 가진 인물이었다. 그 역시 개국 과정에서 무장으로 활약했으므로 야심이 없을 리 없었겠지만, 그 야심을 실현하기 위해 골육상쟁에 나서기는 싫었다. 재위 때도 그는 정무보다는 격구 등의 놀이로 소일했다. 별다른 야심이 없음을 방원에게 보여주기 위해서였다. 그 길이 천수天壽를 누리는 길임을 정종은 왕자의 난을 통해 뼈지리게 깨달았다.

　정종의 부인 정안왕후 김씨 또한 방원의 부인 민씨와 달리 정치에 뜻이 없었다. 방원과 부인 민씨가 부창부수夫唱婦隨인 것처럼 정종과 부인 김씨도 마찬가지였다. 야사에는 정종에게 양위讓位를 권고한 사람이 바로 정안왕후 김씨라고 전한다. 방원을 두렵게 여긴 그녀가 임금자리에서 물러날 것을 권고하자 정종이 바로 다음날 방원에게 왕위를 물려주었다는 것이다.

　그해 11월 방원에게 양위한 정종은 인덕궁仁德宮에 머물면서 격구와 사냥 등으로 나날을 보냈다. 무려 19년 동안 상왕으로 있었던 그는 세종 원년에 일생을 마쳤다. 무욕無慾의 처세술 덕택에 격변의 와중에서도 만 62세의 천수를 누린 것이다.

　천수는 누렸지만 정종은 형식적인 대접도 받지 못했다. 태종은 태조 이성계가 1408년에 만 73세의 나이로 사망하자 이듬해《태조실록》의 편찬을 지시했다. 그러나 1419년에 사망한 정종에 대해서는 실록 편찬을 지시하지 않았다.《정종실록》은 태종 사후에야 편찬될 수 있었다. 정확히 말하면, 태종이 사망했기 때문에 편찬될 수 있었다. 태종 승하 이듬해(1423년)에 변계량卞季良과 윤준尹准이《태종실록》 편찬을 건의한 이유는《정종실록》편찬을 위해서였다.《태종실록》을 편찬하려면 정종 재위 2년에 대해서도 기술하지 않을 수 없었기 때문이다. 정종에게는 시호도 내려지지 않았기 때문에《정종실록》이 아니라 한 등급 낮은《공정왕실록恭靖王室錄》이 된 것이다. 심지어 1438년 변계량이 지은 정종의 묘비문 가운데 제1·2차 왕자의 난에 대해 사실과 다르게 기술한 부분이 있다 하여 고쳐 기록되는 수모를 겪기도

했다. 2백50여 년 넘게 묘호도 없던 그에게 묘호가 내린 것은 제19대
숙종肅宗 때였다. 그전에는 그저 공정대왕으로만 불렸다. 생전이나
사후에나 쓸쓸한 임금이 정종이었다.

개혁은 사라지고……

두 차례에 걸친 왕자의 난으로 양손에 피를 묻히고 즉위한 태종은 다음달인 1401년 정월에 또다시 공신을 책봉했다. 이름은 좌명공신佐命功臣이었다. 좌명佐命이란 '천자 또는 천자가 될 사람을 도왔다'는 뜻이니, 곧 임금이 될 방원을 도운 공신들이라는 뜻이다.

선대왕이 죽어 세자가 왕위를 이었다면 '좌명'이니 '정사'니 하는 공신들이 생기지 않는다. '임금이 될 사람을 도왔다'는 뜻의 공신이 책봉되었다는 것은, 거꾸로 말하면 '임금이 될 수 없는 사람을 임금으로 만들었다'라는 뜻인 것이다. 그리고 제2차 왕자의 난으로 방원이 왕위를 잇는 것이 확실해졌으므로 좌명공신은 제2차 왕자의 난에서 승리한 전리품이나 마찬가지이다. 친형제끼리 칼부림을 하고 나서 바로 공신을 책봉하기 어려우니까 즉위할 때까지 기다려 공신을 책봉했던 것이다. 더불어 태종의 친정체제를 구축하기 위한 친위 인물 포상의 의미까지 있는 공신 책봉이었다.

이때 책봉한 좌명공신은 일등공신 9명, 이등 3명, 삼등 34명이었다. 46명의 특권층이 또다시 생긴 것이었다. 제1차 왕자의 난으로 정사공신이 책봉된 지 2년밖에 되지 않은 시점이었다. 좌명공신에는 몇 가지 특징이 있었다.

첫째는 좌명 일등공신 9명 중 이저李佇를 제외한 전원이 정사공신에도 책봉되었던 인물이라는 점이다. 이거이, 하륜, 이무, 조영무, 이숙번, 민무구閔無咎, 민무질, 신극례辛克禮 등은 모두 정사공신에도 책봉된 인물들이었다. 이들이 방원을 임금으로 만든 최고 공신들이었다.

둘째는 좌명공신에는 방원의 인척들도 다수 있다는 점이다. 이거이 · 이저 부자, 처남인 민무구 · 민무질이 그들이었다. 이저는 태조의 장녀이자 방원의 여동생인 경신공주慶愼公主의 남편으로 태조의 부마駙馬였고, 정사 이등 · 좌명 일등공신에 책봉된 민무구 · 민무질은 처남이었다. 특히 태종의 즉위에 처남들이 세운 공은 아무리 강조해도 지나치지 않을 정도였다.

셋째는 왕자들이 모두 빠져 있다는 점이다. 정사공신에는 태조의 동생인 이화와 방의, 방간, 방원 등 세 명의 왕자가 포진해 있었으나 좌명공신에서는 모두 배제되었다. 더 이상 종친들을 왕위 경쟁자로 만들지 않겠다는 방원의 강력한 의지의 표현이었다.

넷째는 무신들이 대부분 이방원의 인맥이라는 점이다. 김우金宇에 관한《태종실록》의 기록을 보자.

희천군熙川君 김우가 졸卒하였다. 본래 평안도 희천熙川의 토호인 강계만호江界萬戶 김영비金英庇의 아들이었다. 칼 쓰는 재주는 있었으나 글은 몰랐다. 재물을 좋아하고 여자를 밝혔다. 그러나 주상께서 잠저에 계실 때 시종으로서 노고를 아끼지 않아 즉위하신 후 좌명공신에 올랐다.

_《태종실록》18년 2월 19일

칼 쓰는 재주 하나로 방원을 모셔 공신이 된 인물이다. 나머지 무장들도 정도의 차이는 있지만 대부분 출중한 무예 실력으로 왕자의 난 때 혁혁한 시가전 솜씨를 보여 공신에 책봉된 것이다.

좌명공신이 책봉됨으로써 조선 개국 11년 만에 세 차례의 본 공신과 두 차례의 원종공신이 책봉되었다. 1천여 명에 가까운 원종공신은 원공신들의 친인척들을 봉한 것이다.

공신에 책봉되면 자급이 몇 계단 뛰는 것은 물론 막대한 양의 토지와 노비가 뒤따랐다. 이 토지와 노비는 세습이 가능한 명실상부한 개인 재산이었다. 쿠데타로 즉위한 새 임금에게 공신 책봉은 필요악이지만, 일반 백성들에게는 불필요악이었다. 거듭된 공신 책봉 등을 통해 조선은 점점 권문세족들이 발호하던 고려 말의 상황과 비슷해져가고 있었다. 개혁은 실종되고 특권층만 늘어났던 것이다. 이렇게 훈구파라는 특권 정치집단이 형성되어가고 있었다.

07

피도 눈물도 없는
숙청의 나날

집안과 나라 다스리는 일을 논한다면
궁궐 가까이에 외척을 들이는 것은 임금의 소견이 좁은 탓이다.
지금 나라가 평안하여 내외에 걱정할 것이 없지만
외척의 폐단을 잊으면 훗날 다시 발생할 것이다.

_태종이 내린 교지

"과연 내가 전일에 말한 바와 같이 그 진상이 오늘날에야 나타났구나.
마땅히 대간大姦을 제거하여야 될 것이니, 이를 잘 살펴 문초하라."

_《세종실록》 즉위년 11월 23일

태종 부부의 동상이몽

방원이 세제가 된 후 걸은 길은 그의 집권을 도왔던 공신들의 자리에서 보면 배신이었다. 사병혁파는 그 한 예였다. 방원은 이제 더 이상 사병은 필요없다고 생각했다. 그러나 공신들의 생각은 달랐다. 앞일을 예측할 수 없는 전환기에 자신과 가문의 영광을 보장할 수단은 임금의 사랑이 아니라 사병이라고 확신했다. 이런 생각의 차이는 충돌할 수밖에 없었다. 방원은 강경했다. 사병혁파에 반대하는 인물은 그 누구를 막론하고 가차없이 처벌했다.

사병혁파에 반대하던 조영무, 이천우, 조온趙溫 등을 전격적으로 파직시키고, 사돈지간인 이거이 부자도 쫓아냈다. 나아가 종친과 부마들의 정치 참여도 금지시켰다.

세제 방원은 좌보덕左輔德 서유徐愈에게 병권의 폐단에 대해 이렇게 말했다.

"상왕(대조)께서 고려 때에 군사를 가지고 계셨으므로 나라를 세

조온 고려 말 이성계의 신진세력에 가담하여 1392년 조선 개국에 공을 세워 개국공신 2등에 책록되고, 한천군漢川君에 봉해졌다. 1398년 제1차 왕자의 난 때 친군위도진무親軍衛都鎭撫로서 이방원을 도와 공을 세워 정사공신 2등에 책록되고, 정종 2년(1400) 제2차 왕자의 난 때에는 문하부참찬사門下府參贊事로서 방간 등의 군사를 평정했다.

울 수 있었다〔化家爲國〕. …… 일찍이 정도전과 남은이 반란을 일으켰을 때 우리 형제에게 군사가 없었으면 어떻게 능히 그들을 제압할 수 있었겠는가? 박포가 회안군을 꼬드겨 난을 일으킨 것도 다 병권에 그 원인이 있는 것이다."

방원은 또 말했다.

"지금에 와서 오직 평양으로 귀양간 조영무만이 '세자의 가르침을 깨닫지 못한 것이 한이다'고 한다."

조영무만이 사병혁파에 반대한 것을 후회한다는 뜻이다. 같이 군사를 일으켰을 때는 동지였지만 이제는 주군과 신하이고, 병권은 주군만이 가질 수 있다는 것이 방원의 생각이었다. 자신이 집권한 상황에서 사병은 용납될 수 없었다. 사병은 반드시 혁파되어 국가의 공적 통치체제 속에 편입되어야 했다. 이에 반대하는 자는 신하이기를 포기하는 자였다. 왕조국가에서 왕권은 국왕 혼자만의 것이라는 게 태종의 확고한 원칙이었다. 여기에 예외는 없었다. 공신이고 종친이고 소용없었다. 태종 즉위 후 이 원칙을 거스른 이가 이거이 부자였다.

이거이는 맏아들 이저가 태조의 장녀 경신공주의 남편이고, 둘째

아들 이백강李伯剛이 태종의 장녀 정순공주貞順公主의 남편인 겹사돈이었다. 그런 그가 태종에게 불만을 가진 것은 바로 사병혁파 때문이었다. 사병혁파에 불만을 가진 이거이는 조영무에게 불만을 털어놓았다.

> 우리의 부귀는 극도에 달했으나 이를 끝까지 보전하기가 쉽지 않을 것이오. 미리 대책을 세우는 것이 좋을 것이오. 상왕(정종)께서는 사건 만들기를 좋아하지 않소. 금상은 아들이 많은데 어찌 우리 모두를 다 불쌍히 여기겠소. 마땅히 이를 베어 없애고 상왕을 섬기는 것이 좋습니다.
>
> _《태종실록》4년 10월 18일

이거이가 태종을 축출하고 정종을 다시 추대하자는 이 말을 한 때는 태종 원년(1401)이었다. 조영무는 즉각 태종에게 달려가 고했다. 그러나 태종은 침묵을 지켰다. 상왕 복위 문제가 부상할 것을 우려했기 때문일 것이다. 야사에는 태종을 제거하면 태상왕(태조)이 받아들일 것이라고 말했다고 전하고 있다. 사실, 태종만큼 정적이 많은 인물을 찾기도 어려웠다. 태조도, 황형(皇兄, 정종)도 모두 정적이었다. 즉위 초에 이런 문제가 불거지는 것은 바람직하지 않았다.

태종이 이 사건을 공개한 것은 재위 4년(1404)이 되어서였다. 이제 왕권이 안정되었다고 판단한 것이다. 태종이 이거이의 말을 공개하자 백관은 한목소리로 죽이자고 청했다. 태종이 이 사건을 공개했을 때는 죽이겠다는 뜻이었다. 이거이의 죽음은 시간문제였다. 백관이 거듭 이거이의 사형을 청할 때 변수가 발생했다. 태상왕 이성계가 태종을 부른 것이다. 태조가 태종을 부르는 것은 극히 이례적인 일이었다. 태조는 태종을 거부했다. 그런 태상왕이 부르자 태종은 얼른 달려갔다. 이런저런 이야기 끝에 태종은 이거이 사건에 대해 말하지 않을 수 없었다.

이거이의 일을 고하니 태상왕이 하늘을 쳐다보고 한참 동안 있다가 말하였다.

"너의 마음으로 재결裁決하였겠지만, 회안(방간)은 이미 쫓겨났고, 익안군(방의)은 이미 죽었으며 상왕(정종)은 출입하지 않으니 친척 가운데 살아 있는 자가 몇 사람이냐? 일이 이루어질 때에는 돕는 자가 많지만, 일이 낭패할 때에는 돕는 자가 적다. 사생지간死生之間에 돕는 자는 친척 같은 것이 없다. 네가 그들을 보전하면 국가의 재앙이나 하늘의 변, 땅의 괴이한 일들이 적어질 것이다. 이 일은 큰 것인데, 나는 장차 큰 근심이 있을까 두려워한다."

_《태종실록》4년 10월 20일

태조가 반대하는데 이거이를 죽일 수는 없었다. 수많은 형제들의 피를 묻힌 손으로 다시 사돈의 피를 묻힐 수는 없었다. 이날 《태종실록》은 '임금이 감격하여 울다가 물러났다'고 적고 있다. 태종이 이거이 부자의 공신증명서인 공신녹권과 직첩을 거두어 서인으로 삼아서 지방에 안치하는 것으로 그친 이유가 여기에 있었다. 태종의 성품에 비추어볼 때 태조가 반대하지 않았다면 이거이는 목이 열 개라도 부

이거이의 묘 이거이는 조선 왕조 건국에 공이 있어 태조 2년(1393)에 우산기상시에 임명되었고, 그 뒤에도 여러 관직을 역임하였다. 정종 2년(1400)에는 사병제도 혁파에 반대하다가 계림부윤으로 좌천되었으나 제1차 왕자의 난 직후에 공신이 되었고, 이후에 우의정을 거쳐 영의정까지 올랐다.

족했을 것이다. 이거이 또한 이 사실을 잘 알고 있었기에 유배지에서 근신하며 지내다가 태종 12년 8월에 자연사했다. 태종은 이거이와 그 자식들이 유배지에서 근신하며 지낸다는 사실을 보고받고 그의 아들만은 복직시켜주었다.

그러나 이런 일은 이때뿐이었다. 이런 문제에 대해 태종은 사정私情을 두지 않았다. 처가도 예외가 아니었다. 왕이 될 수 없었던 방원이 임금이 된 데는 처가의 도움이 결정적이었다. 방원의 처가인 여흥驪興 민씨閔氏는 고려시대 이래 명문 집안이었다. 장인 민제는 공민왕 때인 19세 때 문과에 급제한 인물로, 그의 집안은 충선왕 때 왕실과 혼인할 수 있는 재상지종 15가문에 들 정도의 명가였다. 그러나 고려시대에는 왕비를 배출하지 못하다가 태종이 즉위하면서 왕비가 배출

195

되었다. 비로소 임금의 처가인 국구가國舅家가 되었던 것이다.

방원이 민씨와 혼인한 우왕 8년(1382) 방원의 나이 만 15세였고 민씨는 그보다 두 살 많았다. 이 무렵 이성계는 전라도에 침입한 왜구를 격퇴한 황산대첩으로 변방의 호족에서 중앙의 실력자로 떠오르기 시작했으나, 여전히 여흥 민씨에 비해 처지는 것은 사실이었다. 그러나 이성계가 조선을 개창하면서 방원은 왕자가 되었고 민씨 또한 왕자 부인이 되었다.

방원의 부인 민씨는 여기에 만족하지 않았다. 내친김에 집권까지 바라본 것이다. 제1차 왕자의 난을 기획한 인물이 방원이 아니라 부인 민씨와 그 동생 민무질이었던 것은 이 때문이다. 태조의 명으로 병장기를 회수당했을 때 민씨는 몰래 병장기를 감추어 방원이 승리하는 데 일등공신 역할을 했다. 태종도 이런 민씨의 공을 알고 있었다.

> 뒷날 태종이 《고려사》를 보다가 세종에게 말했다.
>
> "너의 모후母后의 공이 유씨(柳氏, 왕건의 부인)가 갑옷을 입힌 것과 비교하면 더욱 중하다."   _《태종실록》1년 1월 10일

야사에는 태종이 '역적 정도전을 치던 날 너의 어머니 도움이 아주 많았고, 또 처남 무구·무질과 더불어 갑옷과 병기를 마련하여 기다린 것은 고려 왕건의 부인 유씨가 태조에게 갑옷을 입힌 것보다 더욱 공이 크다'라고 말했다고 보다 구체적으로 기록되어 있다. 민씨도 방원을 동지로 여겼다. 태종의 즉위는 자신의 친정과 함께 만든 것이었

다. 그러나 방원이 즉위하면서 민씨 일가의 운명은 사냥을 마친 사냥 개의 그것으로 바뀌어갔다.

그 비극의 문을 연 인물은 다름 아닌 원경왕후元敬王后 민씨였다. 태종과 원경왕후는 서로를 바라보는 눈이 달랐다. 원경왕후는 태종을 동지로 보았으나 태종은 그녀를 신하로 보았다. 민씨가 이를 받아들이지 않은 것이 비극의 시작이었다.

둘이 부딪힌 것은 후궁문제였다. 왕비 민씨는 후궁을 용납하지 않았다. 태종은 후궁을 임금의 합법적인 권리이자 외척의 발호를 막는 장치라고 생각했다. 두 생각의 차이가 부딪힌 것은 태종 2년(1402) 3월이었다. 태종이 성균악정成均樂正 권홍權弘의 딸 권씨를 후궁으로 맞아들이려 하자 민씨가 직접 반발하고 나선 것이다. 민씨의 친정어머니 송씨 또한 딸에게 우려를 표시했다.

"후궁이 많아지니 점점 두렵습니다."

민씨는 태종에게 직접 항의했다.

"주상께서는 어찌 옛일을 잊으십니까? 제가 주상과 함께 환난을 이기고 화란을 겪어 비로소 나라를 얻게 되지 않았습니까? 오늘날 저를 잊음이 이렇게 심할 수 있습니까?"

원래 후궁을 맞아들이는 절차가 있었으나 내명부內命婦의 수장인 왕비 민씨가 반발하니 절차를 갖추어 맞아들일 수 없었다. 결국 권씨는 환관과 시녀 몇 명의 영접 아래 별궁으로 향할 수밖에 없었다.

태종은 민씨에게 분노했다. 하지만 태종을 공동정권의 수장일 뿐이라고 생가한 민씨는 굴복하지 않았다. 그녀는 식사를 거부했고, 태종은 수일 동안 정청政廳을 파했다. 둘은 파국을 향해 달리고 있었다.

공교롭게도 태종은 이 문제 해결의 단서를 정도전이 만든 법에서 찾았다. 정도전이 조준과 함께 후궁제도의 법제화를 건의한 것이었다.

후궁들의 이름과 관계官階를 정해야 하옵니다. 현의賢儀 2인을 두어 한 명은 정1품으로, 다른 한 명은 종1품으로 삼고 숙의淑儀 2인을 두어 한 명은 정2품, 다른 한 명은 종2품으로 삼을 것이며…….

_《태조실록》6년 3월 15일

이 건의를 계기로 후궁의 품계는 빈嬪, 귀인貴人, 소의昭儀, 숙의淑儀 등 정1품에서 종4품까지로 정해졌다. 궁 안의 여인들은 내명부에 소속되었고, 궁 밖의 여인들은 외명부外命婦에 소속되었다. 내명부가 궁궐 안에 있는 여성 신하라면 외명부는 궁궐 밖의 여성 신하들, 즉 벼슬아치의 아내들이었다. 예를 들면 임금의 적녀嫡女인 공주와 서녀庶女인 옹주翁主, 그리고 왕비의 친정어머니인 부부인府夫人은 정1품이었고 임금의 유모인 봉보부인奉保夫人은 종1품이었다. 문무관의 처는 남편의 직품에 따라 정1품인 정경부인貞敬夫人을 위시하여 정부인貞夫人, 숙부인淑夫人 등으로 나뉘어 있었다.

이는 나라 안의 모든 백성은 임금의 신하라는 사상에서 만들어진 제도로, 아무리 왕비라도 개입할 여지가 없는 사안이었다. 울부짖는다고 해결될 일도 아니었다. 왕조국가의 틀을 인정하는 한 내명부의 수장으로서 다른 후궁들을 다스리는 길이 왕비로서는 최선의 길이었다. 그러나 그녀는 내명부의 후궁제도를 거부했다. 태종은 후궁제도에 대해 보고하게 했고, 예조는 정도전의 건의를 기본으로 중국의 하夏·은殷·주周 이래 여러 고사를 참작해 상계했다.

'제후는 아홉 여자를 취할 수 있습니다. 경대부卿大夫는 처 한 명과 첩 둘을, 선비는 처 한 명과 첩 하나를 둘 수 있는데 이는 후사를 잇고 음란함을 막기 위해서입니다. …… 고려에서는 제도가 불분명하여 그 예가 분명하지 않았습니다. …… 전하께서는 선왕의 제도에 따라 후궁의 제도를 정하시어 경대부와 선비에 이르기까지 본받게 하소서.'

태종은 예조의 이 상소를 근거로 후궁 권씨를 정의궁주貞懿宮主에 봉했다. 민씨로서는 명분과 실리를 모두 잃은 채 투기 심한 왕비라는 오명만 뒤집어쓴 셈이었다.

부인이 예쁘면 처갓집 말뚝에도 절을 하지만, 미우면 처갓집 개도 밉게 보인다는 속담처럼 태종은 처가식구들을 미워하게 되었다.

태종의 양위 소동

태종과 처가 사이의 긴장이 충돌한 발단은 사소한 것이었다. 태종의 종기였던 것이다. 재위 2년(1402) 태종은 종기로 고생하고 있었다. 종기는 현재와 달리 여러 임금들이 목숨을 잃은 병이었다. 태종의 와병으로 조정이 긴장하는 가운데 민무구·무질 형제도 자주 궁에 드나들었다. 그것이 문제였다. 태종은 민씨 형제가 간병시녀들을 매수해 정보를 수집하고 있다고 여겼다. 여차하면 어린 세자를 끼고 정권을 장악하려는 것으로 파악한 것이다. 이런 민씨 형제의 행위들은 훗날 '협유집권挾幼執權', 즉 어린 세자를 끼고 정권을 장악하려 했다는 혐의를 받게 된다.

민씨 형제가 실제로 어린 세자를 이용해 정권을 잡으려 했는지는 불분명하지만 개연성은 있었다. 태종이 이때 사망했다면 원경왕후가 섭정攝政을 할 것이기 때문이다. 일등공신이자 대장군 출신인 민씨 형제의 보위를 받는 원경왕후의 섭정은 막강한 위력을 발휘할 것이 분명했다. 이 경우 고대 중국의 여태후나 측천무후처럼 이름은 이씨의 나라이지만 실제로는 민씨의 나라가 될 가능성이 있었다.

이때 태종의 병세가 회복되면서 사건은 없었던 것이 되었다. 태종 재위 2년(1402)에 발생한 이 사건은 4년 후인 재위 6년(1406) 돌출된다. 이때 태종이 갑자기 세자에게 왕위를 물려주겠다고 나서면서 4년 전의 사건이 드러난 것이었다.

태종실록

"과인이 덕이 없어서 나라에 재변災變이 끊기지 않는구나. 이는 하늘이 나를 기피하시는 것이니 마땅히 세자에게 왕위를 물려주려 하노라."

태종은 계속되는 가뭄과 흉년을 선위禪位의 명분으로 삼았다. 태종이 재위기간 내내 가뭄 때문에 골머리를 앓았던 것은 사실이다. 손에 피를 묻히고 즉위한 태종에게 가뭄이나 홍수 같은 재변은 나라를 통치하는 데 커다란 어려움이었다. 태종의 독백이 아니라도 백성들은 재변을 임금의 실정失政에 대한 하늘의 벌로 생각했다. 태종이 얼마나 가뭄에 한이 맺혔는지는 '태종우太宗雨'를 보면 알 수 있다. 태종우란 태종이 죽은 음력 5월 초열흘날에 오는 비를 말한다. 그 유래는 태종의 유언에서 비롯되었다. 자신의 재위기간 동안 한해旱害가 많은 깃을 한단한 태종은 죽을 때 유인을 남겼다.

"내 죽은 날만큼은 반드시 비가 내리게 하리라."

이후 매년 음력 5월 초열흘날 내리는 비를 '태종우'라 부른다.

실제로 태종이 자신의 부덕 때문에 가뭄이 계속된다고 생각해 선위를 결심했을 수도 있겠지만, 전후사정으로 보아 선위 소동은 하나의 정치적 의도를 가진 연출이었다. 신하들의 충성심을 떠보는 연극이었다. 태종의 선위 소동의 목적이 신하들의 충성심 시험이라면 민씨 형제는 그 올무에 걸린 셈이었다.

민씨 집안의 비극

민씨 형제가 올무에 걸리자 민씨 형제의 개인적인 비리까지 도마에
올랐다. 양민들을 억압해 노비로 만든 숫자가 수백 명에 달한다는 것
이었다. 민씨 형제는 10여 가지에 달하는 혐의를 받았는데, 그 중에서
가장 큰 것은 어린 양녕讓寧을 즉위시켜 정권 장악을 꾀했다는 '협유
집권' 혐의였다. 태종 7년(1407) 7월, 영의정부사 이화 등이 민씨 형제
의 죄를 청하는 상소를 올리면서 민씨 형제의 옥사가 본격화되었다.
태조의 이복동생이자 태종의 숙부인 이화는 개국 · 정사 · 좌명공신
에 모두 봉해진 네 명 중 한 사람이었다. 민씨 형제의 옥사를 청한 인
물이 이화라는 점은 외척의 발호를 막기 위한 종친 내부의 모의 가능
성을 크게 해준다.

'작년에 전하께서 선위계획을 발표했을 때 모든 신민들은 애통해
마지않았으나 민무구 형제는 얼굴에 희색을 띠었으며, 전하께서 복
위하셨을 때 모든 신민들은 경하해 마지않았으나 무구 등은 불쾌한

기색을 나타냈습니다. 또한 어린 세자를 이용해 불충한 일을 꾸미려 하였습니다. …… 정승 이무의 집에 가서는 불만을 토로하며 전하께서 우리를 보호하지 않으실 것이다, 라고 말했습니다. 유사에 영을 내려 국문하소서.'

'얼굴에 희색을 띠었다', '불쾌한 기색을 나타냈다'는 등의 혐의는 보는 사람의 주관에 따른 이현령비현령耳懸鈴鼻懸鈴일 뿐이었다. 태종은 일단 상소를 계류시켰다. 어차피 올무에 걸린 희생물이었다. 민무질은 아무런 물증도 없이 '얼굴에 희색을 띠었다'는 이유로 공격당하자 분노했다.

"신이 변명하고자 합니다."

관련자들과 대질시켜달라는 요구였다. 이에 따라 대질심문이 이루어졌다. 먼저 호조참의 구종지具宗之가 대질심문 대상이었다. 구종지가 말했다.

"지난해 8월 신이 민무질의 집에 갔을 때, '상당군(上黨君, 이저)이 쫓겨난 후로 나는 항상 주상께서 의심하고 꺼릴까 두려워했다. 이제 병권을 내놓으니 마음이 조금 편안하다'고 했습니다."

민무질이 구종지를 흘겨보며 꾸짖었다.

"내 입에서 그런 말이 나오지 않았는데, 들은 자가 누구란 말이냐?"

구종지가 답했다.

"지금 사생死生이 관계되는 곳에 나와서 내가 어찌 거짓말을 하겠소?"

이저를 언급한 것은 중한 일이었다. 이저에 대한 태종의 처사가 부당했다는 뜻이기 때문이다. 이조참의 윤향尹向의 자백도 민무질에게 불리했다.

"지난 가을에 주상께서 양위하고자 할 때에 민씨가 이미 비밀리에 내재추內宰樞를 정했는데, 조희민趙希閔도 그 중 한 사람이라고 했습니다."

'내재추'는 임금 가까이서 국사를 의논하던 대여섯 명의 대신을 뜻하는데, 고려 때 이 제도 때문에 몇 사람이 국정을 전단專斷하는 폐단이 생겨 태조가 폐지했는데, 태종이 양위하면 민무질이 부활시켜 조희민을 내재추로 삼겠다고 말했다는 것이다. 협유집권 혐의가 사실이라는 증언이었다. 여러 공신들이 물증을 잡았다는 듯 대궐 뜰에 모여 민씨 형제의 처벌을 요청했다. 태종은 답했다.

"내가 장차 짐작하여 시행하겠다."

일단 유보했으나 태종의 마음이 처벌에 있음을 안 대간에서는 연일 처벌을 요청했다. 옥사가 발생한 지 이틀 만에 민무구는 황해도 연안延安으로, 무질은 장단長湍으로 유배하고 공신녹권과 직첩을 회수해 서인으로 삼았다. 대간에서는 계속 이들을 죽일 것을 청했다.

태종은 영의정부사 이화에게 민씨 형제에 대한 처리 방침을 밝혔다.

"무구 형제의 죄는 다시 거론하지 마시오. 내 나중에는 이들을 도성으로 불러들이되 벼슬은 시키지 않고 천수를 누리게 할 생각이오."

민씨 형제에게 정계 은퇴를 조건으로 목숨을 보장해주겠다는 제안이었다. 그러나 이 역시 태종의 본심은 아니었다. 그는 민씨 형제를 살려주고 싶은 마음이 없었다.

공신들은 겉으로 민무구 형제의 처벌을 주청했으나 속으로는 태종의 처사에 불만을 가졌다. 민씨 형제 공격에 앞장섰던 이숙번 등 몇몇을 제외한 대다수의 공신들은 민씨 형제에게 죄가 없다고 생각했다. 이무의 옥사는 이런 불만이 표출된 결과였다. 이무는 태종 7년에 윤목尹穆, 이지성李之誠 등과 함께 세자의 조현朝見 수행원으로 명나라에 다녀오면서 조카뻘이었던 윤목·이지성에게 불만을 토로했다.

"민씨 형제가 사실은 아무 죄도 없는데, 억울하게 유배된 것이다."

귀국 1년여가 지난 후 이 발언이 문제가 되었다. 정사·좌명 일등공신으로, 방원을 임금으로 만드는 데 결정적인 공을 세운 이무 역시이 한마디 때문에 하륜의 구명에도 불구하고 창녕으로 유배되던 도중 청주에서 교살되었다. 어제의 동지가 오늘의 원수가 되고 어제의공신이 오늘의 역적이 되는 비정한 정치 현실이었다.

조호 또한 말 한마디 잘못으로 목숨을 잃었다. 태종 9년(1409) 묘음妙音이라는 여승이 조호의 집을 찾았다. 그때 조호는 묘음이 듣고 있는 줄도 모르고 이렇게 말했다 한다.

"정승 이무 대감은 신체가 대단히 건장하셔서 가히 임금이 되실 분이오."

조호의 부인이 깜짝 놀라 묘음을 바라보았다. 묘음은 임기응변이뛰어난 여자였다.

"여승은 원래 말이 적습니다."

이무가 교살되자 묘음은 대호군 유경혜柳慶惠에게 조호의 말을 전하며 공격에 가담했다. 합포에서 끌려와 국문을 받던 조호는 살점이떨어져나가는 심문에도 혐의를 부인하고 옥사했다. 이 사건은 관계자의 자백이 서로 다른데다 조호도 심문 도중 죽었기 때문에 진상을 알 길이 없었다. 그러나 위관委官들은 그의 시체 처리 방침에 대해 강경론을 주청했다.

"조호가 비록 자백하지는 않았으나 그 죄는 명백하니 법대로 처리해야 하옵니다."

조호의 시신은 찢길 수밖에 없었다.

사사된 민씨 형제

이무와 조호 옥사의 여파는 유배지의 민씨 형제에게 향했다. 성석린 등이 상소를 올려 민씨 형제의 처단을 요구했다.

'민무구·무질 등의 죄는 천지간에 용서할 수 없습니다. 단 하루라도 세상에 살아 있으면 안 됩니다.'

당시 민씨 형제는 제주도로 이배되어 있었다. 태종은 민씨 형제에게 스스로 목숨을 끊으라고 명했다. 그나마 고문 끝에 죽이지 않은 것이 태종이 베푼 마지막 선처라면 선처였다. 태종 10년 3월의 일이다.

태종은 처남들을 죽인 후 꺼진 불도 다시 보자는 식의 외척경계론을 담은 교지를 발표했다.

집안과 나라 다스리는 일을 논한다면 궁궐 가까이에 외척을 들이는 것은 임금의 소견이 좁은 탓이다. 지금 나라가 평안하여 내외에 걱정할 것이 없지만 외척의 폐단을 잊으면 훗날 다시 발생할 것이다.

민무구·무질 형제로서는 매형을 도와 두 번이나 목숨을 걸고 시가전을 벌인 공이 사형으로 돌아온 것이었다. 방원이 임금이 되지 않았다면 권문세족의 후예인 그들은 최소한 천수를 누렸을 것이니, 전화위복轉禍爲福이 아니라 전복위화轉福爲禍인 셈이었다. 《태종실록》편자는 원경왕후의 아버지 민제가 마치 이런 미래를 예견한 것처럼 기술했다. 《태종실록》 '여흥부원군驪興府院君 민제의 졸기'에는 그가 아들들에게 자주 타일렀다는 말이 기록되어 있다.

"너희가 교만으로 가득 차 있으니 이를 고치지 않으면 반드시 낭패를 겪을 것이다."

그러나 민제가 미래를 예견하는 능력이 있었다면 이들을 시가전에 내보내지 않았을 것이다. 아니, 방원을 사위로 삼지도 않았을 것이다.

남은 두 형제마저……

원경왕후 친정의 비극은 민무구·무질의 사형으로 끝나지 않았다. 남은 두 아들 민무휼閔無恤·무회無悔에게도 매형의 비정한 칼날이 다가오고 있었던 것이다.

민씨 집안에서 형제의 사형에 원한을 갖는 것은 당연했다. 태종의 와병 때 병세에 대한 정보를 수집했다는 것은 매형의 병을 걱정한 것으로도 볼 수 있었다. 선위 소동 때 얼굴에 희색을 띠었다는 것도 보는 시각의 문제에 지나지 않았다. 선위 소동의 원인제공자는 태종 자신이었다. 신하들의 충성심을 떠보기 위해 선위 소동을 일으켰다면, 이는 '그물을 쳐놓고 신하들이 걸리기를 기다리는 격'으로 유교국가 국왕의 처신일 수는 없었다. 민씨 형제의 억울함을 말하는 유언流言들이 떠돌기 시작했다. 태종이 죄 없는 처남들을 역모로 몰아 제거했다는 유언들이었다. 민무회·무휼 형제의 옥사는 이런 유언들이 하나의 배경이 되었다.

민무구·무질을 사사한 후 태종은 큰 은혜를 베푸는 척 민무휼에게
는 이성군利城君을, 민무회에게는 여원군驪原君의 봉작을 주었다. 그
러나 그런 봉작도 남은 형제를 보호할 수는 없었다. 이들이 처음 태종
의 과녁이 된 것은 사소한 일 때문이었다. 본의 아니게 노비소유권 소
송에 말려든 것이다.

태종 15년(1415) 전 황주목사黃州牧使 염치용廉致庸은 형조와 사헌
부의 노비소송에서 패소하자 민무회를 찾아와 억울함을 호소했다.

"제가 이번 소송에서 패한 것은 종 서철徐哲 등이 혜선옹주惠善翁主
와 영의정 하륜에게 뇌물을 썼기 때문입니다."

염치용과 함께 이 사건에 관련이 있던 전 전농시사典農寺事 권집지
權執智가 민무회의 처가 쪽이었기에 무회를 찾아와 하소연한 것이었
다. 형들처럼 담백한 성격의 무회는 처가가 관련되어 있는 이 사건의
처리를 충녕대군忠寧大君에게 부탁했다. 외삼촌의 청을 받은 충녕은
기회를 보다가 아버지 태종에게 전했다.

태종의 반응은 뜻밖이었다. 불같이 화를 낸 것이다.

"허황한 말을 퍼뜨려 대신과 시첩侍妾을 모해하고 한낱 노비소송사
건에 임금을 연루시키는 법이 어디 있는가. 관계자를 모두 하옥하고
철저히 조사하라."

이에 따라 사건 당사자인 염치용과 권집지는 물론 사건과 직접 관
련이 없는 민무회도 하옥되고 말았다.

의금부에서는 염치용을 모반대역죄로 능지처참하라고 상계했다.
노비소유권 소송이 모반죄로 확대된 것이다. 임금의 외척을 믿고 청

탁했다가 목숨이 경각에 달린 것이다. 태종은 염치용에게 곤장 1백 대와 경성鏡城 유배, 그리고 재산 몰수를 명령했다. 염치용으로서는 그야말로 혹 떼려다 혹 붙인 격이었다. 하지만 민무회는 권집지와 함께 석방시켜주었다. 무회는 염치용에게 이용당했다는 이유였다.

그러나 이는 태종의 연출에 따른 것이었다. 각본대로 의금부에서 민무회의 석방에 불복했다.

"민무회가 염치용의 난언亂言에 동조한 것은 사사된 그의 형 무구·무질의 불충과 다를 바 없습니다. 철저히 조사해야 합니다."

민무구·무질과 다를 바 없다면 그들 역시 사형으로 몰릴 수 있었다. 태종은 일단 불윤했다.

"노모인 송씨를 생각해 살려두겠노라."

무회의 노모인 송씨는 태종의 장모였다. 하지만 사간원에서 무회의 죄를 다시 청하자 태종은 무회의 직첩을 회수하고 서인으로 삼았다. 태종은 장모를 생각하는 척했지만 송씨는 사위에게 치를 떨고 있었을 것이다. 온 집안이 힘을 합쳐 임금으로 만들었더니 딸은 뒷전으로 돌리고 죄 없는 아들들은 죽여버린 사위에 대해 장모가 품고 있을 원한을 상상하기 어렵지 않다. 태종은 장모를 걱정하는 척 위로의 제스처를 썼다. 말하자면 악어의 눈물을 흘릴 줄 아는 사위였다.

그러나 장모 송씨 때문에 처남을 처벌하지 않겠다는 태종의 말이 빈말임이 드러나는 데는 열흘도 걸리지 않았다. 태종이 이례적으로 사헌부를 질책하고 나선 것이다.

"민무회와 염치용 등의 불충죄를 육조六曹·의금부·승정원·사간원이 모두 엄히 다스릴 것을 주청하는데 나라의 헌법을 맡은 사헌부는 좌시하고만 있으니 그 충성을 의심하지 않을 수 없다."

태종 자신은 장모를 생각해 처남을 살려주려 했으나 사헌부마저 들고 나와 어쩔 수 없이 죽인다는 모양새를 갖추고 싶었는데, 사헌부가 나서지 않자 직접 질책한 것이었다. 나아가 태종은 사헌부의 모든 관료들을 의금부에 하옥했다.

"내 이들(사헌부 관료들)의 불충을 역률로 다스릴 것이로되 특별히 온정을 베풀어 대사헌 이은李垠은 장杖 80에 도徒 2년, 집의 이유희李有喜 · 장령掌令 강종덕姜宗德 · 정지당鄭之唐 · 지평持平 김익렴金益濂은 장 70에 도 1년을 처한다."

민무회 · 무휼을 공격하지 않은 것이 역률로 다스릴 일이라는 것이었다. 이제 무회 · 무휼의 사형은 시간문제였다. 그런데 개국공신이자 우의정 이직이 반대하고 나섰다.

"이들은 허황한 말을 한 것에 지나지 않는데 대역죄로 치죄함은 의금부의 오판으로 생각되오."

공격을 당한 의금부에서는 즉각 이직을 규탄했다. 태종은 영의정 하륜, 좌의정 남재, 우의정 이직을 불러 의정부에서 반대하는 이유를 물었다. 사헌부에서 죽이자고 청하지 않았다 해서 귀양보내는 판국에 하륜과 남재가 태종의 의중에 벗어나는 말을 할 수는 없었다.

태종은 의정부를 질책했고, 남재는 파직되었다. 이직은 성주星州로 유배되었다.

이직은 왜 위험을 무릅썼을까? 민무회가 사위였기 때문이다. 어쨌든 의정부에서 민무회·무휼의 사형에 반대하는 모습이 연출되자 태종은 형제를 죽이지 못했다. 이때 다시 변수가 발생했다. 세자 양녕이 돌연 사건에 개입한 것이다.

"제가 작년(1414)에 효령孝寧·충녕과 궐내에 있을 때 무휼과 무회 형제가 문안하러 왔습니다. 효령과 충녕이 어머니에게 드릴 약을 받들고 안으로 들어가 저와 민씨 형제만 남게 되었는데, 무회가 두 형의 죄에 대해 언급했습니다. 제가 '민씨 가문의 교만하고 방자하고 불법함은 비교할 만한 다른 가문이 없다. 그 때문에 마땅히 화를 입은 것이다'라고 하자 무회가 '세자께서는 어릴 때 우리 집에서 자라지 않았습니까?'라고 대답했습니다. 제가 안으로 들어가자 형 무휼이 따라와 '무회가 실언을 했으니 발설하지 마시기를 바랍니다'라고 했습니다. 오늘날까지도 이들이 망극하게도 회개하지 않고 원망하고 있으니 이에 감히 아룁니다."

여염집 같으면 외삼촌이 곤경에 처해 있을 때 조카가 발벗고 나서서 도와주는 것이 상례이겠지만 권력에 죽고 사는 왕실은 달랐다. '사생지간에 돕는 자는 친척 같은 것이 없다'는 태조의 생각과는 정반대의 집안이었다.

양녕은 왜 외삼촌을 죽음으로 몰아갈 수 있는 말을 새삼 털어놓았을까? 자신의 지위를 보존하기 위함이었다. 태종은 세자 양녕에게 불만을 갖고 있었다. 태종이 세자시강원世子侍講院의 이사貳師 유창劉敞에게 이런 말을 한 적도 있었다.

"옛날에 세자를 폐한 것은 다 환관과 후궁들의 참소 때문이오. 만약 세자가 회개하지 않는다면 종실에 어찌 사람이 없겠소."

세자를 폐할 수도 있다는 말이다. 양녕은 민무구·무질 형제가 자신을 이용해 권력을 잡으려 했다는 죄목으로 사형된 터에 또다시 그 형제가 옥사에 걸리자 자신과는 무관함을 입증하기 위해 외삼촌을 공격하고 나선 것이다.

세자의 폭로는 보통 사건이 아니었다. 대간에서는 연일 들고일어나 무휼·무회 형제의 국문을 요청했다. 태종은 마지못해 답했다.

"나는 이미 알고 있었으나 대부인께 미안하여 가만히 두었던 것이다."

다시 한 번 장모를 위하는 척했던 것이다. 이 말을 액면 그대로 믿고 가만히 있으면 돌아오는 것은 사헌부가 당했던 것처럼 귀양밖에 없다는 사실을 신하들은 알고 있었다. 태종은 다음날 세자와 형제를 대질시킨 후 무휼의 직첩을 거두어 서인으로 삼고 동생과 함께 귀양 보냈다. 귀양보내면서 태종은 처남들을 위협했다.

"내가 만약 편안히 있으면 너희도 편안하겠지만, 내가 만약 불안하면 너희는 화를 입을 것이다. 내가 특히 늙은 장모를 생각하여 국론을 끝까지 거절하며 너희의 죄를 다스리지 않은 것을 생각하라."

그러나 귀양간 형제의 운명은 풍전등화였다. 어머니 송씨가 살아 있기 때문에 붙어 있는 목숨이었다. 태종은 두 처남에 대한 속마음을 주위 사람에게 토로했다.

"내가 무구와 무질을 죽일 때 무휼과 무회는 화가 자신에게 미칠까 두려워하여 두 마음을 먹었는데, 그것을 능히 감추지 못하고 이 지경에 이르렀다. 내가 비록 용서했지만 그들이 어찌 내 덕에 감화할 것인가? 단, 송씨가 죽은 후에 그들도 처리하려는 것이다."

두 처남의 목숨은 시한부였다. 어머니 송씨가 연장시키고 있는 목숨이었다. 송씨가 두 아들을 살리기 위해서는 무슨 수를 써서라도 태종보다 오래 살아야 했다.

하지만 그들을 죽음으로 몰고 간 것은 송씨의 죽음이 아니라 이들의 유배 중에 돌출한 다른 사건이었다. 태종 15년(1415) 겨울에 발생한 이 사건은 '왕자비의 참고慘苦'라고 불리는데, 태종의 여성 편력과 원경왕후의 질투가 다시 부딪힌 사건이었다.

태종은 잠시 입궐했던 민씨 집안의 여종 소素를 건드려 아이를 가지게 했다. 태종은 임신 사실을 몰랐으나, 이 사실을 안 원경왕후 민씨는 질투심에 불탔다. 민씨는 그녀를 친정의 행랑에 가둬놓고 또 다른 여종 삼덕三德에게 감시토록 했다. 살을 에는 듯한 12월에 그녀의 산통産痛이 시작되자 민씨는 문 바깥 다듬잇돌 옆에 내다두게 했다. 그러나 소의 오빠 화상和尙이 담에 서까래 두어 개를 걸치고 거적으로 덮어 바람과 해를 가려준 덕택에 죽지 않고 아들을 낳았다. 그 아이가 바로 이비李裶였다.

질투에 눈먼 민씨는 여종 소와 아이를 숭교리崇敎里 궁노宮奴인 벌개伐介의 집 앞 토담집에 옮겨두고 사람을 시켜 화상이 가져온 금침과 요자리를 빼앗았다. 그러나 한상좌韓上佐란 머슴이 추위에 떠는 아이를 불쌍히 여겨 마의馬衣를 덮어주어 이레가 지나도 아이가 죽지 않았다.

이쯤 되었으면 아이의 운명을 하늘이 돌보는 것으로 여겨 중지했어야 하는데, 질투에 사로잡힌 민씨는 그녀와 아이를 소달구지에 태워 교하交河에 있는 집으로 옮기게 했다. 몸을 풀어야 할 산모의 몸으로 한겨울에 그런 고초를 겪은 소는 유방에 병이 생겨 젖 대신 고름이 나올 지경에 이르렀다.

그로부터 6년이 지난 후에야 이 사건을 알게 된 태종은 불같이 화를 냈다. 태종은 이 사실을 사관에게 자세히 설명했다.

"아이가 엉금엉금 우물로 기어가면, 사람이면 누구나 측은한 마음을 느낀다. 이를 성현께서는 사람이면 누구나 가지고 있는 사단四端의 하나인 측은지심惻隱之心이라 하셨다. 하지만 민씨들은 음험하며 교활하게도 갖은 방법을 동원해 종친을 죽이려 하였다. 이런 민씨들의 음모를 내가 말하지 않으면 사관이 어찌 알겠는가? 이 사실을 상세히 적어 후세에 외척들을 다스리는 교훈으로 삼으려 한다."

6년 전에 벌어진 이 사건이 어떻게 해서 태종의 귀에 들어가게 되었는지는 알 수 없다. 민가閔家가 몰락의 조짐을 보이자 공을 노린 노비들 중 하나가 밀고했을 가능성도 있다. 비는 그때까지 민씨의 친정에서 살고 있었는데, 왕족임이 밝혀져 정윤正尹이란 작호를 받게 되었다. 그야말로 소설의 한 토막 같은 일이 아닐 수 없다.

이 사건은 유배지에서 불안한 목숨을 유지하고 있던 무휼과 무회 형제를 국문장으로 끌어냈다. '왕자비의 참고'는 원경왕후 민씨가 주도한 것으로 이들 형제와는 상관없었으나, 이 사건에 격분한 태종에 의해 연좌된 것이었다. '왕자비의 참고'와는 관계가 없었기에, 이는 진상조사 치원에서 다루이지고 민씨 형제는 세자에게 한 말에 대해 집중적인 조사를 받게 되었다. 국문 결과 이들이 세자 양녕에게 말한 내용이 추가로 밝혀졌다.

"무구·무질 형은 모반죄로 죽었으나 사실은 무죄입니다. 세자께서는 우리 집에서 자라셨으니 우리 형제를 긍휼히 여겨주십시오."

이 말이 민씨 형제를 대역죄로 모는 결정적인 증거가 되었다. 국문이 끝난 후 무휼은 원주에, 무회는 청주에 각각 유배되었다. 임금의 처남들이 백성들의 동정을 받으며 이리저리 끌려다니는 신세가 된 것이다. 그나마 목숨을 유지하는 것도 잠시였다. 태종에게 외척은 다름 아닌 증오의 대상이었다.

지금 중궁(中宮, 왕비)이 이 일을 듣고 울면서 먹지 않는다. 늙은 어머니 송씨가 있는데 내가 어찌 차마 도성 거리에서 형을 집행하겠는가? 더욱이 생각건대, 종묘에 친향親享할 날이 심히 가까우니, 여러 옥을 숙청肅淸하여야 하겠고, 해가 또 바뀌니 지금 이 때를 당하여 아울러 외방에 귀양보내어 일국 신민의 청을 기다리는 것이 또한 늦지 않다."

_《태종실록》15년 12월 23일

이 말은 장모가 사는 도성이 아닌 지방에서, 그리고 종묘 제사가 끝난 후에 죽이겠다는 선언이었다. 과연 태종은 종묘 제사가 끝난 나흘 후 무휼·무회 형제에게 각각 유배지에서 자진토록 명령했다. 두 형과 똑같은 운명에 처해진 것이다. 여장부였던 민씨의 진가는 태종이 왕위에 오르기 전에만 빛을 보았다. 태종 즉위가 그녀에게 가져온 것은 눈물과 한탄뿐이었다. 스스로를 태종의 동지이지 신하라고 인정하지 않았던 부인의 비극이었다. 태종은 이를 외척 제거라는 명분으로 합리화할 수 있었다. 심지어 태종은 세자의 교과서를 편찬하던 검교참찬정부사檢校參贊政府事 김과金科가 《대학연의大學衍義》를 간추리면서 〈외척의 가르침에 대한 항목〔敎戚屬之篇〕〉을 빼놓았다는 이유로 그를 유배할 정도로 외척에 대해서는 병적인 반응을 보였다.

"네가 이 항목을 빼놓은 것은 외척을 두려워했기 때문이다."

김과를 금화金化로 유배하며 태종이 한 말이다. 이런 태종에게 동지 민씨가 설 자리는 없었다.

대궐 담을 넘은 세자의 풍류행각

세자 양녕은 지위 보존을 위해 두 외삼촌을 죽음으로 몰았으나 그리 순탄하지는 못했다. 양녕이 위기에 처한 것은 여자문제 때문이었다. 양녕이 만 13세 때인 재위 7년(1407), 태종은 김한로金漢老의 딸을 세자의 배필로 삼아 숙빈淑嬪에 봉했다. 이때 태종은 김한로를 불러 황희黃喜를 시켜 전지傳旨했다.

"사람의 행실은 효제孝悌와 충신忠信보다 더 큰 것이 없다. 경은 멀리는 심효생을 본받지 말고 가까이는 마땅히 민씨를 경계하여, 조심하고 또 조심하라. 내가 어렸을 때부터 경이 근후謹厚하여 능히 부귀를 지키는 것을 잘 알기 때문에 경의 딸을 택하여 세자의 배필을 삼은 것이니, 경은 마땅히 공경하게 내 말을 받아서 오직 임금에게 충성하고 어른에게 공손하라고 경의 사위에게 가르치라. 나도 또한 이것으로 내 자식을 가르치겠다."

김한로는 절하며 사례했다. '오직 임금에게 충성하고 어른에게 공

"

손하라고 경의 사위에게 가르치라. 나도 또한 이것으로 내 자식을 가르치겠다'는 태종의 권고는 훌륭한 것이었다. 또한 태종은 김한로에게 이렇게 말했다.

"나는 호랑이가 새끼를 키우는 것처럼 세자에게 엄하게 하고자 하였다."

이런 견지에서 태종은 세자의 교육을 맡은 세자시강원에 엄격한 교육을 주문했다. 세자시강원의 수장이 정1품 사부師傅이고 세 번째가 정2품 빈객賓客인데, 빈객 이래는 특히 양녕에게 엄했다. 사냥을 즐겼던 양녕은 매〔鷹〕를 광적으로 좋아했다. 한 지방관이 태종에게 좋은 매를 진상했다는 소식을 듣고 이를 가로챈 후 다른 매로 바꾸어 부왕에게 올린 일도 있을 정도였다. 이런 양녕에게 이래는 엄격한 스승이었다. 하루는 이래가 동궁에 도착했을 때 세자가 매를 부르고 있었다. 이래가 세자를 꾸짖었다.

"저하께서 매를 부르는 소리를 들었습니다. 이것은 세자로서 할 소리가 아닙니다. 오직 학문에 뜻을 두시고 다시는 그런 소리를 하지 마십시오."

이에 양녕은 손사래를 치며 변명했다.

"내가 평생에 매를 보지 못했는데 어찌 매 소리를 내겠습니까?"

이래가 다시 꾸짖었다.

"사냥할 때 팔뚝에 걸고 토끼를 쫓는 것이 매입니다. 저하께서 보지 못했을 까닭이 있습니까?"

이래는 세자에게 잘못이 있으면 적당히 넘어가지 않고 여러 말로 탓

숭례문 현판 양녕대군의 글씨. 전설에 따르면 임진왜란 때 이 현판이 없어져서 다른 현판을 달려고 했으나 아무리 애써도 현판이 붙어 있지 않아 한동안 남대문에는 현판이 없었다고 한다. 그러다 광해군 때 청파의 배다리란 곳에 있는 웅덩이에서 서기瑞氣가 올라와 물을 퍼내니 밑바닥에 양녕대군이 친히 쓴 숭례문의 현판이 나왔고 이 현판을 남대문에 달았더니 떨어지지 않았다고 한다.

했다. 태종의 당부도 있었지만 이래는 제자에게 잘 보여 출세하고 싶지는 않았다. 이래가 얼마나 엄격했으면 양녕은 주위 사람에게 이렇게 토로했다.

"빈객 이래만 볼 것 같으면 머리가 아프고 마음이 산란하다. 꿈에라도 나타나면 그날은 반드시 감기라도 든다."

이래 같은 강직한 선비가 있었던 반면 세자에게 아부해 한몫 잡으려는 인물도 있었다. 양녕대군의 장인 김한로가 그런 인물이었다. 김한로는 '조심하고 또 조심하라'는 태종의 권고를 무시했다. 그는 미래의 임금인 사위에게 잘 보이는 길을 택했다.

양녕은 전 중추中樞 곽선郭璇의 첩 어리於里를 빼앗아 궁 안에 데려다놓았다가 태종에게 발각되었다. 태종은 어리를 내쫓았는데 양녕은 다시 몰래 데려왔다. 문제는 어리의 재입궁에 김한로와 그 부인이 결정적인 역할을 했다는 점이다. 태종 18년(1418) 태종의 장녀 정순공주와 차녀 경정공주慶正公主가 모후 민씨를 만나러 입궁하자 태종도 민씨의 거처로 갔다. 그때 경정공주가 세자 양녕과 관련된 말을 했다.

"세자전世子殿에서 유모를 구하기에 부득이 구해 보냈습니다."

모후 민씨가 놀라 물었다.

"어떤 아이의 유모냐?"

"어리가 낳은 아이입니다."

태종은 진상을 조사시켰다. 김한로의 처가 김한로의 지시에 따라 딸 숙빈을 보러 간다는 핑계로 입궐하면서 어리를 여종이라 칭하고 데리고 가 양녕에게 바쳤다는 사실이 드러났다. 어리가 임신하자 궐

밖으로 데리고 나와 해산한 후 다시 입궁시킨 사실도 드러났다.

대신들은 김한로의 죄를 추궁했고 김한로는 결국 죽산으로 귀양갔다가 다시 나주로 이배되었다. 태종은 양녕이 어리를 다시 들인 일은 김한로가 주도했다며 세자의 지위를 흔들 생각은 없었다. 그러나 세자가 직접 태종에게 수서手書를 올려 항의함으로써 돌이킬 수 없는 사태로 흘러갔다.

전하의 시녀는 다 중하게 생각해 궁중에 들이지 않습니까? 가이(加伊, 어리)를 내보내고자 하시나, 그가 살아가기가 어려울 것을 불쌍히 여기고, 또 바깥에 내보낸 사람들과 서로 통通하게 하면 성예(聲譽, 명예)가 아름답지 못할 것이기에 내보내지 않았습니다.

_《태종실록》 18년 5월 30일

양녕의 항의는 태종도 여러 후궁을 거느리면서 왜 자신에게만 엄격하느냐는 것이었다. 태종은 원경왕후 민씨를 포함한 12명의 부인에게서 12남 17녀, 총 29명의 자녀를 두었는데 이를 비판한 것이다. 그중 원경왕후 민씨 소생은 4남 4녀였다.

수서를 받은 태종은 폐위를 결심하고 이 글을 영의정 유정현, 좌의정 박은朴붑 등에게 보였다.

세자가 여러 날 동안 불효하였으나 집안의 부끄러움을 바깥에 드러낼 수가 없어서 항상 그 잘못을 덮어두고자 하였다. 오직 그 잘못을 직접 깨달아 뉘우치기를 바랐는데, 이제 도리어 원망하며 싫어함이 이 지경에 이르렀으니 내가 어찌 감히 숨기겠는가?

세자를 폐하려는 태종의 뜻을 알아들은 의정부와 삼공신三功臣을 비롯해 모든 신료들이 공동으로 상소해 세자 폐위를 요청했다. 황희 등 몇몇 신하만 반대했다.

태종이 양녕의 아들을 후사로 세우려 하자 모든 신하들이 반대했다. 훗날 양녕으로부터 정치보복을 당할 우려가 있기 때문이었다. 동생을 후사로 세우기로 결심한 태종이 내전으로 들어가 왕비 민씨에게 말하자 민씨는 반대했다.

"형을 폐하고 아우를 세우는 것은 화란의 근본이 됩니다."

태종도 옳은 말이라고 여겼으나 곧 생각을 바꾸어 말했다.

"금일의 일은 어진 사람을 고르는 것이 마땅하다."

그러자 민씨도 더 이상 반대하지 않았다. 양녕의 동생들 중 적자는 효령대군과 충녕대군이었다. 태종이 자신의 결심을 말했다.

효령대군은 자질이 미약하고, 또 성질이 심히 곧아서 개좌(開坐, 일을 자세히 처리함)하는 것이 없다. 내 말을 들으면 그저 빙긋이 웃기만 할 뿐이므로, 나와 중궁은 효령이 항상 웃는 것만을 보았다. 충녕대군은 천성이 총명하고 민첩하고 자못 학문을 좋아하여, 몹시 추운 때나 몹시 더운 때에도 밤새도록 글을 읽으므로, 나는 그가 병이 날까 두려워 항상 밤에 글 읽는 것을 금지하였다. 그러나 나의 큰 책冊은 모두 청하여 가져갔다. …… 술을 마시는 것이 비록 무익無益하나 중국의 사신을 대하여 주인으로서 한 모금도 마실 수 없다면 어찌 손님을 권해서 그 마음을 즐겁게 할 수 있겠느냐? 충녕은 비록 술을 잘 마시지 못하나 적당히 마시고 그친다. 또 그 아들 가운데 장대한 놈이 있다. 효령대군은 한 모금도 마시지 못하니 이것도 불가하다. 충녕대군이 대위大位를 맡을 만하니, 나는 충녕을 세자로 정하겠다."

_《태종실록》18년 6월 3일

조선의 운명은 이렇게 바뀌었다.

양녕은 폐위된 후에도 비행을 그치지 않았다. 경기도 광주로 쫓겨나서도 몰래 담을 넘어 기생 두 명을 데려오기도 했다. 태종은 세자 충녕에게 왕위를 물려준 뒤에도 양녕이 계속 물의를 일으키자 상왕궁으로 재신宰臣들과 양녕을 불렀다.

태종은 재신들에게 말했다.

"내가 양녕의 처리 방법을 깊이 생각하다가 지금에야 깨달았소. 앞으로 양녕을 의정부·육조에 맡기고 나는 관여하지 않겠소. 만일 양녕이 법을 어겨 의정부에서 잡아오더라도 상관하지 않겠고, 육조에서 잡아와도 상관하지 않고 국가가 처치하는 대로 따르겠소. 앞으로 환관이나 후궁들 중에 양녕의 일을 내게 사사롭게 말하는 자가 있으면 단연코 용서하지 않겠소. 나는 양녕과 부자간인 까닭에 차마 못하는 바가 있지만 여러 신하들은 이와 다르오."

태종은 양녕에게도 훈계했다.

"네가 도망갔을 때 나와 대비가 너의 생사를 알지 못하여 항상 눈물

태실 조선 왕실은 왕자나 공주가 태어나면 태실도감을 설치하고 명당을 물색하여 태를 묻었다. 경북 성주군의 이 태실은 세종대왕이 적서 18왕자와 단종의 태를 안장한 곳이다.

을 흘렸으며 주상(세종)도 옆에서 눈물을 흘렸다. 가령 네 몸이 편안한데 아우들이 사고가 있다면 네가 주상과 같이 하겠느냐? 주상은 이처럼 효도와 우애가 천성에서 나오는 사람이므로 너의 형제는 보존할 수 있을 것이니 나는 근심이 없다. 내가 눈물을 흘리는 것은 너를 위해서가 아니라 나라의 부끄러움을 위한 것이다."

'내가 눈물을 흘리는 것은 너를 위해서가 아니라 나라의 부끄러움을 위한 것이다'라는 태종의 말은 조선의 군주가 사私보다 공公을 어떻게 앞세웠는지를 잘 말해준다. 국록을 받으면서도 자식들을 군대에 보내지 않는 일부 고위공직자들이 깊이 새겨야 할 말이 아닐 수 없다. 태종의 이런 자기절제가 있었기에 세종이란 현군賢君이 나올 수 있었던 것이다.

야사에는 세자 양녕이 태종의 뜻이 충녕에게 있는 것을 알고 일부러 미친 체하였다고 기록하고 있다. 양녕의 비행이 기록된 《태종실록》은 세종의 자리에서 기술되긴 했지만 기록 자체가 조작된 것은 아니다. 양녕은 태종이 승하했을 때도 슬퍼하기보다는 동네 사람들을 모아다 집을 고치고 소주를 과하게 먹여 인명을 상하게 했다고 전해지는데, 이는 자신에게 왕위를 넘기지 않은 데 대한 분노의 표현인지도 모른다. 군수 박고朴翺가 동네 사람들을 잡아다 조사하자 양녕은 박고의 처벌을 세종에게 요구했다.

"만일 신의 청을 들어주지 아니하면 주상과의 사이가 소원해질 것입니다."

양녕은 풍류객이라면 모를까 한 나라의 임금이 되어 자기를 절제하며 나라를 다스릴 그릇은 아니었다. 동생 효령대군과의 일화도 그 한 예이다. 승려가 된 효령대군이 양녕을 절로 초대하자 몰래 사냥꾼들을 데리고 갔다. 사냥꾼들이 사냥하는 사이 절에 가서 효령을 만나 불사佛事에 참례했다. 조금 후 사냥꾼들이 포획물을 가져오자 양녕은 고기를 굽게 하고 시종에게 술을 가져오게 했다. 효령이 정색을 하고 말렸다.

"형님, 오늘은 술과 고기를 삼가시지요."

동생이 말려서 들었을 것 같으면 '형님'이 아니라 '전하'가 되었을 것이다.

"나는 평생에 하늘이 복을 후하게 주셔서 고생을 모르겠네. 살아서는 임금의 형이요, 죽어서는 부처의 형이 아닌가."

이 소식을 들은 사대부들은 통쾌하게 여겼다 한다. 왕족으로서 승려가 된 효령을 비꼬았다는 말이다. 양녕은 임금이 되지 못한 것을 아쉽게 생각했겠지만 임금자리가 절실한 것도 아니었다. 차라리 임금보다 임금의 형 자리가 적격이라고 생각했는지도 모른다. 세조 때 많은 종친들과 대신들이 죽었으나 그가 천수를 누릴 수 있었던 것도 이런 처세술 덕택이었다. 당시 사람들은 양녕대군이 임금자리를 사양한 일보다 끝까지 몸을 잘 보전한 것을 더욱 어려운 일이라고 했다.

어찌 보면 제도에 자신을 끼워맞추려 하지 않고 행동하고 싶은 대로 살았던 양녕대군의 삶이 배신과 피바람이 난무하던 당시의 정치판에 하나의 신선한 파격일 수도 있다. 말 한마디에 목숨이 왔다갔다 하는 스산한 정치판과 양녕은 상극相剋이었던 것이다. 그의 성격을 말해주는 시 한 수가 전한다.

산안개로 아침밥 짓고
이끼 낀 달로 등불을 삼네.
덩그런 바위 밑에 홀로 잠자니
있는 것은 오직 탑 한 층뿐이라네.
山霞朝作飯 蘿月夜爲燈
獨宿孤巖下 惟存塔一層

장인은 사사되고 장모는 노비가 되다

세자에서 쫓겨난 양녕은 야사에서 일부러 세자자리를 세종에게 양보한 것으로 미화되면서 많은 일화를 만들어냈다. 양녕이 폐위될 기미를 보이자 효령대군은 세자자리를 기대하여 몸가짐을 삼가고 방 안에 깊이 들어앉아 글을 읽었다고 한다. 양녕대군이 그 모습을 보고는 서안書案을 발로 차면서 꾸짖었다.

"어리석다. 네가 충녕이 성덕이 있는 것을 알지 못하느냐?"

부끄러움을 못 이긴 효령은 뒷문을 통해 절로 뛰어가서는 두 손으로 하루종일 북을 두드려 그 가죽이 늘어났다고 한다. 부드럽게 늘어진 북가죽을 '효령대군 북가죽'이라고 부르는 것이 여기에서 연유했다는 야사다.

태종은 재위 18년 동안 네 차례나 선위 소동을 일으켰다. 민무구·무질 형제를 죽음으로 몬 선위 소동이 첫 번째였다. 네 번째 선위 소동은 충녕대군이 세자가 된 직후에 있었다.

태종이 지신사 이명덕李明德을 불렀다.

"내 위에 오래 있으면서 근신하였으나 위로는 하늘의 뜻을 보답하지 못하여 여러 차례 재변이 있었고, 또 묵은 병이 있으니 이제 세자에게 이 자리를 전해주려 한다."

임금의 입에서 '물러나겠다'라는 말이 나오면 온 조정은 긴장감에 휩싸이게 마련이었다. 민무구·무질 형제가 황천객이 된 것도 양위 소동 때 처신을 잘 못했기 때문이었다. 모든 신하들은 허둥지둥 궁으로 들어가 하늘을 부르며 통곡하면서 명을 거두어주기를 요청했다. 신하들은 이번에도 태종이 자신들의 충성심을 시험해보기 위해 자작극을 연출하는 것으로 생각했다.

하지만 이번에는 그 강도가 예전과 달랐다.

"18년 동안 호랑이〔虎〕를 탔으니, 또한 이미 족하다."

울면서 말리는 신하들에게 태종이 한 말이다.

내신(內臣, 내시)으로 하여금 세자를 부르고, 상서사(尙瑞司, 국새를 맡은 기관)에 명하여 대보大寶를 바치라고 재삼 독촉하니, 영돈녕 유정현 및 정부, 육조, 공신, 삼군총제, 육대언六代言 등이 문을 밀치고 바로 들어가 보평전 문 밖에 이르러 하늘을 부르고 통곡하면서, 내선內禪의 거조를 정지하기를 청하고, 함께 대보를 붙잡고 바치지 못하게 하였다.

임금이 큰 소리로 이명덕을 윽박질렀다.

"임금의 명이 있는데, 신하가 듣지 않는 것이 의리인가?"

이명덕이 마지못하여 대보를 임금 앞에 바치었다. 세자가 급히 명소

命召하는 것이 무슨 일인지를 알지 못하고 허둥지둥 급히 와서 서쪽 지게문으로 들어가니, 임금이 세자를 보고 말했다.

"얘야! 이제 대보를 주겠으니 받아라."

세자가 부복하여 일어나지 않으니, 임금이 세자의 소매를 잡아 일으켜서 대보를 주고 곧 안으로 들어갔다. _《태종실록》 18년 8월 8일

태종은 자신의 거처를 연지동蓮池洞 별궁으로 옮겼다. 세자와 대신들은 이번에는 진짜인지 모른다고 생각하기 시작했다. 조선 역사상 최고의 성군이라 불리는 세종의 시작은 이렇게 불안했다. 조선 개창 26년 만에 네 번째 임금의 즉위였다. 세자에 책봉된 지 두 달 만이었으니, 그야말로 모든 일이 꿈결 속에서 이루어진 것 같았다. 하지만 임금의 자리에 올랐다고 임금 노릇을 할 수 있는 것이 아님을 세종은 잘 알고 있었다. 힘은 여전히 태종이 지니고 있었던 것이다. 아직까지 고려의 유민들이 더 많이 남아 있는 상황이었다. 30여 년 전 권문세족 숙청에 환호하던 백성들은 개국 이후 잇따른 칼부림과 거듭된 공신 책봉에 조소의 눈길을 보내던 때였다.

그해 11월 8일, 왕위에 오른 3개월 후 세종은 드디어 곤룡포와 면류관을 갖추고 인정전仁政殿에 나가 상왕 태종에게 '성덕신공聖德神功', 대비大妃 민씨에게 '후덕厚德'이라는 존호尊號를 올리는 경헌례敬獻禮를 행함으로써 임금이 되는 절차를 모두 마무리지었다. 하지만 세종이 조선의 진짜 임금이라고 생각하는 사람은 세종 자신을 포함해 아무도 없었다. 세종이 실제로 임금 노릇을 할 수 있는 날은 바로 태종이 죽는

창덕궁 인정전 인정전은 창덕궁의 중심 건물로 조정의 각종 의식과 외국 사신 접견 장소로 사용되었고, 신하들이 임금에게 새해 인사를 드릴 때에도 이용되었다. 또한 왕세자나 세자빈을 결정하는 등 국가의 커다란 경사가 있을 때에도 왕은 이곳에서 신하들의 축하를 받았다.

날이라는 사실을 권력의 풍향에 민감한 사람들은 다 알고 있었다. 상왕 태종도 세종은 다만 자신의 대리인에 지나지 않음을 분명히 했다.

"내 세자에게 선위하였으나 다만 군사문제만은 친히 보살피려 한다. 이는 다른 까닭이 있는 것이 아니라 임금이 나이가 젊어서 군사를 알지 못하기 때문이다. 임금의 나이 서른이 되었을 때 모두 넘겨주려 한다."

이는 세종에 대한 경고였다.

세종이 왕위에 올랐을 때는 만 21세였다. 국왕이 스무 살이 넘도록 섭정을 하는 것은 국법을 어기는 일이었으나, 이를 따지는 사람은 아무도 없었다. 면암勉庵 최익현崔益鉉이 고종이 성인이 되었으므로 정권을 넘기라고 상소해 대원군을 실각시킨 것은 조선 말의 일이었고,

태종에게 그런 말을 하는 신하가 있었다면 대역죄로 몰아 삼족을 멸했을 것이다.

힘은 군사력에서 나오는 것이다. 국가주석직은 계속 다른 사람에게 양보한 채 중앙군사위원회 주석직만 가지고 중국을 사실상 통치했던 등소평의 원형은 태종에게서 찾을 수 있다.

군사력으로 나라를 열고 군사력으로 왕위를 차지한 나라에서 군사권이 없는 임금은 허수아비일 수밖에 없었다. 세종은 자신의 처지를 잘 알고 있었다. 세종은 군사 이외의 사항도 태종에게 물어 처결했다. 또한 하루도 거르지 않고 태종에게 안부를 물었다. 태종이 지신知申 김익정金益精을 시켜 이를 말릴 정도였다.

"주상께서 날마다 와서 문안을 여쭈니 좋기는 하다만, 이로 인해 정사가 소홀해질까 두렵구나. 네가 가서 하루 걸러 오도록 전하라."

"상감께서는 매번 정사를 처리한 후에 와 뵙는 것입니다. 상감께서는 주周나라 문왕文王이 날마다 세 차례 뵙던 일을 본받지 못함을 한스럽게 생각하시는데, 어찌하여 하루 걸러 와 뵙게 하려 하십니까?"

지신 김익정은 태종의 속마음을 잘 알고 있었다. 태종은 이 대답에 아주 흡족해했다.

민씨 형제의 제거는 개인이나 가족사로 볼 때는 배신이지만 국가로 볼 때는 공신 숙청이었다. 태종은 민씨 형제뿐만 아니라 공신 이숙번도 지방으로 쫓아낸 후 평생 도성을 밟지 못하게 했다. 이 또한 이숙번 측에서 보면 배신이지만 국가라는 큰 틀에서 보면 공신 숙청이었다. 태종은 자신이 공신을 숙청하는 악역을 자청함으로써 후왕에게 강력한 왕권을 물려주려 한 것이다. 태종은 인간이기를 포기하는 냉혈로 공신이 제거된 깨끗한 조정을 후왕에게 물려주려 한 것이다.

그런데 세종 즉위 초에 태종의 심기를 거스르는 인물이 있었다. 세종의 장인 심온沈溫이었다. 신왕이 즉위했으므로 중국에 그 사실을 알리는 사은사를 보내야 했다. 원래 사은사는 설장수가 유력했는데 상왕 태종이 영의정 심온을 추천했다. 사은사는 친척을 보내야 하는데 중국 사신 황엄黃儼과 친한 심온이 제격이라는 것이다. 이는 상왕 태종이 심온을 얼마나 신임하고 있는지를 보여주는 것이었다. 세종의 장인에다 영의정까지 겸했으며, 실세인 태종의 신임까지 받고 있으니 온 나라의 권세가 한 몸에 있는 것 같았다. 실제로 심온이 떠나는 날 상왕 태종은 환관 황도黃稻를 보내어 문 밖까지 심온을 전송하게 하고, 세종은 환관 최용崔龍을, 왕비는 환관 한호련韓瑚璉을 각각 보내 연서역延曙驛에서 심온을 전송하게 했다. 최고의 대우였다. 실록도 그의 행차가 얼마나 당당했는지를 말해주고 있다.

> 심온은 임금의 장인으로 나이 50이 못 되어 수상首相의 지위에 오르게 되니, 영광과 세도가 혁혁하여 이날 전송 나온 사람으로 장안이 거의 비게 되었다.
>
> _《세종실록》 즉위년 9월 8일

'전송 나온 사람으로 장안이 거의 비게 된 것'이 문제였다.《연려실기술》은 '영상 심온이 명나라에 사신으로 갈 때 사대부들 중 전별하는 자가 낳아서 서마車馬가 도성을 덮을 징도로 위세가 당당했다.

…… 상왕이 그 소문을 듣고 기뻐하지 않았다'라고 기록하고 있다. 태종은 권력을 나누는 인물이 아니었다.

태종은 심온이 민씨 형제의 비극에서 교훈을 얻었기를 바랐다. 그러나 심온은 설장수 대신에 굳이 자신을 사은사로 삼은 태종의 신임을 믿었다. 그것이 실책이었다. 그가 사은사로 명나라 땅에 가 있는 동안 그를 겨냥한 음모가 진행되고 있었다.

'병조참판 강상인姜尙仁의 옥사'가 그것이었다. 이 사건의 발단은 심온이 명나라로 떠나기 약 보름 전인 세종 즉위년(1418) 8월 25일에 발생했다. 세종이 즉위한 바로 그 달이었다. 세종은 즉위 후 장의동藏義洞 본궁本宮에 있었는데 병조에서는 군사에 관한 일을 상왕에게 보고하기 전에 세종에게 먼저 보고했다. 그럴 때마다 세종은 말했다.

"왜 부왕께 주상하지 않느냐."

군사권이 자신에게 있음에도 세종에게 먼저 보고한다는 사실을 알게 된 태종은 병조를 혼내주려고 마음먹었다. 태종이 불쾌하게 생각한 것은 경호문제였다. 임금을 호위하는 금위禁衛 소속 군사 배치 상황을 세종에게만 보고하고 자신에게는 보고하지 않았던 것이다. 이에 태종은 군권을 세종에게 돌리려는 의도로 판단해서 병조참판 강상인을 불렀다.

"상아패와 오매패는 장차 어디에 쓰려고 한 것인가?"

강상인이 대답했다.

"대신을 부를 때 쓰는 것입니다."

이 한마디가 무시무시한 사건의 시작이 될 줄을 강상인은 몰랐다.

태종은 상아패와 오매패를 꺼내 강상인에게 주며 말했다.

"그렇다면 여기서는 소용이 없으니, 모두 왕궁으로 가져가라."

대신을 부르는 일은 군사에 관한 일이 아니기 때문에 세종에게 갖다주라는 것이었다. 그러나 18년 동안 임금자리에 있었던 태종이 상아패와 오매패의 용도를 몰라서 물은 것은 아니었다. 강상인이 그 함정에 빠진 것이었다. 강상인은 그것을 들고 주상전主上殿으로 갔다. 세종이 물었다.

"이것은 무엇에 쓰는 것이냐?"

"밖에 나가 있는 장수를 부르는 데 쓰는 것입니다."

"그러면 여기에 두어서는 안 된다. 상왕전에 도로 갖다바쳐라."

상아패와 오매패가 다시 돌아오자 태종은 강상인과 병조좌랑 채지지蔡知止를 의금부의 옥에 가두게 했다.

처음에 내가 주상에게 이르기를, '너는 장차 나의 근심을 물려받게 되리니, 내 비록 덕이 없으나, 오래 왕위에 있어서 아는 사람이 많으니, 군국軍國의 중요한 일은 내가 친히 청단하겠노라'고 하였는데, 이제 병조는 궁정에 가까이 있으면서, 다만 순찰에 관한 일만 아뢰고, 그 밖의 일은 모두 아뢰지 않았으니, 내가 군사문제에 대해 듣는 것이 무엇이 사직에 나쁘겠느냐. 이런 의논을 먼저 낸 자가 누구인지 물어볼 것이요, 만일에 숨기고 말하지 아니하거든, 마땅히 고문拷問을 해야 할 것이다."

_《세종실록》 즉위년 8월 25일

태종의 분노가 폭발한 것이었다. 병조의 관원들은 떨며 대죄待罪했다. 군권을 세종에게 돌리려는 것으로 판단한 태종은 병조판서 박습朴習도 의금부에 가두었다. 군병軍兵은 도총부都總府에서 주관하고 금위의 병사는 병조참판과 병조좌랑이 주관하고 병조판서는 그에 관여하지 못했다. 신하들의 군권을 나누어 쿠데타 위험을 막으려는 것이었다. 그러나 태종은 병조 전체에 책임을 돌려 판서, 참판, 정랑, 좌랑 등을 모두 의금부에 하옥했다. 이 사건이 명나라에 가게 될 심온과 연관이 있게 된 것은 임금의 경호부대를 관할하는 동지총제同知摠制 심정이 심온의 동생이기 때문이었다.

강상인은 강하게 변명했다.

"금위의 군사들을 나누어 배치한 것은 전례에 따른 것이옵니다. 이를 상왕께 아뢰지 못한 것은 별다른 뜻이 있었던 것이 아니라 저희가 깊이 생각하지 못했기 때문입니다."

병조판서 박습도 억울함을 호소했다.

"이 문제는 원래 판서에게 결재를 청할 사안이 아닙니다. 또한 제가 관여해 그렇게 되었다 하더라도 본래 죽을죄는 아닌 것으로 압니다. 그러니 제가 숨길 까닭도 없습니다만, 실로 알지 못한 일이오니 어찌 다른 말을 하오리까?"

강상인이나 박습이 태종의 군권을 빼앗아 세종에게 주려는 의도가 아니었다는 점이 확인되어 사건은 흐지부지되는 듯했다. 삼성(三省, 의정부 · 양사〔사헌부와 사간원〕· 의금부)과 형조에서 여러 차례 강하게 처벌해야 한다고 주청하자 태종은 박습과 강상인이 원종공신이라는 이유로 면죄하면서 강상인을 고향으로 돌려보내는 관대한 처분으로 일단락지었다. 그러나 형조와 대간에서는 연일 강한 처벌을 주창했다. 세종은 부득이 이들의 가벌加罰을 요청하지 않을 수 없었다. 태종은 못 이기는 척 강상인을 함경도 단천端川의 관노로 떨어뜨리고 박습은 경상도 사천泗川으로 귀양보냈다. 이때가 세종 즉위년 9월 14일. 심온이 명나라 사신으로 떠난 지 며칠 뒤의 일이었다. 귀양지에서 이들은 세월을 기다렸다. 태종이 죽고 세종이 정권을 완전히 차지하면 금의환향할 수 있으리라고 기대한 것이다. 그러나 그들의 기대는 충족되지 못했다.

그해 11월 2일 상왕 태종이 강상인 사건을 다시 거론했기 때문이다. 육조와 대간에서 회안(방간)의 처벌을 주청하자 태종은 '회안은 간사한 사람에게 그릇 인도되어 군사를 일으키게 된 것이다'라고 막으면서 느닷없이 관노로 전락한 강상인의 일을 다시 거론했다. 다음날에는 편전에 나가 신하들에게 이 사건의 재조사를 명령했다.

다시 국문하여, 만약에 반역할 마음이 없었는데 죄를 주었다면 실로 원통하고 억울한 일이니 마땅히 용서해야겠지만, 만약에 진실로 반역할 마음이 있었다면 신하가 강상인뿐만 아니고 임금도 다만 이때뿐만이 아니니, 어찌 왕법王法으로써 이를 다스리지 않겠는가.

_《세종실록》 즉위년 11월 3일

태종의 의도가 강상인 등의 억울함을 풀어주기 위한 것이 아니라는 점은 명백했다. 강상인과 박습 등이 귀양지에서 다시 붙잡혀왔다. 이 재조사가 명나라에 가 있는 심온을 겨냥한 것이라는 사실은 아무도 모르고 있었다. 다시 끌려와 엄한 문초를 받은 강상인은 네 번이나 압슬(壓膝, 무릎 아래 사금파리를 놓고 널빤지로 무릎을 누르는 형)을 받았으나 불복했다.

그는 울부짖으며 외쳤다.

"그렇다면 내가 주상을 배반한 것이다."

"그렇다면 내가 새 임금의 덕을 입기를 바란 것이다."

설혹 강상인이 군권을 세종에게 돌리려 했다 해도, 이는 임금 세종에게 충성한 것으로 죽을 일은 아니었다. 그는 당여黨與를 대라는 말에 끝까지 불복했다. 그러나 태종의 목적은 그의 입에서 심정과 심온이라는 말이 나오게 하는 것이었다. 드디어 11월 22일 강상인의 입에서 심정이란 말이 나왔다.

"주상께서 본궁에 계실 때 동지총제 심정을 궁문 밖의 장막에서 만났더니 그가 '내금(內禁, 임금이 거하는 곳) 안에 시위(侍衛, 경호함)하는 사람의 결원이 많아서 시위가 허술한데, 어째서 보충하지 않느냐?'고 묻기에, '군사가 만약 한 곳에 모인다면 허술하지는 않을 것이다'라고 했더니, 심정이 '만약 한 곳에 모인다면 어찌 많고 적은 것을 의논할 것이 있으랴'라고 했습니다."

상왕과 현왕 둘을 호위해야 하기 때문에 군사가 부족하다고 불평했다는 말이었다. 심정이 곧 끌려와 심문을 받았다.

"저는 시위가 허술한 것만 의논했을 뿐, '군사가 두 곳으로 갈라져 있다'고 한 적은 없습니다."

그러나 태종에게 심정은 심온을 잡는 미끼일 뿐이었다. 심한 고문을 받은 강상인은 드디어 심온까지 언급했다.

날짜는 기억하지 못하지만 영의정 심온을 상왕전의 문 밖에서 보고, '군사를 나누어 소속시키는데 갑사甲士는 수효가 적으니, 마땅히 3천 명으로 늘려야 되겠다'고 의논하자 심온도 옳다고 했으며, 그후에 또 의논할 일이 있어 날이 저물 무렵 심온의 집에 가서, '군사軍事는 마땅히 한 곳으로 돌아가야 된다'고 하였더니, 심온도 또한 '옳다'고 했습니다.

_《세종실록》 즉위년 11월 22일

태종이 쳐놓은 그물에 걸려든 것이었다. '한 곳'은 태종이 아닌 세종을 가리키기 때문이었다. 군사를 세종에게 돌려야 한다고 말하면 역적이 되고, 태종에게 돌려야 한다고 말하면 충신이 되는 것이었다. 상왕에게 충성하면 충신이고, 현왕에게 충성하면 역적이 되는 상황이었다. 함께 심문을 받던 조흡曹恰은 '군사는 반드시 상왕이 주관하셔야 된다'고 말한 것이 사실로 받아들여져 석방되었다.

강상인이 심온을 끌어들였다는 말을 들은 태종이 본심을 털어놓았다.

과연 내가 전일에 말한 바와 같이 그 진상이 오늘날에야 나타났구나. 마땅히 대간大奸을 제거하여야 될 것이니, 이를 잘 살펴 문초하라.

_《세종실록》 즉위년 11월 23일

'대간'은 바로 심온이었다.

국문이 확대되자 곤란해진 인물이 세종이었다. 결국 군권을 세종에게 돌리려고 했느냐 아니냐의 문제였기 때문이다. 또한 태종이 과녁으로 삼는 인물은 장인이었다. 세종은 자칫하면 폐위될 수도 있다고 느끼고 있었다. 세종은 두려움에 빠졌으나 장인을 모른 체할 수 없었다. 강상인은 다시 문초를 받으며 '고초를 견디지 못해서 남을 끌어들였지 모두 무함誣陷이었다'라고 과거의 진술을 뒤집었다. 내관內官 김용기金龍奇에게 이 소식을 들은 세종이 용기를 내어 상왕에게 말했다. 강상인이 고문에 못 이겨 거짓 진술했다는 점과, 심온이 들었다는 '군사가 한 곳에 모여야 된다는 말' 중에 '한 곳'이 상왕전을 뜻한다는 해석이었다. 세종의 말을 들은 태종이 말했다.

"내가 들은 바는 이와는 다르다. 과연 이와 같다면 무슨 죄가 있겠는가."

태종은 좌의정 박은이 심온과 권력다툼을 하는 것을 알고 박은에게 교지를 전했다.

"처음 강상인 등을 외방으로 내쫓기만 했는데, 그후에 생각해보니, 나의 여생은 많지 않고 본 것은 많으므로 이런 대간大奸은 제거하는 것이 마땅하다고 생각하게 되었다. 심온이 '군사가 반드시 한 곳에 모이는 것이 옳다'고 하였다 하니, 경은 이를 알아야 할 것이다."

박은이 고개를 숙이고 엎드려 교지를 듣고는 즉시 일어나 앉으며 말했다.

"심온이 말한 '한 곳'이 어찌 상왕전을 가리킨 것이겠습니까. 반드시 주상전을 가리킨 것이오니 그 뜻은 묻지 않아도 알 수 있습니다."

심온이 세종에게 군권을 돌리려 한 대역죄라는 것이었다. 태종의 생각과 같은 말이었다.

원숙元肅, 이명덕 등 일부 온건론자들은 다른 소리를 냈다.

"강상인은 죄가 무거워 죽여야겠지만 박습과 심정은 상인에 비해서는 죄가 가볍고, 또 심온이 명나라에서 돌아오지 않았는데 이들을 죽인다면 심온에게는 변명할 길이 없게 되니 조금 기다리는 것이 좋을 것 같습니다."

태종은 이를 묵살했다. 심온을 국문하면 옥사를 조작한 것이 드러날 수 있었기 때문이다.

"심온이 아직 돌아오지 않았으나 그 죄상이 분명히 드러났으니 무엇을 기다리겠는가? 이들을 어떻게 처리할 것인지 의논해 아뢰어라."

태종은 조기 형 집행을 명령했다.

이에 우의정 유정현이 나섰다.

"박습 등이 이미 자복하였으니 하루라도 형을 늦출 수 없습니다."

박은도 이에 동조했다.

"죄상이 모두 낱낱이 드러났으니 굳이 심온과 대질심문을 할 필요가 없습니다."

이에 태종은 사람 많이 죽인 전력을 살려 강상인의 사지를 네 수레에 매달아 찢어 죽이고 박습과 심정은 목을 베었다. 이때 강상인은 수레에 올라 크게 부르짖었다.

"나는 실상 죄가 없는데, 때리는 매〔箠楚〕를 견디지 못하여 죽는다!"

심온의 사당 심온은 세종의 장인으로 1418년 태종이 선위하여 세종이 즉위하자 영의정으로서 사은사가 되어
명나라에 갔다. 이때 심온의 세력이 커지는 것을 걱정한 태종과 좌의정 박은의 무고로 귀국 후 사사되었다. 사진
은 경기도 수원에 소재한 심온의 사당이다.

이에 태종은 이욱李勗을 금부진무禁府鎭撫로 삼아 의주로 보내 명
에서 귀국하는 심온을 잡아오게 했다. 불과 몇 개월 전 장안을 깃발로
뒤덮으며 떠났던 사신길을 오라에 묶여 돌아오게 된 것이다. 심온은
상왕 태종에게 대질심문을 요청했다.

"이 일은 제가 명나라에 갔을 때 일어난 만큼 관련자들을 대질시켜
주기를 원합니다."

태종은 싸늘하게 답변했다.

"박습 등이 이미 황천객이 되었으니 어찌 만나겠느냐?"

심온은 사사되었다. 심온은 사약을 마시기 전 집안사람들에게 한
맺힌 유언을 남겼다고 전한다.

"내가 이렇게 된 것은 좌상左相 박은의 모함으로 인함이니, 이후로

박씨와는 혼인을 하지 말라."

실제로 박은은 심온을 죽음으로 몰고 갔다. 그러나 박은은 종범이고 주범은 태종이었다. 왕실과 혼인하지 말라고 했어야 제대로 짚은 것이었다.

심온이 이후 박씨와 통혼을 금지시킨 것은 죽는 순간까지 가문을 걱정했음을 뜻한다. 그 중에서도 소헌왕후昭憲王后 심씨를 가장 걱정했을 것이다. 박은은 훗날의 보복이 두려워 소헌황후까지 폐위시키려 했는데, 태종은 '시집간 딸은 친정 사건에 연루시키지 않는 법'이라면서 왕비 폐출은 거부했다. 그러나 심온의 아내이자 왕후의 어머니인 안씨는 천인賤人으로 떨어져 의정부의 여종이 되었다. 안씨가 그 자녀들과 함께 천인들의 명부인 천안賤案에서 제명된 것은 세종 8년이었다. 세종의 장모는 무려 8년 동안이나 천인으로 있었던 것이다.

죄 없는 장인이 죽고 장모가 관비官婢로 전락한 것은 세종에게도 큰 치욕이었다. 세종이라고 자신의 처가를 도륙내는 데 적극 나선 박은, 유정현 등에게 원한이 없었을 리 없지만 태종이 사망한 후에도 정치보복을 하지 않았다. 정치보복은 피해자가 끊을 때 비로소 단절된다는 교훈을 직접 보여준 것이다.

태종 또한 아들과도 나누지 않았던 군권을 외척 숙청에만 사용한 것이 아니라 세종 원년(1419) 6월 대마도 정벌에 사용했다. 왜구가 변경에 침입해 백성들을 잡아가자 그 소굴 정벌을 결심한 것이다. 그해 6월 9일 발표한 상왕 태종의 〈유시문諭示文〉에는 대마도 정벌의 당위성이 잘 표현되어 있다.

대마도는 본래 우리나라 땅인데, 다만 궁벽하게 막혀 있고, 또 좁고 누추하므로, 왜놈이 거류하게 두었더니, 개같이 도적질하고, 쥐같이 훔치는 버릇을 가지고…… 마음대로 군민을 살해하고, 부형을 잡아가고 그 집에 불을 질러서, 고아와 과부가 바다를 바라보고 우는 일이 해마다 없는 때가 없으니, 뜻 있는 선배와 착한 사람들이 팔뚝을 걷어붙이고 탄식한 지 여러 해다. …… 이제 왜구가 탐독貪毒한 행동을 제멋대로 하여, 뭇 백성을 학살하여 천벌을 자청하여도 토벌하지 못한다면, 어찌 나라에 사람이 있다 하랴. 이제 한창 농사짓는 달을 당하여 장수를 보내 출병하여, 그 죄를 바로잡으려 하는 것은 부득이한 일이다. 아아, 신민들이여, 간흉한 무리를 쓸어버리고 생령을 수화水火에서 건지고자 하여, 여기에 이해利害를 말하여 나의 뜻을 일반 신민들에게 널리 알리노라.

_《세종실록》1년 6월 9일

세종 원년(1419) 삼군도체찰사三軍都體察使 이종무李從茂는 1만7천여 명의 병사와 2백27척의 전함을 이끌고 대마도를 정벌했다. 혼쭐난 왜구들은 도망갔고, 이후 대규모 약탈행위는 자취를 감췄다. 최선의 외교력은 최강의 국방력에 있음을 보여주는 교훈이라 하지 않을 수 없다.

08

태평성대의 그늘

악법도 법이다?

중앙정치가 정변으로 얼룩지는 동안 향촌에서는 지방관과 토호의 갈등이 계속되었다. 세종 때에는 이 갈등에 일반 백성들까지 직접 개입하여 심화되기도 했다. 태평성대로 알려져 있는 세종 시절에 향촌은 그다지 태평성대가 아니었던 것이다.

세종 때 '수령고소금지법(守令告訴禁止法, 금부민고소禁部民告訴)'이라는 초법적인 법이 제정된 사실이 당시의 향촌 상황을 단적으로 말해준다.

예조판서 허조許稠 등이 상계했다.

'……전조(고려)의 풍속은 이 뜻을 받아들여, 백성으로 수령을 능멸하거나 반항하면 반드시 이를 몰아냈고, 심지어는 그 집까지 물웅덩이로 만들고야 만 것이오니, 원하옵건대, 이제부터는 속관이나 아전의 무리로서, 그 관官의 관리와 품관品官들을 고발하거나, 아전이나 백성으로 그 고을의 수령과 감사를 고발하는 자가 있으면, 비록 죄의 사실이 있다 하더라도 종사의 안위에 관한 것이거나, 불법으로 살인한 것이 아니라면, 위에 있는 사람은 논할 것도 없고, 만약에 사실이 아니라면, 아래에 있는 자의 받는 죄는 보통사람의 죄보다 더 중하게 하여야 할 것입니다.'

임금이 그대로 따랐다. _《세종실록》 2년 9월 13일

본받아야 할 고려의 풍습이 없어서 수령에게 반항하면 그 집을 웅덩이로 만든 악습을 본받겠다는 것이다! 불과 30여 년 만에 개국 당시의 위민爲民 개혁적 기풍이 상실되어갔던 것이다. 이 법으로 역모나 살인이 아닌 한 수령은 법적 제재를 받지 않게 되었다. 비상식적인 이런 법이 필요할 정도로 조선 초기의 향촌은 혼미했다. 이에 대해 유정현, 박은 등이 포진한 의정부는 반대했다.

"수령에게 거리낄 것이 없어지면 백성이 감당하지 못할 것입니다."

의정부의 반대론에 허조는 입법 강행을 주장했다.

"수령이 하는 일은 천만인의 이목에 노출되어 있습니다. 백성들의 고소가 없다고 해서 어찌 드러나지 않을 수 있겠습니까?"

군사에만 관여하겠다던 상왕 태종은 허조의 의견을 지지했다. 태종의 지지는 곧 이 법이 통과됐음을 뜻하는 것이다. 거리낄 것이 없어진 지방관들은 많은 불법을 자행했다. 수령을 고소하는 것 자체가 불법이었으나 억울한 백성들이 찾을 곳은 상급 관가밖에 없었다. 수령 고소금지법이 시행된 2년 후에 한 백성이 수령을 고소했다. 이에 정부에서는 불법을 저지른 수령을 처벌하기는커녕 법을 강화하는 것으

낙천정 태종이 왕위를 세종에게 물려준 후 수시로 머물던 이궁離宮. 좌의정인 박은이 주역계사周易繫辭의 '낙천지명고불우樂天知命故不憂'를 따서 낙천정이라 이름 붙였다. 서울 광진구 자양동 소재.

로 대응했다. 수령의 불법행위를 고발하면 곤장 1백 대와 유배 3천 리에 처하게 되었다. 불법행위를 자행한 수령은 보호를 받고 이를 고소한 사람은 벌을 받는 악법 아래 수령들은 많은 불법행위를 저질렀다. 수령들의 불법행위는 토호들의 수탈행위와 함께 커다란 사회문제가 되었다.

태종이 사망하고 세종의 친정이 시작되자 수령고소금지법을 폐지해야 한다는 여론이 일었다. 애민군주로 알려진 세종은 이에 어떻게 대응했을까?

옛날 태종께서 낙천정樂天亭에 거둥하였을 때 히 판서(히조)가 이 게

모(計謨, 수령고소금지법)를 진술하였더니, 태종께서 좋은 일이라고 칭찬하기를 마지아니하였고, 나도 또한 이 뜻을 심히 아름답게 여겨 이민吏民으로 하여금 다시는 수령을 고소하지 못하게 하였다. 나의 생각으로는 혹 사람을 보내어 백성의 질고를 묻고, 혹 내신을 보내어 수령들의 정령政令을 살피면 반드시 이민이 수령을 고소하는 일이 없어도 수령들의 득실得失이 저절로 나타날 것이다. _《세종실록》 5년 6월 23일

세종은 수령고소금지법의 폐지 대신에 어사나 내관 파견을 수령의 불법행위에 대한 대책으로 제시했다. 하지만 어사나 내관의 파견은 일시적인 대책에 지나지 않았다. 어사나 내관이 파견되면 수령의 부정행위는 일시적으로 잠잠해졌다가 그들이 돌아가면 또다시 불법행위가 자행되는 악순환이 이어졌다. 또한 어사나 내관이라 할지라도 지방 수령과 이런저런 연줄로 선이 닿아 있게 마련이어서 단속 자체가 무의미해지기 일쑤였다.

수령의 불법행위가 심해지자 정부에서도 다른 대책을 세우지 않을 수 없었다. 세종 13년(1431)에 의정부와 육조에서 수령고소금지법을 개정하자고 요청한 것은 수령고소금지법이 얼마나 무리한 법인가를 정부 스스로 인식한 결과였다. 이조참판을 역임한 정초鄭招는 수령고소금지법의 폐해를 인식하고 그 폐지를 요구한 사람 중 한 명이었다.

"법을 어기고 부모를 욕보이거나 직첩을 수탈하거나 불법으로 부역을 남발하거나 민전民田을 침탈하는 경우는 수령고소금지법의 예외로 두어야 하옵니다."

조신朝臣이 요구할 정도로 문제가 많은 법을 세종이라고 모른 척하고 있을 수만은 없었다.

"이러한 일은 고소하지 않으면 억울함을 풀기 어려울 것이오. 만약 토지 분쟁이나 노비문제 소송에 잘못된 판정이 있을 때 고소를 못하게 하면 어찌 억울함을 풀 수 있겠소."

수령고소금지법의 부분 개정에 동의한 셈이었다. 하지만 이때도 자신이 당한 일에 한해서만 고소할 수 있도록 엄격히 제한되었다. 일종의 친고죄親告罪인 셈이었다. 그리고 억울한 일을 당한 백성이 직접 고소를 했을 때 그 타당성 여부는 판정해주지만 수령의 불법행위에 대해서는 불문에 부친다는 단서조항이 붙어 있었다.

불법행위에 대한 처벌이 뒤따르지 않는 법 개정은 무의미했다.

맹사성孟思誠과 허조는 수령고소금지법의 존속을 주장하는 정부 내 보수파의 두 축이었다. 그들은 수령고소금지법의 부분 개정에 대해 이의를 제기했다. 이들은 수령 고소를 허용할 경우 어사 등의 조관(朝官, 조정에서 근무하는 신하)파견제도도 폐지되어야 한다고 주장했다.

"수령에 대한 고소도 허용하고, 또 조관을 파견해 수령을 감찰한다면 이는 실로 모순입니다."

자기 신원을 위한 고소를 허용하는 대신 어사를 파견해 지방관을 감찰하는 제도는 철폐하자는 자기방어 논리였다.

조정의 중진 대신들이 어사 파견 중지를 주청하자 이 역시 받아들여졌다. 백성들은 처벌의 효과도 낳지 못하는 친고죄를 확보한 대신 조관파견제도를 잃은 셈이었다.

불법행위를 자행한 지방관이 처벌되지 않는 한 불법행위는 근절될 수 없었다. 일방적으로 수령만 옹호하는 이 악법에 대한 백성들의 원한은 하늘을 찔렀다. 악법도 법이란 말은 악법의 보호를 받는 지배층의 자리에서 보면 만고의 명언일지 몰라도 악법으로 피해를 입는 백성들의 자리에서 보면 지배층의 궤변에 불과하다. 법이 자신들을 보호해주지 않을 때 백성들은 스스로 억울함을 해결하는 수밖에 없다. 대다수는 통분을 삼키며 참고 말았지만 정말 억울한 백성들은 목숨을 걸고 지방관을 향해 주먹을 휘둘렀다.

좌사간 김효정金孝貞 등이 상소했다.

'귀貴한 것은 천한 것에 군림君臨하고, 천한 것이 귀한 것을 받들며, 위는 아래를 부리고 아래는 위를 섬기는 것은 곧 하늘의 이치와 백성의 이륜彛倫으로서 당연한 것이며, 나라를 다스리는 도리의 근본입니다. …… 요사이 간혹 상민常民이 수령을 구타한 자가 있고, 혹은 역리가 조신을 능욕한 자도 있어서, 보는 사람마다 이를 한심하게 여기고, 듣는 사람마다 놀라지 않는 이가 없습니다. 그 밖의 분수를 어기고 풍속을 어지럽게 하는 무리는 진실로 죄다 거론하기가 어렵습니다. …… 지금부터는 모든 낮은 자로서 높은 자를 업신여기는 것, 아랫사람으로서 윗사람을 능모陵侮하는 것, 나이 어린 자로서 웃어른을 능모하는 것은 비록 사건이 바르더라도 옳다고 하지 말고 죄를 주시며…….'

_《세종실록》 10년 5월 26일

이처럼 극심한 하극상下剋上 사건이 잇따랐다.

세종시대가 백성들에게는 요堯 임금 시절이 아니었다. 고대 중국 요 임금 시절 백성들은 이런 노래를 불렀다.

해 뜨면 나가서 일을 하고 해 지면 돌아와 쉬네.

목마르면 우물 파 물 마시고 밭 갈아 먹을 것을 구하니

임금의 힘이 우리에게 무슨 소용이 있으랴.

日出而作 日入而息

鑿井而飮 耕田而食

帝力何有於我哉

백성들 하는 대로 가만두는 자연상태가 동양사회에서 노래한 이상 사회였다. 하지만 세종 때 이 땅의 백성들은 지방관의 불법행위에 신음했다. 백성들은 지방관의 불법행위를 감싸고도는 임금을 직접 비난하기도 했다. 강음현江陰縣의 백성 조원曹元이 그런 인물이었다. 그는 전지田地 소송을 했는데, 지방관이 뚜렷한 이유 없이 송사를 지체하자 분개했다.

지금 임금이 착하지 못하여서 이와 같은 수령을 임용했다.

_《세종실록》6년 4월 4일

때마침 곁에 있던 궁중의 노자奴子가 듣고 고발하면서 알려진 것이

었다. 조원은 즉각 의금부에 갇혔다. 임금을 직접 욕했으니 살아나기는 어려웠다. 그럼에도 경위를 조사하는 과정에서 조원은 당당했다.

"내가 전지 송사를 하여 관에서 판결하기를 기다리는데, 수령이 손님을 대하여 술을 마시면서 속히 판결하지 않으므로 분하고 성이 나서 그런 말이 나온 것입니다."

임금이 말했다.

"다시 묻지 말라. 무지한 백성이 나를 착하지 못하다 하는 것은 바로 어린아이가 우물에 들어가려는 것과 같은 것이니, 차마 어찌 죄를 주겠느냐. 속히 놓아보내라." _《세종실록》6년 4월 17일

의금부와 형조 등에서 처벌할 것을 거듭 주청했지만 세종은 허락하지 않았다. 바로 이러한 점을 세종의 인자한 성품이라 말하지만, 임금의 인자함은 일반 백성과는 달라야 한다. 임금의 인자함은 나쁜 정치를 불평하는 백성을 처벌하지 않는 선에서 그치는 것이 아니라 송사를 지체한 지방관을 치죄함으로써 백성들의 생활을 안정시켜주는 것이어야 한다. 하지만 '술 마시느라고 송사를 지체한' 지방관에 대한 치죄 기록은 보이지 않는다.

백성들이 수령에게 직접 무력으로 시위하는 하극상 사건이 계속되자 정부에서 세운 대책은 엉뚱한 것이었다. 태종 때 혁파된 유향소留鄕所를 다시 설립하자는 것이 조정대신들이 내세운 대책이었다. 이렇게 해서 세종 10년(1428)에 유향소가 다시 세워졌다.

이때 복립된 유향소는 태종 때 혁파된 유향소와는 성격이 달랐다. 태종 때 혁파된 유향소가 지방관을 억압하는 것이었다면, 세종 때 복립된 유향소의 주요 임무는 향리나 백성들이 지방관에게 대드는 행위를 규제하는 것이었기 때문이다. 또한 유향소 자체가 수령고소금지법의 통제 내에 있었기 때문에 종전의 지방자치기관이 아니라 어용기관일 수밖에 없었다. 이 유향소는 세조 말년에 다시 혁파된다. 태종 때처럼 수령을 욕보였기 때문이 아니라 오히려 수령과 한편이 되어 백성들을 괴롭혔기 때문이었다.

재위 28년(1446) 9월 29일, 세종은 '나라의 말이 중국과 달라 한자漢字와 서로 통하지 않으므로 어리석은 백성이 말하고자 할 바 있어도 마침내 자신의 뜻을 능히 펴지 못하는 사람이 많으니라'라는 《훈민정음》 어제御製를 내렸다. 민족문화의 보고寶庫가 비로소 완성된 것이다. '어제'는 백성들이 한자를 몰라 말하고자 하는 바를 못했다지만, 사실상 백성들의 입을 막은 것은 한자에 대한 무지가 아니라 수령고소금지법이란 악법이었다. 훈민정음 창제 이면에는 백성들의 반발을 무마하기 위한 정치적 목적도 있었던 것이다. 수령고소금지법에 의한 민심 이반은 심각했다.

수령고소금지법에 따라 수령의 불법행위로 피해를 입고도 고소조차 못하게 된 백성들은 새 왕조의 개창을 부정적으로 바라보게 되었다. 조선의 지방관은 소왕국의 군주였다. 이런 절대권력의 부정행위에 대해 고소조차 못하게 했으니 그 파장이 클 것은 불문가지였다. 훈민정음 반포 1년 반 진인 재위 27년(1445) 4월, 세종이 《용비어천가》

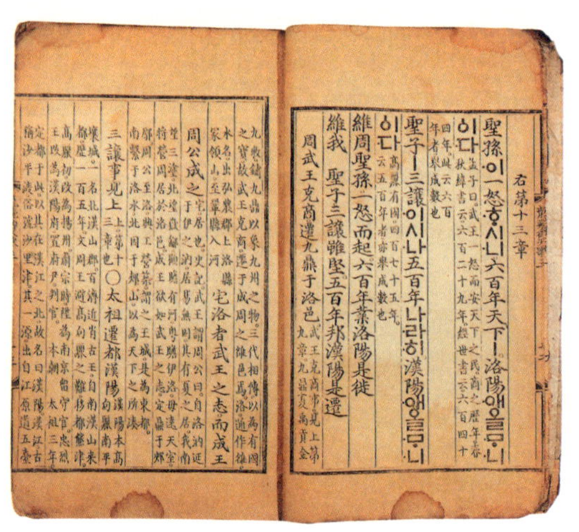

를 먼저 만들어 배포한 것은 민심 이반에 대한 자기변명의 성격도 있었다. 125장 중 1장부터 109장까지가 조선 건국의 정당성을 역설한 것이 《용비어천가》이다. 당시에 목조·익조·도조·환조·태조·태종의 이른바 6조에 대한 송덕頌德을 역설해야 할 정치적 필요성이 있었던 것이다.

한편 태종 전대의 임금이었던 정종에 대해서는 한 장도 할애하지 않았다. 정종은 임금으로 취급받지도 못했다. 태조→태종→세종의 구도로 조선 역사를 설명한 것이 《용비어천가》이다.

어떤 구도로 역사를 설명하든 수령고소금지법 같은 악법을 두고 향촌이 제대로 움직여질 리가 없었다. 백성들의 반발이 잇따랐기 때문에 세종 후기로 접어들면서 더 이상 이 악법의 기조를 유지할 수 없는 지경에 이르렀다. 세종 29년(1447)에 수령의 부패는 물론 잘못된 정사에 대해서도 고소를 허용한 것은 더 이상 백성들의 반발을 외면할 수 없었기 때문이다.

물론 지방관의 불법행위에 대해 중앙정부 차원의 규제가 없지는 않았다. 앞서 말한 어사나 내관의 파견 이외에도 사헌부와 사간원 대간들의 탄핵이 있었다. 하지만 대간의 탄핵은 중앙정부의 고관이 주요 대상이었지 지방관들은 아니었다. 그나마 지방관에 대한 탄핵도 관찰사에 집중되었다.

세종 재위 32년 동안 대간에 의해 탄핵된 관찰사는 30명인 데 비해 부사府事는 13명, 목사牧使는 7명에 지나지 않았다. 관찰사는 전국에 8명에 불과한 데 비해 부사, 목사 등은 3백60여 명에 이른다는 사실을 감안하면 부사·목사에 대한 탄핵이 지나치게 적음을 알 수 있다. 더구나 한 도를 책임지는 관찰사를 일반 백성이 직접 상대할 기회는 지극히 제한되어 있다는 점에서 관찰사에 대한 탄핵이 많은 것은 일반 백성들에게 그리 큰 의미가 없는 것이다. 반면에 일반 백성들을 직접 상대하는 부사·목사의 탄핵 횟수가 적은 것은 수령고소금지법과 관련지어 생각해볼 때 심각한 문제였다. 세종 재위 32년 동안 전국 3백60개 현의 지방관 중 탄핵된 수가 모두 합쳐 20명에 지나지 않는다는 사실은 이들이 규제 밖의 성역에 존재했음을 말해준다.

정도전이 비명에 간 지 50여 년 만에 백성을 위한 나라라는 모토로 건국한 조선은 고려 말기처럼 사대부만을 위한 나라로 변해갔다. 그리고 세종은 사대부의 자리에서 볼 때 요·순 같은 성군이었다.

태종의 최대 치적은 '세종'

조선이 개창한 1392년부터 1백여 년 뒤인 성종 때까지 아홉 임금이 있었지만 재위기간 중에 공신이 책봉되지 않은 때는 세종과 문종 때밖에 없었다. 세종 재위 32년, 문종 재위 2년간만 공신 책봉이 없었던 것이다. 공신 책봉은 정치적 격변이 있었다는 것을 의미했는데, 그 격변은 임금의 즉위를 둘러싼 싸움이기 십상이었다. 임금이 헌법에 따라 순리적으로 즉위하지 못하고 물리적으로 즉위했다는 뜻이다.

 세종은 평화적으로 즉위한 첫 임금이었다. 태조는 물론 정종·태종도 평화적으로 즉위하지 못했다. 세종 즉위의 일등공신은 두말할 것도 없이 부왕父王 태종이었다. 태종은 자신의 후계자가 유학적 소양이 있는 학자이기를 바랐다. 건국 초의 혼란을 과감한 결단력으로 돌파한 태종은 자기 손에 피를 묻히더라도 왕권이 강화되어 나라가 안정되기를 바랐고, 그 안정의 기틀 위에서 학자적 소양이 있는 후계자가 문화의 꽃을 피워주길 원했던 것이다. 하지만 세자 양녕은 학자풍이 아니었고, 태종은 놀기 좋아하는 양녕이 불만이었다. 태종이 임금의 자리에 오르고 왕권을 강화하기 위해 묻혔던 피의 의미를 양녕은 이해하지 못했다. 태종이 피도 눈물도 없는 외척 숙청을 단행한 이유를 양녕은 이해하지 못했다. 그래서 그는 양녕을 버리고 충녕을 선택했다.

태종의 치적 중 으뜸은 충녕대군을 세자로 책봉하고 임금으로 즉위시킨 것이다. 태종의 후사가 세종이 아니었다면 태종은 폭군으로 기억되었을 것이다. 후사가 세종이었기에 태종이 주도한 피의 숙청이 긍정된 것이다. 그런 피의 숙청이 있었기에 세종은 강신强臣들의 견제를 받지 않고 국정을 주도해나갈 수 있었다. 세종시대에 화를 입은 사대부들이 적은 것은 태종이 뿌린 씨 때문이었다. 덕분에 세종은 대신들에게 관대할 수 있었다.

세종 7년(1425) 설날이었다. 정월의 궁중 연회에서 영의정 유정현이 임금에게 부복했다. 이는 임금에게 지극한 예를 표하기 위해서였겠지만 오히려 예에 벗어난 행동이었다. '과공過恭은 예가 아니다'라는《논어論語》의 구절처럼 지나친 공경은 아부일 뿐이다.

유정현은 태종이 상왕으로 있던 시절 무고한 세종의 장인 심온을 죽음으로 모는 데 일조한 인물이었다. 그러니 세종이 두려울 수밖에 없었을 것이다. 유정현 등은 내친김에 세종의 부인 심씨를 폐출시키려 했으나 실패했고, 폐비의 위기를 면한 심온의 딸 소헌왕후 심씨가 국모로 군림하고 있었다. 유정현은 소헌왕후 심씨가 친정아버지의 죽음에 대해 복수하리라는 두려움을 가질 수밖에 없었다. 7년 전 권력을 삽기 위해 남에게 휘두른 칼이 이제 자신을 향하게 된 것이다.

이런 죄가 있기 때문에 유정현은 예법에 어긋나게 부복한 것이다. 대간에서 이를 문제삼지 않을 리 없었다.

"연초의 궁중 연회에서는 대신이 부복하지 않아도 되는데 유정현이 부복한 것은 지나치게 아첨한 것입니다. 유정현을 처벌하소서."

하지만 세종은 오히려 유정현을 두둔하고 대간을 꾸짖었다.

"이런 사소한 문제를 가지고 대신을 탄핵하는 대간이 경솔하다."

세종이라고 군권을 자신에게 돌리려 했다고 장인을 모함해 죽게 만든 유정현에게 좋은 감정을 갖고 있을 리 없었지만 피가 피를 부르는 정치보복을 자행하지는 않았다. 소헌왕후 역시 시어머니 민씨의 예를 거울삼아 정사에 개입하지 않는 현명함을 보임으로써 세종대가 사대부들의 피로 뒤덮이지 않게 하는 데 일조했다.

그러나 세종은 왕실의 권위에 대한 도전에는 강경했다. 세종은 왕실과 일반 사대부가를 뚜렷이 구분하려 했다. 태조의 서자인 이선李宣에 대한 처리가 그 한 예이다. 태종은 집권 후에 서얼금지법을 만들어 서자들의 임용을 막았다. 서자인 방석이 한때 세자자리를 차지한 데 대한 반감 때문이었다. 그러나 세종에게 서얼금지법은 일반 사대부 가문에 적용되는 법이지 왕실에 적용되는 법은 아니었다. 세종 14년(1432)에 이선이 과거에 응시하려 했다.

이에 사간원 우헌납右獻納 이사증李師曾이 간쟁했다.

"이선은 서얼이므로 과거를 볼 자격이 없습니다."

세종은 태조의 서자에 대해 서얼 운운하는 데 분개해 의금부에 전지했다.

간원들이 이선을 서얼이라 하여 과거의 응시를 정지시키라고 주청하였다. 임금의 자손을 서얼이라 일컬어 벼슬길을 닫아 막으려고 하였으니, 그들의 정상과 사유를 추국推鞫하여 아뢰어라.

_《세종실록》14년 4월 4일

세종 24년(1442)에 왕실의 종친인 이천우의 아들 흥달興達의 처를 국문한 적이 있었다. 부인의 도리를 다하지 않았다는 이유였다. 이에 세종은 왕실의 자손을 처리하면서 자신에게 사전에 보고하지 않았다 하여 대사헌 이하 관료들을 금부에 하옥했다.

이처럼 세종 때에 종친과 대신들은 우대받았지만 임금에 대한 시비를 맡은 대간은 그야말로 하루살이 벼슬이었다. 심지어 신하의 기첩妓妾에 관한 문제로도 대간이 치죄를 받은 적이 있었다.

세종 27년(1445), 세종은 사소한 명령 하나를 내렸다.

"이순몽李順蒙의 기첩에게는 궁중 연회 이외에는 다른 일을 시키지 말라."

조선시대 기생은 관청에 예속된 신분이었기 때문에 여러 가지 국역에 종사해야 했다. 이순몽의 기첩은 패련향佩連香이었는데, 사헌부에서는 이 명령을 이순몽이 임금에게 사사롭게 부탁해서 나온 것으로 단정하고 이순몽을 탄핵했다. 이순몽은 이에 반발했다.

"나는 전하께 부탁한 일이 없소. 의심나면 전하께 직접 여쭤보면 알 것이오."

이 말을 들은 세종은 이렇게 말했다.

"내가 대신의 기첩에게 특전을 베푼 것이 한두 번이 아니다. 이에 대해 불만이 있으면 내게 직접 말할 것이지 왜 당사자를 탄핵하는가. 이는 결국 왕명을 폐하게 하려는 것 아닌가?"

그러고는 대간들을 의금부에 하옥했다.

세종이 대간들을 이런 자세로 대하다 보니 추상같아야 할 사헌부와 사간원의 관료들이 세간의 조롱거리가 되었다. 세종 자신이 그런 소문을 들은 적도 있었다. 세종이 황희에게 한 말이다.

"대간이 새로 임명되면 의금부나 형조의 역졸들이 '곧 우리에게 오라 지워서 끌려갈 사람이 온다'라고 조롱하고, 심지어 동네 조무래기나 항간의 아녀자들도 '그들이 며칠이나 기강을 떨치겠는가?'라며 비웃는다 하니 앞으로는 대간들의 작은 잘못은 용서해주려 한다."

종친과 대신들을 벌벌 떨게 해야 할 대간들이 세종시대에는 역졸들과 동네 아낙네들에게 조롱의 대상으로 떨어진 것이었다.

세종은 충성을 바치는 신하에게 더없이 너그러운 호문好文의 군주였다. 태종에게 권력은 절대 나눌 수 없는 것이었으나 세종은 달랐다. 태종은 재위 14년(1414) 의정부서사제議政府署事制를 폐지하고 육조직계제六曹直啓制를 실시했다. 의정부서사제는 육조에서 먼저 의정부에 업무를 보고하면 의정부에서 심의해 국왕에게 재가를 요청하는 제도이고, 육조직계제는 육조에서 의정부를 거치지 않고 곧장 국왕에게 보고하는 제도였다. 의정부서사제 때는 왕권의 상당 부분을 의정부에서 갖게 되지만 육조직계제 때는 의정부가 허수아비가 되는데, 세종은 재위 18년(1436) 의정부서사제를 부활시켰던 것이다. 태종이 주도한 피의 숙청으로 인해 왕권에 대한 위협이 없었기에 세종은 권력도 의정부에 나누어주며 문화 창달에 힘쓸 수 있었다. 세종시대는 조선의 르네상스 시대였다.

조선 초기의 르네상스를 이끈 주역들은 집현전을 통해 양성된 수많

자격루(왼쪽 위), 측우기(왼쪽 아래), 앙부일구(오른쪽 위), 휴대용 앙부일구(오른쪽 가운데), 혼천의 (오른쪽 아래) 태종 최대의 치적은 '세종'이라고 할 수 있을 만큼 세종의 업적은 두드러진다. 세종은 유교 정치의 기틀을 확립했을 뿐 아니라 각종 제도를 정비하여 조선 왕조의 기반을 마련했고 한글 창제를 비롯, 조선 시대 문화의 융성에 이바지하고 과학 기술을 크게 발전시켰다.

은 학자들이었다. 세종은 '사가독서賜暇讀書'를 제도화해 학자적 소양이 있는 관료에게 조용한 산사에 들어가 학문을 연구하게 했다. 안식년인 셈이었다.

이런 학문 우대 시스템이 있었기에 민족의 보고인 훈민정음을 창제하고 《농사직설》 같은 실용서를 편찬하고, 혼천의渾天儀 같은 천체관측기구를 만들고 해시계인 앙부일구仰釜日晷, 물시계인 자격루와 옥루, 세계 최초의 강우량 계측기인 측우기를 만들 수 있었던 것이다. 세종은 인문과학적 기본 소양 위에서 과학기술을 발전시킨 것이다. 또한 김종서金宗瑞와 최윤덕崔潤德에게 북방을 개척하게 했다.

세종이 이런 업적을 남길 수 있었던 이면에는 피도 눈물도 없는 태종의 숙청이 있었다. 대신들은 감히 왕권을 넘볼 수 없었다. 그러나 세종이 세상을 떠나면서 왕권은 다시 흔들리기 시작했다.

09

요절한 성군 문종과 비극의 소년왕 단종

문종이 승하할 때 세자는 어리고 종실은 강성한 것을 염려하여
황보인皇甫仁 · 김종서에게 특히 명했다. "유명遺命을 받아 어린 임금을 보필하라."

《야언별집》

"두루 옛날의 일을 보건대, 국가에 어린 임금이 있으면
반드시 옳지 못한 사람이 정권을 잡았고,
옳지 못한 사람이 정권을 잡으면
여러 사특한 무리가 그림자처럼 붙어서 불우不虞한 화가 항상 일어났습니다.
그때 충의로운 신하가 있어서 일어나 반정反正을 한 뒤에야
그 어려움이 곧 형통해지니, 이는 천도天道의 자연스러움이라고 하겠습니다."

《단종실록》 1년 3월 21일

세종은 병이 많았다. 세종은 비만한 체구에 운동은 싫어하면서 육식과 학문을 좋아했기 때문에 종기〔背浮腫〕, 소갈증消渴症, 풍질風疾, 안질眼疾 등을 평생 앓았다. 건강이 악화되자 세종은 세자에게 왕위를 물려주고 상왕으로 물러나려 했다. 하지만 신하들이 극력 만류하여 실현하지 못했다. 그 절충안으로 세종은 세자에게 업무를 재결케 하는 일종의 대리청정을 시켰다.

육조직계제를 의정부서사제로 바꾼 데도 대신들의 의견을 존중하려는 뜻이 컸지만 세종의 건강이 육조직계제에 따른 업무량을 소화하기 어려웠던 사정도 작용했다. 육조직계제 때는 임금의 업무량이 크게 늘어나고 의정부서사제 때는 의정부의 권한이 늘어나는 만큼 국왕의 업무량은 줄어든다. 태종은 요즘으로 말하면 극단적인 대통령중심제 지지자였다. 세종 역시 대통령중심제 지지자였으나 의정부시사제라는 의원내각제적 요소를 가미했다. 의정부서사제는 정도전이 주장한 재상 중심의 정치체제와도 같은 것이었다.

세종이 권력을 쥐고 전권을 행사할 때도 국정은 별 무리가 없었고, 의정부서사제로 권력을 대신들과 나누었을 때도 크게 달라진 것이 없었다. 훈민정음을 제정하고 측우기 등의 과학기구를 만들고《의방유취醫方類聚》등의 실용서적을 만든 것은 의정부와 권한을 나누었던 세종 후기의 일이다. 따라서 제대로 운영되기만 하면 대통령중심제건 의원내각제건 상관없는 것이다. 나머지는 운영하는 사람의 몫이다.

세종은 재위 19년(1437)부터 세자에게 서무를 재결케 하다가 세종 24년(1442)에 들어서는 대신들의 반대를 무릅쓰고 첨사원詹事院을 설치해 세자의 섭정을 제도화했다. 첨사는 중국 진·한 시대 이래 왕후와 세자의 가사家事를 맡은 관직 이름이었으나, 조선에서는 세자의 섭정기관으로 삼은 것이다. 세종은 첨사원을 통해 웬만한 국사는 세자에게 맡기고 자신은 한 발 뒤로 물러났다. 따라서 세종 20년(1438) 이후의 치세는 사실상 세종 혼자의 공이라기보다는 세자와 의정부 대신들이 함께 나누어야 할 몫이다.

세종이 건강을 해친 데는 여러 요인이 있지만 학문과 여색을 동시에 탐했던 것도 그 중 하나였다. 세종은 소헌왕후 심씨와 영빈 강씨, 신빈 김씨 등 총 6명의 부인과 22명의 자녀를 두었다. 그 중에서 18명이 아들이고 4명이 딸로, 아들이 압도적으로 많았다. 소헌왕후 심씨에게서만 8남 2녀를 낳았다.

8남 2녀 중 장남인 문종이 병약했던 것이 비극의 씨앗이었다. 문종이 오래 살았으면 '단종애사端宗哀史' 같은 것은 없었을 것이다. 그러나 문종은 병약했고 동생인 수양대군首陽大君은 정치적 야심이 컸으며 아들 단종은 어렸다. 그야말로 정변이 일어날 수 있는 삼박자를 다 갖추고 있는 셈이었다.

문종은 세종 못지않은 현군 기질을 갖고 있었따. 그 역시 세종처럼 학문을 좋아했고, 문장도 좋았으며 글씨 또한 잘 썼다. 타고난 학자였던 것이다.

문종의 시와 글씨에 관한 일화가 있다. 문종이 세자 시절에 희우정喜雨亭에 나가서 귤 한 쟁반을 집현전에 하사했다. 집현전 학사들이 귤을 하나씩 집어 쟁반이 비었다. 그런데 쟁반 한가운데에 글씨가 쓰여 있었다. 문종이 해서楷書와 초서草書의 중간쯤 되는 반초행서半草行書로 써 보낸 시였다.

향나무는 코에만 향기롭고 고기는 입에만 맞으나
동정귤은 코에도 향기롭고 입에도 다니 내가 가장 사랑하노라.
栴檀偏宜鼻 脂膏偏宜口
崔愛洞庭橘 香鼻又甘口

학문을 좋아하는 집현전 학사들이 이 시를 본떠 베끼려는데 동궁에서 쟁반을 돌려달라고 재촉하며 거둬들이자 쟁반을 부여잡고서 손을 떼지 못했다는 일화이다.

문종은 세자 시절부터 집현전 학사들과 토론을 즐겼다. 때로는 한밤중에 아무런 격식 없이 책 한 권을 들고 집현전 숙직방까지 와서 이들과 토론하기도 했다. 학사들은 언제 세자가 올지 몰라서 밤에도 감히 띠를 풀지 못했는데, 집현전 학사 성삼문成三問이 숙직하다 깊은 밤중이 되어 옷을 벗고 누우려 했다. 그때 갑자기 밖에서 문종의 목소리가 들렸다.

"근보(謹甫, 성삼문의 자) 안에 있는가?"

성삼문은 얼른 뛰어나가 절을 했다. 둘은 밤새 마주 앉아 정사와 학문에 관해 토론했다.

문종이 임금으로 있을 때, 하루는 집현전 학사들을 불러 학문과 정사에 관해 토론하다가 밤중이 되었다. 그는 자신의 병약함을 항상 걱정하던 터였다.《축수록》에는 문종이 무릎에 단종을 앉혀놓고 손으로 등을 만지면서 이렇게 말했다고 한다.

"이 아이를 그대들에게 부탁한다."

그러면서 임금이 어탑(御榻, 임금의 의자)에서 내려와 술을 권했다고 전하고 있다. 성삼문, 박팽년朴彭年, 신숙주申叔舟 등이 취해 쓰러지자 문종은 그들을 입직청(入直廳, 숙직하는 곳)에 눕히게 했다. 그날 밤에 큰 눈이 왔는데 아침에 눈을 뜬 학사들은 초피(貂皮, 담비의 모피) 갖옷을 문종이 손수 덮어주었음을 알고 감격해 눈물을 흘리며 충성을 맹세했다.《축수록》은 '그후에 신숙주의 거취는 저 모양이 되고 말았다'고 비판하고 있다.

문종은 호문의 군주였으나 여복이 없었다. 동궁 시절 상호군 김오문金五文의 딸과 가례嘉禮를 올려 휘빈徽嬪으로 봉했으나 그녀는 문종이 가까이하지 않자 방술方術을 사용하다가 발각되어 쫓겨났다. 그뒤

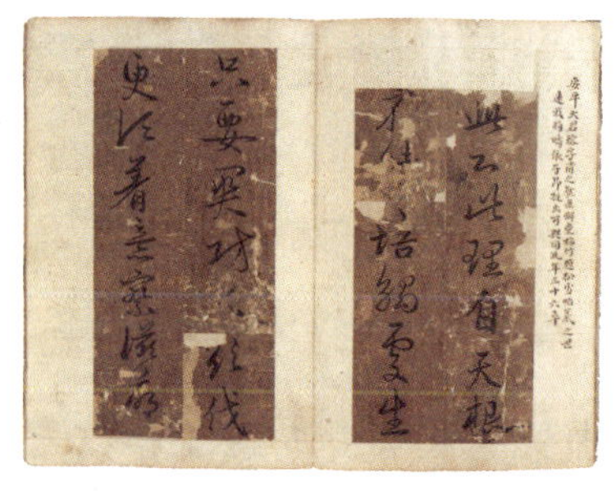

문종과 안평대군의 글씨 안평대군은 시문詩文·그림·가야금 등에 능했고 특히 글씨에 뛰어나 당대의 명필로 손꼽혔다(오른쪽). 형인 문종 역시 천문, 성리학, 시문 등 각 방면에 통달했고 그가 쓴 해서楷書는 정묘하여 필력이 굳세고 살아 꿈틀거리는 참기운이 있었다(왼쪽, 《해동명적》에 실려 있는 문종의 글씨).

종부사소윤宗簿寺少尹 봉려奉礪의 딸을 얻어 순빈純嬪이라 하였으나 그녀 역시 쫓겨났다. 야사에는 순빈 봉씨가 동성연애자로, 문종보다도 궁녀들과의 잠자리를 더 즐기다가 쫓겨났다고 전하고 있다. 문종은 판한성부사判漢城府事를 역임한 권전權專의 딸을 얻어 세종 23년(1441) 아들(단종)을 낳았으나 산후조리가 잘못되어 사흘 만에 사망하고 말았다. 현덕왕후顯德王后가 죽은 후 문종은 재혼하지 않고 귀인 홍씨와 사측 양씨라는 두 후궁만 두었다.

문종은 재위 직후부터 몸이 좋지 않았는데, 아버지 세종에 대한 지나친 간병도 문종이 건강을 해친 한 원인이었다. 세종이 자리에 눕자 문종은 아무리 정사가 바빠도 약과 수라상을 직접 보살폈다. 그런 노력도 헛되이 세종이 죽자 문종은 슬픔을 견디지 못해 밥은커녕 미음과 물도 입에 대지 않았다. 조선시대에는 부모의 죽음을 지나치게 슬퍼해 건강을 해치거나, 심지어 목숨을 잃는 사례까지 있었기 때문에 지나친 슬픔은 법으로 금했으나 임금의 슬픔을 법으로 금할 수는 없었다. 애통해하는 문종의 초췌한 모습은 신하들이 차마 볼 수 없을 정도였다. 세종의 병세가 차도가 없자 세자(문종)는 불력佛力에 의지하고자 불사를 벌였는데, 신하들은 임금의 병을 고치기 위한 불사였기 때문에 잠자코 있었으나 많은 불만을 갖고 있었다. 유교국가에서 불사는 안 된다는 생각 때문이었다. 세종이 재위 32년(1450) 2월 승하하자 다음달부터 사간원 헌납獻納 황효원黃孝源이 불사에 제동을 걸기 시작했다. 이 소식을 듣고 발끈한 것은 문종의 동생인 수양대군 이유李瑈와 안평대군安平大君 이용李瑢이었다. 종친의 정사 관여는 금지되어 있었으나 그들은 상서를 올려 항의했다.

신이 듣건대, 헌납 황효원이 어제 불사를 간하기 위하여 왔으나 전하께서 윤허하지 않으시므로, 사사로이 승지 정이한鄭而漢에게, 우리는 지금과 예전에 만든 불상·불경·사찰을 모두 불태워버리고자 뜻한다고 했으니 신이 지금 말할 수 없는 때에 있지만, 이 같은 불충한 말을 들으니 몹시 분함을 견디지 못하여 직접 뵙고 아뢰어서 처벌하시기를 청하고자 하였으나, 전하께서 바야흐로 우척憂戚 중에 계시기에 신이 비록 날마다 나아가 뵙지만 길게 말씀할 여가가 없었으므로, 감히 죽기를 무릅쓰고 상서하여 마음속에 있는 바를 상세히 아룁니다.

_《문종실록》 즉위년 3월 3일

두 대군은 황효원의 행위가 '모반·대역'이라며 '극형에 처하여 군신의 대의를 바로잡아야 할 것입니다'라고까지 주청했다. 문종은 두

대군의 상서를 승정원에 내보이면서 말했다.

"이 뜻이 좋다."

뜻은 좋을지 몰라도 정사에 관여할 수 없는 종친들의 불법적 행위였다. 이때 문종이 두 동생의 정사 관여를 엄하게 금지시켰다면 수양대군이 조카의 자리를 노리지 못했을지도 모른다. 문종은 이 일로 대간을 문책하지도, 수양과 안평을 질책하지도 않았다. 동생들의 정사 참여에 확고한 선을 그어놓지 않은 채 문종이 재위 2년(1452) 5월 만 38세의 나이로 요절하면서 조정의 미래에는 어두운 먹구름이 끼게 되었다.

문종이 좀더 오래 살았다면 조선의 역사는 다른 방향으로 흘러갔을 것이다. 문종은 세종 못지않은 덕과 학문을 갖춘 현군이었다. 그가 최소한 10년만 더 살았으면 이미 성인이 된 단종이 뒤를 이었을 것이고, 그러면 단종의 비극이나 세조의 집권이 없었을 것이다. 그랬다면 세조 때의 그 수많은 공신 책봉도 없었을 것이다. 그가 좀더 오래 살았다면 세종이 씨를 뿌린 조선의 유교정치가 명실상부하게 꽃을 피웠을 것이다. 하지만 하늘의 부름은 임금과 노비를 구분하지 않았다. 문종이 승하하고 외아들 단종이 12세의 어린 나이로 왕위에 오르면서 조선은 미래를 예측할 수 없는 상황이 되었다.

재상들의 섭정

1452년 5월 파란의 단종시대가 시작되었다. 단종은 외로운 소년왕이었다. 임금이 미성년으로 즉위하면 궁중에서 가장 서열이 높은 대비가 섭정을 하는 것이 관례였으나 단종에게는 섭정할 대비도 없었다. 할머니 소헌왕후 심씨는 물론 모후 현덕왕후 권씨도 산후통으로 사흘 만에 죽고 말았다. 그렇다고 후궁이 섭정을 할 수도 없었다. 단종에 대한 기록은 그를 내쫓은 세조(수양대군) 쪽에서 작성한 것이 대부분이기 때문에 왜곡이 심하다. 《연려실기술》은 《야언별집野言別集》을 인용해 문종 승하 때의 상황을 전하고 있다.

문종이 승하할 때 세자는 어리고 종실은 강성한 것을 염려하여 황보 인皇甫仁·김종서에게 특히 명했다.

"유명遺命을 받아 어린 임금을 보필하라."　　　　　　　_《야언별집》

《연려실기술》은 '단종조 고사본말'에서 영의정 황보인, 좌의정 남지南智, 우의정 김종서, 좌찬성 정분鄭苯, 우찬성 이양李穰 등의 의정부 대신들과 병조·이조·호조·예조판서와 지신사 강맹경姜孟卿, 집현전제학 신석조辛碩祖 등이 문종의 고명顧命을 받들어 단종을 보좌했다고 적고 있다. 유명과 고명은 모두 임금이 유언으로 뒷일을 부탁하는 것으로, 왕조국가에서는 헌법구실을 하는 것이었다.

의정부의 재상들은 문종의 고명과 함께 세종이 만든 의정부서사제에 따라 단종을 보필했다. 어린 단종의 실질적인 섭정은 의정부의 재상들이었던 셈이다. 의정부의 영의정은 황보인이었고 좌의정은 남지, 우의정은 김종서였다. 그런데 좌의정 남지가 병으로 자리를 내놓자 김종서가 그 자리로 옮겨가고, 좌찬성 정분이 우의정이 되었다. 이들이 모든 정사를 총괄했다. 정도전이 꿈꾸었던 재상 중심의 국가가 미성년의 임금과 함께 실현된 것이다.

이때 재상들이 도입한 제도가 황표정사黃票政事였다. 재상들이 세 명으로 압축된 인사 대상자 중 한 명의 이름 위에 황색 점을 찍어 올리면 임금은 그 위에 점을 더해 추인하는 제도였다. 사실상 재상들이 인사권을 행사하는 것이었다. 재상들의 권력은 막강해졌지만 통제받지 않는 권력은 아니었다. 사헌부와 사간원의 대간들이 재상들도 거침없이 공격했기 때문이다. 재상들의 권한이 강화되자 대간들은 언론과 탄핵으로 재상들을 공격했다. 대간들은 대호大虎라 불리는 김종서가 주도하는 의정부를 두려워하지 않고 정론직필正論直筆을 휘둘렀다.

단종 원년(1453) 정월, 선 선의 김순의金循義가 전의감典醫監 청직廳

直이란 국역을 맡아야 하는데 의정부에서 면제해준 일이 있었다. 대간에서는 이것이 법을 무시한 특혜라며 철회를 요청했으나 단종은 의정부의 뜻을 따랐다. 대간은 물러나지 않았다.

"김순의가 나라의 역役을 모면하려 한 죄가 무겁습니다. 의정부 대신들이 가볍게 논의하여 결정하는 것은 옳지 않습니다. 청컨대 방면하지 마십시오."

대간에서 의정부 대신들을 직접 거론하자 김종서는 분개했다.

"간관들이 신 등을 가볍다고 하였습니다. 또 평소에도 우리를 가볍게 보고 있었습니다."

단종은 김종서를 만류하면서 대간도 벌하지 않는, 소년 국왕답지 않은 성숙한 면모를 보였다. 단종은 세손 시절부터 세종의 칭찬이 자자할 정도로 영민했다.

이 무렵 대간들의 언론이 영의정 황보인보다도 좌의정 김종서에게 집중된 것은 그가 사실상의 최고실력자였기 때문이다. 단종 원년 7월에 김종서의 첩이 좌의정의 위세를 믿고 시좌소(時坐所, 임금이 임시로 옮겨가 거처하는 곳)에 마음대로 들락거린 사건이 발생했다. 또한 세종 때 북방 6진을 개척한 김종서는 말〔馬〕을 좋아했는데, 김윤부金尹富란 인물로부터 말을 받은 일이 있었다. 대간에서 이를 탄핵하려 하자 김종서는 분개했다.

"나는 정승으로서 한 나라의 정권을 잡고 있는데 무슨 일을 할 수가 없어서 궁인宮人과 결탁하려 했겠는가? 또한 내가 김윤부의 말을 받는 것을 누가 보았는가? 이 사람들은 대신을 모해했으니 머리를 베는 것이 옳다."

이때부터 김종서는 경연經筵에서 단종에게 매번 말했다.

> 옛사람이 말하기를, '정사가 대각(臺閣, 사헌부·사간원)에 돌아가면 천하가 어지럽다' 하였습니다. 청컨대 상감께서는 신진 대간의 고담준론高談峻論을 듣지 마소서.
>
> _《단종실록》1년 7월 15일

김종서의 이런 말들은 모두 《단종실록》, 즉 《노산군 일기魯山君日記》에 나온다. 《노산군 일기》는 단종을 폐위한 세조의 입장에서 기술한 역사서로, 왕위 찬탈을 합리화하기 위해 반대편에 섰던 사람들을 부정적으로 묘사했기 때문에 무조건적으로 받아들일 수는 없는 사서이다.

그러나 왕조국가에서 재상들의 전권 장악은 비정상적인 것으로 비판받을 소지가 있었다. 그래서 재상들은 종친들의 대표로 단종의 숙부들 중 한 명을 정사에 참여시키기로 했다. 두 명의 대상인물이 있었는데, 세종의 둘째아들 수양대군과 셋째아들 안평대군이었다.

재상들은 안평대군을 선택했다. 수양이 칼이 어울리는 무사였다면, 안평은 붓이 어울리는 선비였다. 안평대군은 시·서·화에 모두 능하여 삼절三絶이라 불리는 문인이었다. 특히 그의 글씨는 당대 최고로 평가받았다. 그는 수양에 비해 재상들과도 사이가 원만한 편이었다. 안평대군이라고 재상들이 만만히 다룰 상대는 아니었지만 명분을 중시하는 문인인 그가 조카의 임금자리를 욕심내지는 않을 것이라고 보았던 것이다. 안평대군이 정사에 참여하게 되자 수양대군이 반발했다. 그는 재상들이 왕실을 무시한다는 명분으로 거사하려 했는데, 안평대군이 정사에 참여하면서 명분이 사라졌기 때문이다.

대간에서는 사실상 섭정하게 된 재상들의 전횡도 문제였지만 더 큰 걱정은 수양대군의 야심이었다. 단종이 12세로 즉위했을 때 수양대군은 한참 연부역강年富力强한 36세였다. 그래서 대간은 단종 즉위일 분경奔競을 금하게 했다.

의정부 당상堂上 및 여러 대군의 집에서 분경하는 것을 금하였으니, 대간의 청으로 인한 것이다. _《단종실록》 즉위년 5월 18일

분경은 인사 청탁을 뜻한다. 어린 임금의 즉위를 기화로 의정부 대신들과 대군들의 집을 들락거리며 인사 청탁할 것을 우려해 분경을 금지시킨 것이다. 그러자 수양대군과 안평대군이 반발했다. 분경을 금지시킨 다음날 이들은 의정부에 항의했다.

우리에게 분경하는 것을 금지시킨 것은 우리를 의심하는 것이다. 우리가 무슨 면목으로 세상에 행세하겠는가? 분경의 법은 세종과 대행왕(문종)이 일찍이 불가하게 여겼다. 금상今上이 즉위하는 처음에 첫머리로 종실을 의심하여 금하고 막으니 영광스러운 소문을 선양宣揚하지 못하는 것이 아닌가? 고립되어 도움이 없는 것이 아닌가? 이것은 스스로 우익羽翼을 자르는 것이다. 만일 진실로 의심이 있다면 우리를 물리치

는 것이 가하다. …… 우리가 이 위태하고 의심스러운 때를 맞이해 마음과 힘을 다하여 여러 대신과 함께 난국을 구제하려 하였는데, 어찌 도리어 시기하고 의심하는 것을 당할 것을 뜻하였으랴. 대저 죽은 이가 다시 살아나더라도 살아 있는 자가 부끄럽지 않으면 가할 것이다. 가령 세종대왕이 다시 세상에 살아난다면 능히 부끄럽지 않겠는가? 우리가 글을 올려 진소陳訴하고자 하였으나 혹 유사의 잘못인지도 모르겠기에 먼저 대신에게 고하는 것이다. _《단종실록》 즉위년 5월 19일

안평대군도 참가했으나 수양대군이 주도한 것이었다. 대군들의 항의에 놀란 황보인은 사헌부에 책임을 돌렸다. 의정부는 대신의 집에만 분경을 금지시키고 대군의 집에는 분경을 금하지 말게 했다. 수양대군의 한판 승리였다.

그러나 수양대군은 만족하지 않았다. 그의 최종목표는 분경을 허용받는 데 있지 않았다. 분경 허용은 사람을 모으는 수단에 불과했다. 분경이 금지되면 집 안을 출입하는 모든 사람이 대간의 조사대상이 되었다. 그런 조사대상에서 면제됨으로써 마음대로 사람을 끌어모을 수 있게 된 것이다. 그렇게 모은 인물이 바로 풍운아 한명회韓明澮였다.

풍운아 한명회, 수양대군을 만나다

《조선왕조실록》에 한명회란 이름은 무려 2천 번 이상 등장한다. 이름이 첫 번째로 등장하는 때는 단종 즉위년 7월 23일. 그는 서른여덟 살의 백두(白頭, 벼슬 없는 인물)였다. 고조부 한공의韓公義가 공민왕 때 정당문학正堂文學을 지낸 것을 비롯해 증조부 한수韓脩, 조부 한상질韓尚質, 부친 한기韓琦는 모두 벼슬아치였고 작은할아버지 한상경은 조선의 개국공신이었으나 그는 번번이 낙과落科했다.

한 살 아래의 죽마고우 권람權擥은 문종 즉위년 가을에 치러진 과거에서 영예의 장원壯元으로 벼슬길에 나섰으나 한명회는 연이어 낙방했다. 할 수 없이 그는 자존심을 꺾고 서른여덟 살 때 음서의 문을 두드렸다. 그렇게 얻은 자리가 태조가 개경에 잠시 거처했던 경덕궁敬德宮을 지키는 궁지기〔宮直〕였다. 삼십대 후반에 음서로 궁지기가 된 그에게 더욱 굴욕적인 사건이 발생했다. 서울 출신으로 개경에서 벼슬을 살던 관료들이 명절을 맞아 만월대滿月臺에서 모여 서울 출신

동향계同鄕契를 만들기로 했다. 모임의 말석에 끼여 있던 한명회가 '나도 가입하겠소'라고 말하자 다른 관원들이 모두 비웃었다. 궁지기도 벼슬이냐는 비웃음이었다.

문종이 승하하고 열두 살의 단종이 즉위했다는 소식을 들은 그는 친구 권람을 떠올렸다. 권람이 수양대군과 선이 닿아 있음을 알고 있었기 때문이다. 정상적인 헌정체제에서 그의 인생은 실패한 것이었다. 그는 비정상적인 체제에 자신의 길이 있다고 여겼다.

한명회는 죽마고우 권람을 만났다. 과거에 낙과하던 시절 둘은 세상의 형세를 잊자는 망형교忘形交를 맺고 전국의 명산대천을 돌아다니기도 했다. 장원급제 2년 만인 단종 즉위년에 정7품이 되었지만 권람은 만족하지 못했다. 권람보다 한 살 아래인 신숙주는 스물두 살 때인 세종 21년 임금이 주관하는 친시親試에서 급제해 문종 1년에는 종3품인 직제학에 올라 있었다.

한명회와 권람은 정상적인 헌정질서 속에서는 도저히 이들을 따라잡을 수 없었다. 이런 뒤틀린 출세욕이 자신들의 인생을 정변에 걸게 했다. 권람은 《역대병요歷代兵要》 편찬사업에 참여하면서 그 책임을 맡은 수양대군과 연을 맺게 되었다. 《노산군 일기》, 즉 《단종실록》은 당시 궁지기 한명회가 권람에게 이렇게 말했다고 적고 있다.

"금주(今主, 단종)는 어리고 나라는 뒤숭숭한데, 대신이 권력을 차지해 무뢰無賴한 자제들에게 함부로 관직을 주는 일이 많으며…… 안평대군이 대신들과 굳게 결탁하여 뭇 소인배를 불러모아서 흉모凶謀를 꾸미고 있다."

단종의 어린 나이와 대신들과 안평대군의 전횡이 문제라는 말이다.

"수양대군은 영명하고 강단이 있으며, 정직하여 사심이 없으니, 세종께서 중히 여기신 바다. 자네는 그분을 모신 지 오래인데, 어찌 비밀히 그 뜻을 보이지 않는가?"

수양대군에게 거사를 부추기라는 말이었다. 한명회의 부추김을 받은 권람이 수양대군을 찾아가니 수양대군은 그를 와내臥內, 즉 침실로 맞아들였다. 권람은 수양대군에게 이렇게 말했다.

"명공(明公, 수양)께서는 대행왕의 영제(令弟, 첫째동생)요, 세종의 여러 아드님 중에서 가장 연장이시고 또 어지시니, 만일 종사와 생민生民을 염려하지 않으신다면 반드시 후회가 있을 것입니다."

거사하지 않으면 후회할 것이라는 말이었다. 이들이 이런 말을 나눈 때는 문종의 시신이 아직 대궐에 있던 그해 7월 23일이었다. 그 닷새 후 권람은 드디어 수양에게 한명회를 추천한다. 궁지기 한명회가 비공식적이나마 역사의 무대에 등장하는 것이다.

권람이 수양대군을 만나 '사생死生을 부탁할 만한 장사 두어 사람을 얻어서 변에 대비하십시오'라고 말하니 수양이 '장사를 얻게 해줄 만한 자가 누구인가?'라고 물었다. 그러자 권람이 즉각 대답했다.

"한명회가 할 수 있습니다."

권람은 물러나 한명회를 찾아가 추천했음을 밝혔다. 그 말을 들은 한명회가 말했다.

"자네가 말하기 전에 내가 장사를 붙이는 방법을 생각했다. 안평대군이 불의로써 여러 사람을 얻으니, 내가 한심하게 여긴 지 오래다.

수양대군은 사사롭게 찾는 사람이 없어서 세력이 필부匹夫와 같으니, 세상을 구하는 재능이 있다 하더라도 어찌 홀로 이루겠는가?"

수양대군이 장사를 끌어모으기 전에 이미 그 계책을 생각해두었다는 말이었다. 한명회의 주도면밀함에 감탄한 권람이 수양대군을 찾아가 말하자 수양대군이 답했다.

"예로부터 영웅은 또한 처세하기 어려운 법이니 지위가 낮은들 무엇이 해롭겠느냐? 내가 비록 그 얼굴을 보지 못하였으나, 이제 논하는 바를 들으니 참으로 국사國士로다. 내가 마땅히 대면하여 상의하겠다."

이런 경로를 거쳐 한명회는 드디어 자신의 운명을 바꾸어줄 수양을 만나게 되었다. 수양대군 또한 첫눈에 그를 오래된 옛친구같이 여길 정도로 한명회의 계략을 높이 샀다.

수양대군과 한명회의 만남은 왕위에 뜻을 둔 야심가와 권력에 목숨을 건 출세주의자의 만남이었다. 수양의 모사가 된 한명회는 여러 불평불만자들을 끌어들였다. 강곤康袞, 홍윤성洪允成, 임자번林自蕃, 최윤崔潤, 안경손安慶孫, 홍순로洪純老, 홍귀동洪貴童, 민발閔發, 곽연성郭連城 등이었다. 한명회는 또한 임금의 경호부대인 내금위內禁衛 소속 군사들에게 많은 공력을 기울여 양정楊汀, 유수柳洙, 유하柳河 등을 끌어들였다.

촉망받던 집현전 학사 신숙주는 수양대군 자신이 직접 끌어들였다. 수양은 신숙주와 술을 마시며 이렇게 말했다.

"옛친구를 어찌 찾아와보지 않는가? 이야기하고 싶은 지 오래였다. 사람이 비록 죽지 않을지라도 사직에는 죽을 일이다."

신숙주 또한 이 말의 의미를 깨닫고 대답했다.

"장부가 편안히 아녀자의 수중에서 죽는다면 그것은 세상 돌아가는 것을 모르는 것이라 할 만합니다."

《노산군 일기》의 이 기록이 사실이라면 신숙주는 단종이 즉위하자마자 '사직' 운운하는 수양의 쿠데타 음모에 처음부터 동조한 셈이었다.

이처럼 수양은 궁중의 신숙주, 권람 같은 벼슬아치는 물론 한명회, 홍윤성 같은 시정잡배들까지 거침없이 끌어들여 정변을 준비했다. 단종의 위기이자 김종서의 위기였다.

이렇게 사람들을 끌어들이며 정변을 준비한 수양대군은 단종 즉위년 10월 고명 사은사를 자처했다. 그러나 수양대군 측에서 작성한 《노산군 일기》, 훗날의 《단종실록》은 수양대군이 북경에 간 것을 마치 나라를 위해 목숨을 건 결단인 것처럼 묘사하고 있다. 《노산군 일기》는 단종은 '노산군'으로, 신하인 수양대군은 '세조'로 기록하는 등 위아래가 뒤바뀐 사서이기도 한데, 이때 수양대군은 사신으로 가는 것에 대해 비장하게 말한다.

"부득이하다. 국가의 안위가 이 한 번의 행차에 달려 있으니, 나는 목숨을 하늘에 맡길 뿐이다."

《노산군 일기》는 이때 매일 밤 대왕대비(大王大妃, 수양대군의 부인)가 몰래 울었고, 이날 밤 세조 또한 비통하게 울면서, '나의 충성을 하늘이 알아주기를 원한다'라고 말했다고 적고 있다.

조선시대에 사신의 길은 위험한 길이 아니라 영예의 길이었다. 더구나 당시는 명이 정도전의 압송을 요구하던 태조 때와 달리 양국관계가 아주 우호적이었다. 어느 사신도 수양대군처럼 '나의 충성을 하늘이 알아주기를 원한다'라는 식의 과장된 감정을 표출한 적이 없었다. 수양대군이 사은사로 명나라에 간 데는 정치적 계산이 있었다. 수양이 쿠데타를 일으켰을 때 명나라의 지지를 받기 위해서였다. 왕위를 꿈꾸고 있던 수양대군은 명나라 사신들에게도 극진하게 대했다. 명나라 사신 이부랑중吏部郎中 진둔陳鈍 등이 왔을 때 단종이 문종의 상중喪中이라는 이유로 숙부 수양에게 접대를 맡기자 수양은 거의 신하의 예로 대했다. 명나라 사신들에게 미리 선왕의 동생이자 금상의 숙부인 자신을 소개한 다음 사신길을 자청한 것이었다. 이때의 고명 사은사는 김종서가 갈 차례였으나 그는 자신이 나라를 떠나 있는 동안 불의의 변이 일어날까 염려해 사양하면서 황보인과 상의해 안평대군을 대신 보내려 했다. 그러자 수양대군이 황보인을 찾아가 자신이 가겠다고 자청한 것이다. 황보인은 난색을 표했으나 수양대군이 고집하자 계속 반대할 수 없었다.

사은사로 결정되자 수양은 황보인의 아들 황보석皇甫錫과 김종서의 아들 김승규金承珪를 수종으로 데려가겠다고 주장했다. 황보인과 김종서의 아들을 인질로 데려가 둘의 발목을 잡겠다는 계획이었다.

북경으로 간 수양대군

한명회가 수양대군의 책사라면, 그 반대쪽 책사는 정5품 사직 이현로 李賢老였다. 수양대군은 단종 즉위 직후 권람을 침실로 맞아들여 이 현로를 경계했다.

"종친의 집에 분경을 금한 것은 이현로가 집정대신執政大臣들에게 헌책한 때문이다."

권람이 대답했다.

"이현로는 안평대군의 가노家奴입니다. 이 계책은 실로 남의 교결 交結함이 있을까 꺼려한 것입니다."

수양과 권람은 이현로가 '남의 교결', 즉 수양이 다른 세력과 결탁 하는 것을 막기 위해 분경금지라는 방안을 내놓았다고 의심한 것이 다. 이현로는 수양이 왕위를 노리고 있음을 정확히 간파하고 있었다. 이런 이현로에 대한 수양의 반감은 거셌다. 그 반감이 이현로 구타사 건으로 나타났다. 수양대군이 고명 사은사로 가기 직전인 단종 즉위년 윤9월 벌어진 이현로 구타사건은 큰 물의를 일으켰다. 정사 관여가 금지된 종친이 조사朝士를 때린 것은 개국 이래 처음 있는 큰 사건이었다. 수양대군이 격한 반응을 보인 직접적 이유는 이현로의 풍수론 때문이었다. 이현로가 지관地官과 문종의 능자리를 찾으면서 백악산白嶽山 뒤에 궁宮을 짓자고 주장했던 것이다.

"백악산 뒤에 궁을 짓지 않으면 정룡正龍이 쇠하고 방룡傍龍이 성한다. 태종과 세종은 모두 방룡으로서 임금이 되었고 문종은 정룡이라서 일찍 세상을 떠났다."

정룡은 종손宗孫을 뜻하고 방룡은 지손支孫, 즉 방계를 뜻한다. 수양은 '백악산 뒤에 궁을 짓지 않으면 정룡이 쇠하고 방룡이 성한다'는 이현로의 말에 두려움을 느꼈다. 이는 방룡인 자신의 속셈을 정확히 간파한 말이었기 때문이다. 만약 이현로의 말대로 백악산 뒤에 궁을 지어 방룡의 기를 막으면 자신의 왕좌 차지가 무산될 수 있다고 생각했다.

이런 두려움이 조사 이현로를 구타하게 했다. 그러나 '정룡이 쇠하고 방룡이 성한다'는 이현로의 말은 태종·세종가뿐만 아니라 훗날 세조가에도 그대로 적용된다.

종친의 조사 구타사건의 파장이 점점 커져 사간원까지 '수양대군이 조사를 마음대로 매질하였습니다'라고 비판에 가세했다. 권람이 이 사건의 여파를 걱정하자 수양대군은 이렇게 대답했다.

"내가 북경에 갈 날이 가까운데, 이현로의 방자함이 더욱 심하여 형세를 장차 막기 어려우므로 내 생각으로는 이현로를 매질해 욕보

여서 스스로 물러나게 함으로써 흉모를 조금이라도 저지하면 양득兩
得이 될 수 있으리라 여겼는데, 이제 이현로가 황보인·김종서 등을
믿고 의기양양하니 내가 일일이 계달하여 끝까지 다스리고 말겠다.”

즉 수양은 안평대군과 이현로의 발을 묶어놓기 위해 일부러 그를
매질한 것이었다. 수양이 조사를 구타하고도 무사할 뿐만 아니라 끝
내 북경 사은사로 결정되자 그의 위세는 한껏 올라갔다. 국왕의 큰삼
촌이 사은사로 결정되자 전별식이 잇따랐다. 종친들과 의정부 대신
들도 전별식을 열어주었다. 종친들의 전별식 때 모두 술에 취해 쓰러
졌는데 수양만 취하지 않으니, 태종의 서자인 경녕군敬寧君과 양녕대
군은 서로 이렇게 말했다 한다.

“이는 천하의 호걸이다. 중국 사람이 그것을 알 것인가?”

이들이 이 시점에서 ‘중국’ 운운하는 것은 이미 이들이 수양의 야심
을 알고 있었다는 말이다. 즉 수양이 명나라 사신을 자처한 이유가 명
나라의 호감을 사기 위한 것임을 알고 있었던 것이다. 양녕은 또 ‘수
양은 천명天命이 있는 사람이라’고 말했다고 《노산군 일기》는 기록하
고 있다.

왕조국가에서 임금이 된다는 뜻의 ‘천명’은 함부로 쓸 수 없는 용어
였다. 현 임금 이외의 인물에게 ‘천명’이란 용어를 썼다면 그 자체로
역모나 모반의 증거로 인정되어 사형되는 법이었다. 실제로 양녕대
군은 훗날 수양대군이 단종을 내쫓고 죽이는 데 모두 찬성한다.

세종의 장인 심온이 장안이 떠들썩하게 사신으로 갔다가 상왕 태종
에게 사형된 후 사신은 조용히 떠나는 것이 관례가 되었고, 더구나 당

시는 국상 중이었음에도 수양은 계속 떠들썩한 잔치판을 열었다.

이는 현왕 단종뿐만 아니라 선왕 문종도 무시하는 행위였다. 의정부 당상과 육조 당상들까지 수양대군의 사저에서 잔치를 베푼다는 소식을 들은 사헌부에서 '조정 신하들이 모여서 종친을 전송하는 일은 전례 없는 일이며, 더구나 지금은 국상 중'이라고 제동을 걸었으나 소용없었다. 심지어 단종은 도성문 밖까지 수양을 전별하려다가 김종서의 주청에 따라 승지를 보내 전송하는 것으로 그쳤다.

이렇게 수양은 북경에 갔는데《노산군 일기》는 수양대군에 대해 중국인들이 '대장군大將軍'이라고 하기도 하고, '국왕國王'이라며 공경하기도 했으며, 북경에 이르니 조관들이 '왕'으로 칭하기도 하고, '전하'라고 칭하기도 하고, 혹은 '권왕權王'이라 칭하기도 했다고 적고 있다. 그러나 이런 중요한 말들을 한 사람의 이름은 아무도 기록하지 못하고 있으니, 이는 수양 측의 자작에 불과한 것이다.

수양의 목적은 자신이 쿠데타를 일으켰을 때 명나라에서 문제삼지 않는 것이었으므로 최대한 자신을 낮추어 처신했다. 예부직방禮部直房에 나아가 일개 낭중郎中인 웅장熊壯이 명 황제 경제景帝의 물품을 대신 전하자 '황제께서 내리시는 것이니, 의리로 보아 앉아서 받을 수 없다'며 과공過恭의 예를 취했다. 이에 대해 시랑侍郎 추간鄒幹은 반송사伴送使 장륜張倫에게 이렇게 말했다.

"듣자니, 왕자가 황제의 하사품을 앉아서 받지 않았다 한다. 상서尙書도 역시 그 지성至誠에 감탄하였다고 한다."

당시 명나라는 4년 전에 몽고군을 친정親征하던 황제 영종英宗이

오히려 사로잡히는 바람에 그 위세가 땅에 떨어져 있을 때였다. 주변 민족들이 명나라를 우습게 여길 때 단종의 숙부인 수양대군이 과공의 예를 취했으니 명나라에서 가상하게 여기는 것은 당연했다. 수양이 북경에 간 이유가 바로 이것이었다. 자신은 중국을 극진히 섬기는 사대주의자임을 분명히 각인시킴으로써 훗날 일으킬 정변을 추인받고자 한 것이다. 수양은 심지어 조선 출신 명나라 환관 윤봉尹鳳의 비상식적인 요청까지도 의정부에 압력을 넣어 들어줄 정도로 아부했다. 이런 노력 끝에 수양은 명나라의 환심을 사는 데 성공한 것이다. 적어도 명나라에서 자신의 책봉을 거부하는 일은 없을 것이라고 그는 믿었다.

귀국하면서 수양대군은 정변을 결심했다.

명분 없는 쿠데타와 살생부

김종서와 안평대군의 딜레마

수양은 명나라에서 귀국한 직후인 단종 1년(1453) 3월 21일 한명회에게 이렇게 말했다.

"지난번에 권람을 보고, 그대가 이 세상에 뜻이 있음을 알았으니, 청컨대 나를 위한 계책을 내놓으라."

한명회의 답은 이렇다.

두루 옛날의 일을 보건대, 국가에 어린 임금이 있으면 반드시 옳지 못한 사람이 정권을 잡았고, 옳지 못한 사람이 정권을 잡으면 여러 사특한 무리가 그림자처럼 붙어서 불우不虞한 화가 항상 일어났습니다. 그때 충의로운 신하가 있어서 일어나 반정反正을 한 뒤에야 그 어려움이 곧 형통해지니, 이는 천도天道의 자연스러움이라고 하겠습니다.

_《단종실록》1년 3월 21일

'반정'이란 신하가 임금을 갈아치우는 것을 의미한다. 즉 수양대군이 단종을 갈아치우고 임금이 되겠다는 뜻이다. 그러면서 수양은 그 명분을 안평대군이 왕이 되려 한다는 데서 찾았다. 《노산군 일기》는 단종 즉위년 9월 마포의 강가 정자에서 안평대군이 생일잔치를 열었는데 고양현감 박하朴夏 등이 술과 고기를 가지고 참석하고 환관 김연金衍, 이귀李貴 등과 조사 이현로, 이명민李命敏 등 30여 명이 모여 술을 마시며 활쏘기를 하였다고 비난하고 있다. 수양대군 측은 안평대군이 사람을 모으고 있다고 끊임없이 비난하지만 안평대군이 만난 사람들은 모두 조사들이었다. 또한 수양대군처럼 몰래 침실에서 만난 것이 아니라 생일잔치같이 공개된 장소에서 만난 것이다. 수양대군은 안평대군이 사람들을 끌어모으고 있다고 불평하면서 한명회를 통해 시정의 무뢰배들을 끌어모았다.

황보인, 김종서 등 의정부 대신들은 종친을 소외시킨다는 수양의 비난 때문에 안평대군을 정사에 참여시켰다. 정승들이 안평대군을 선택한 이유는 간단했다. 안평대군은 적어도 왕위를 꿈꾸지는 않았기 때문이다. 수양대군은 문종의 고명을 받은 대신들이 정국을 이끌어가는 데 불만을 갖고 있는 종친들을 부추겼다. 태종의 후사가 될 뻔한 양녕대군이나 양녕의 뒤를 이어 세자가 되고 싶었던 효령대군은 자신들이 차지해야 할 자리를 세종이 빼앗았다는 생각을 갖고 있었으므로 수양을 부추겼다.

이들은 세종의 어린 손자 단종이 즉위함으로써 세종가가 파열음을 내는 것을 즐기고 있었다. 양녕과 효령 중 누구도 수양에게 어린 단종이 성인이 될 때까지 기다리자고 말하지 않았다. 또한 숙부와 조카 사이에 피를 흘려서는 안 된다고 말하지도 않았다.

김종서와 황보인은 종친들을 소외시킨다는 비난이 곤혹스러웠다. 조선은 종친의 정사 관여가 금지되어 있었으므로 이는 합법적이었지만, 임금이 미성년인 상황에서 종친이 소외당한다는 비판은 바람직하지 않았으므로 안평대군을 끌어들여 그런 비난을 불식시키려 한 것이다. 대신들은 심지어 안평대군에게 상당 부분 인사권도 주었다. 대신들이 안평대군을 끌어들인 이유는 안평대군이 왕위에 욕심이 없기 때문이었지만, 그만큼 그는 결단력이 없었다. 단종 〈즉위교서〉의 분경금지 조항에 대해 항의하자는 수양의 청을 거절하지 못할 정도로 유약한 선비형이었다. 그는 대호 김종서를 비롯한 대신들과 자신이 단종을 보호하니 괜찮을 것이라고 판단했다. 그러나 단종 즉위년에 김종서는 이미 60대의 고령으로 삼십대 중반의 수양과 맞서 싸우기에는 나이가 너무 많았고, 성리학자로서 자신이 모셨던 임금의 손자이자 아들이자 동생인 대군을 먼저 공격할 수는 없었다. 그야말로 수세적인 방어밖에 할 수 없는 진퇴양난의 상황이었다. 이런 상황 속에서 수양은 시정의 무뢰배들을 끌어들이며 기회를 노리고 있었다. 파국이 점점 다가오고 있었던 것이다.

수양대군은 정변을 일으키기 약 5개월 전인 단종 1년 5월 17일에 양녕대군 등 여러 종친들과 함께 단종에게 왕비를 맞아들이라고 요청하는데, 본격적인 이중행보의 시작이었다.

"신 등이 생각하건내, 전하께서 왕비를 맞아들이는 예를 늦출 수는 없습니다. 일찍이 계청하려고 했으나, 다만 국상기간이 아직 지나지 않아서 감히 아뢰지 못하였습니다. …… 모름지기 왕비를 맞아들이도록 명하시되, 정부 대신과 백사百司와 의논하신다면 알 수가 있을 것입니다."

문종 재위 시절 단종의 국혼이 추진되다가 문종의 승하로 중지되었는데, 그로부터 약 1년이 지난 후 수양대군이 느닷없이 단종의 국혼을 들고 나온 것이다. 수양에게 이는 자신을 둘러싼 왕위 찬탈의 소문을 불식시키고 자신을 경계의 눈으로 주시하는 김종서 등 의정부 대신들의 시선을 둔화시키는 이중효과가 있었다. 조카 단종에게 국혼을 권하는 숙부 수양에게 다른 마음이 있을 리 없다는 소문을 퍼뜨리는 효과가 있었던 것이다.

단종은 이를 거부했다.

"이 일은 불가할 뿐만 아니라 입 밖에 낼 수도 없는 말이다."

단종은 국상기간에 혼인 이야기를 꺼내는 것 자체가 돌아가신 부왕께 누가 되는 것이라고 생각했으나 수양대군은 거듭 주청했다. 단종이 받아들이지 않으리라는 것은 이미 알고 있었다. 그러나 수양으로서는 손해볼 것이 없었다. 수양에게 단종의 국혼 주청은 나라 사람들의 관심을 다른 데로 돌리려는 의도였다. 그 무렵 수양은 한명회, 홍달손洪達孫 등과 자주 만나 쿠데타를 모의했던 것이다. 한명회가 홍달손을 포섭한 것은 큰 의미가 있었다. 한명회는 홍달손이 가담하자 '하늘이 주신 것'이라고까지 말했는데, 홍달손은 도성을 순찰하는 군사를 감독하는 감순監巡이었으므로 거사 때 그의 지휘 아래 있는 순

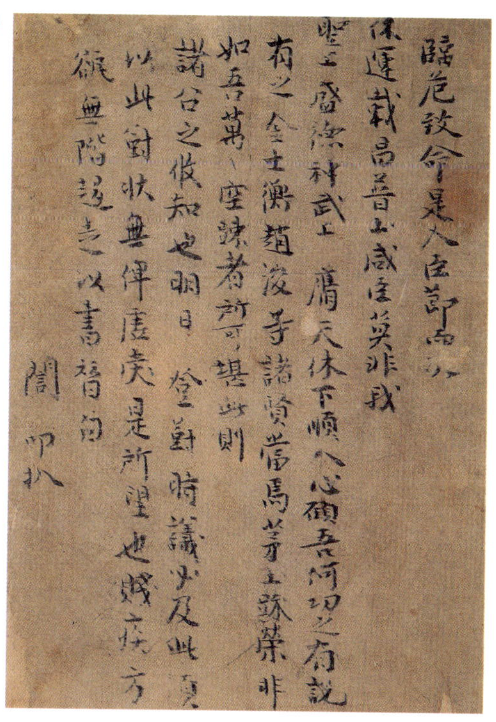

김종서의 서간

졸巡卒 수백 명을 얻을 수 있기 때문이었다. 수양대군은 한명회, 홍달손 등과 함께 군사동원계획을 세우는 한편 단종에게 '종사를 위해' 국혼을 하라고 거듭 주청한 것이었다. 수양대군이 모든 종친들을 이끌고 거듭 단종의 국혼을 주청하면서 조정의 관심은 온통 국혼문제에 쏠렸다. 그 사이 수양대군은 쿠데타를 준비했다.

철퇴에 쓰러진 김종서

단종 1년 8월 8일, 계유정난癸酉靖難이 발생하기 두 달 전쯤의 《노산군 일기》는 김종서에게 거의 모든 업무가 쏠려 있음을 보여주고 있다. 영의정 황보인은 정부에서 의논할 일이 있어도 '영의정은 손님이 오'라고 사양하면서 김종서에게 모든 일을 미루었기 때문에 홀로 출근할 때가 많았다는 것이다. 이때 단종이 믿은 인물은 김종서였다. 안평대군이 있었지만 그는 칼이 난무하는 상황에서 힘을 발휘하기에는 곤란한 문사였다. 쿠데타는 무력으로 일으키는 정변이었고, 이를 막는 것 역시 무력밖에 없었다. 황보인이나 안평대군이 군사를 일으켜 쿠데타를 막을 수는 없었다. 결국 무력 쿠데타를 막는 것은 김종서의 몫이었다.

김종서는 16세의 나이로 과거에 급제한 문신이었지만, 여진족과 몽고족 등의 준동으로 나라가 위급할 때마다 북방으로 달려간 무장이기도 했다. 문文으로는 임금과 학문을 강론하는 지경연사知經筵事를 역임했으며, 무武로는 국경이 위태로울 때마다 말 타고 나아가는 도체찰사都體察使를 역임한 명실상부한 문무겸전의 대신이었던 것이다. 수양대군과 한명회, 권람 등 단종의 왕위를 노리는 자들이 가장 두려워한 인물이 김종서였던 것은 당연하다.

조선 중기인 명종 때 문신 이정형李廷馨의 《동각잡기東閣雜記》는 객관적인 서술로 평가받고 있는데, 당시 상황을 이렇게 적고 있다.

'계유년(癸酉年, 단종 1년)에 임금은 어린 나이로 왕위를 이었고 대군(大君, 세종의 아들들)은 강성하니 인심이 위태로워하고 의심하였다. 황보인·김종서·정분이 삼정승이 되었는데, 종서는 지략이 많아 당시 사람들이 대호라고 지목하니, 세조(수양대군)가 그를 먼저 제거하려 하였다.'

수양 측은 자신들의 쿠데타를 정당화하기 위해 김종서가 10월 12일과 22일로 기한을 정해 안평대군을 추대하려 했다고 주장했다. 그 근거는 황보인의 가동(家僮, 집에서 부리는 종)의 말이었다.

황보인의 가동 중에 권람의 종 계수桂壽와 함께 갖바치〔革工〕를 동업하는 자가 있는데 그가 계수에게 물었다.

"네가 나랏일을 아느냐?"

계수가 답했다.

"내가 어찌 알겠느냐?"

황보인의 가동이 말했다.

"우리 주인 영상(황보인)이 김 정승(김종서) 등 여러 재상과 모여서 의논하여, 장차 임금을 폐하고 안평대군을 세워서 임금으로 삼으려고 하는데, 오는 10월 12일과 22일로 기한을 정하였다."

또 말했다.

"안평대군이 우리 주인(황보인)에게 '어떤 꾀로 군사를 많이 얻을 수 있겠는가?' 라고 물으니, 우리 주인이 '창덕궁으로 이어할 날이 급박한데 수리하는 일이 늦다고 아뢰어 외방의 군인 수천 명을 불러서 이명민으로 하여금 아울러 거느리게 하고, 또 비밀히 황해도·충청도 두 도의 물가에 있는 한두 주군의 군사를 징집하여 배로 싣고 와서 마포에 대면, 안평대군께서 새벽을 타서 거느리고 들어와 이명민과 합세하면 뜻을 이룰 수 있습니다' 라고 하더라."

또 말했다.

"윤처공尹處恭과 조번趙藩이 군기감 병장兵仗을 안평대군의 집으로 비밀히 운반하고, 또 거사하는 날짜를 약속하여 오로지 병기를 공급하게 하였다."

권람이 이를 듣고 세조에게 말했다.

"간당姦黨의 음모를 이미 다 알았으니 일이 이미 급박합니다. 어찌하여 손을 묶고 죽음을 당해 종사를 저버리겠습니까? 원컨대, 공은 큰 계책을 빨리 결정하십시오."　　　　　　　　　_《단종실록》1년 9월 25일

국왕을 교체하고 안평대군을 세우려 한다는 중대사의 내막을 황보인의 일개 종이 속속들이 알고 있다는 데서 그 허위가 분명히 드러난다. 이 기록이 거짓이란 분명한 증거는 이런 결정적 증거를 알려준 가동의 이름도 적지 못했다는 사실이다. 황보인의 가동은 수양 측이 만들어낸 창작품임을 말해준다. 정도전이 왕자들을 죽이려 한다는 조작된 명분으로 거사한 것과 마찬가지였다. 단종 재위 1년 10월 10일. 수양은 이날을 거사일로 잡았다.《노산군 일기》1년 10월 10일조는 이날의 일을 자세히 적고 있다.

그날 새벽 수양대군의 사저로 몰래 들어오는 자들이 있었다. 한명회 · 권람 · 홍달손이었다. 이들을 침전으로 끌어들인 수양이 입을 열었다.

"오늘이 거사일이니 그대들은 약속대로 움직여라. 내가 깊이 생각해보니 간당 중에서 가장 간사하고 교활한 자로는 김종서 같은 자가 없다. 만일 김종서가 먼저 알게 되면 일은 성사되지 못할 것이다. 내

가 한두 역사를 거느리고 곧장 김종서의 집에 가서 그를 벤다면 나머지는 평정할 것도 없이 일은 성사될 것이다. 그대들은 어떻게 생각하는가?"

셋이 입을 열어 동시에 말했다.

"좋습니다."

수양이 다시 입을 열었다.

"내가 오늘 여러 무사들을 불러 후원에서 활을 쏘고 나서 이런 뜻을 전하겠으니, 그대들은 느지막이 다시 오라."

수양은 종들을 시켜 그동안 끌어모은 수십 명의 무사들을 모이게 했다. 대부분이 시정의 무뢰배와 불평불만자였다. 수양은 후원에서 이들과 함께 활을 쏜 후 술자리를 베풀어 배불리 먹였으나, 이들은 아직 오늘이 거사일인 줄 모르고 있었다. 수양이 먼저 곽연성에게 말했으나 반응은 차가웠다. 권람이 재차 설득했으나 마찬가지였다.

"내가 이미 들었습니다. 장부로서 어찌 동조하고 싶지 않겠습니까마는, 최복(衰服, 상복)을 입고 있는 중이니 명령을 따르기가 어렵습니다."

사람을 김종서의 집으로 보낸 수양은 그가 거사계획을 모른다는 결론을 내렸다. 그래서 활쏘기를 빙자해 무사들을 후원 송정松亭으로 데리고 가서 비로소 입을 열었다.

"지금 간신 김종서 등이 정사와 권세를 희롱하면서 군사와 백성을 돌보지 않아서 원망이 하늘에 닿았으며, 군상君上을 무시하고 간사하게 이용(안평대군)에게 몰래 붙어서 장차 불궤한 짓을 도모하려 한다.

이때야말로 충신열사가 대의를 분발하여 죽기를 다할 날이다. 내가 이것들을 베어 없애서 종사를 편안히 하고자 하는데, 어떠한가?"

무사들에게 김종서와 안평대군을 공격하겠다는 수양의 말은 너무나 갑작스러웠다. 이것은 단순한 활쏘기가 아니라 역모였던 것이다. 설혹 이기면 다행이지만 지면 온 집안이 끝장나는 것이었다. 더구나 명분도 없는 거사였다. 대다수가 반대했다. 반대하는 무사들은 이렇게 주장했다.

"마땅히 조정에 먼저 아뢰어야 합니다."

조정에 먼저 알린다는 것은 '우리가 역적이니 잡아가시오' 하는 격이었다. 수양과 한명회가 그토록 공을 들여 포섭했음에도 대다수의 무사들이 반대했다는 것은 이들 중 누구도 김종서와 안평대군을 역적으로 바라보지 않았음을 뜻한다. 오히려 역적은 말도 안 되는 논리로 '대의' 운운하는 수양이라는 사실을 이들은 이미 알고 있었다. 이들은 그저 수양대군이 술과 고기를 주니 따라다닌 것이지 수양과 함께 역모에 가담할 생각이 없었다.

그때 일단의 무리가 갑자기 대열에서 이탈해 북문으로 도망갔다. 괜히 역모에 가담했다가 온 집안이 도륙날 것을 염려한 무사들이었다. 수양 측에 조금이나마 명분과 대의가 있을 경우 도망가는 무사들은 나올 수가 없었다. 아무런 대의명분 없는 명백한 반역이었기 때문에 도망가는 무사들이 나오는 것이었다. 사태가 이렇게 흘러가자 수양은 당황했다. 수양은 다급하게 한명회를 불렀다.

"불가하게 여기는 사람이 많으니, 어떻게 해야 하겠는가?"

"길옆에 집을 지으려면 참견하는 사람이 많아 3년이 되어도 짓지 못하는 것입니다. 작은 일도 그러한데 하물며 큰일이야 더 말할 나위가 있겠습니까? 모의가 이미 정해졌으니, 지금 의논이 통일되지 않았다고 그만둘 수는 없는 법입니다. 공이 먼저 일어나면 따르지 않을 자가 없을 것입니다."

홍윤성도 한명회처럼 권력에 목숨을 건 인물이었다.

"군사에 있어 가장 큰 해는 이럴까 저럴까 결단 못하는 것입니다. 지금 사기事機가 매우 급박한데 여러 사람의 의논을 따른다면 일은 다 틀릴 것입니다."

그러나 송석손·유형처럼 거사에 반대하는 무사들은 수양의 옷을 끌어당기면서 두세 번 거듭 만류했다. 수양은 돌이킬 수 없다고 판단했다. 지금 중지하면 조정에 정보가 들어갈 것이었다. 이는 명백한 역모의 증거이므로 어차피 죽는 것은 마찬가지였다. 수양은 만류하는 무사들에게 소리질렀다.

"너희는 먼저 가서 일러바쳐라. 나는 너희에게 의지하지 않겠다."

결심한 수양이 활을 들고 일어섰다. 수양은 송석손 등 말리는 무사들을 발로 차며 하늘에 맹세했다.

"지금 일어섰으니 내 운명은 하늘에 맡긴다. 따를 자는 따르고, 갈 자는 가라. 나는 너희에게 강요하지 않겠다. 만일 말리기를 고집하는 자가 있으면 먼저 베고 가겠다. 빠른 우레에는 미처 귀도 가리지 못하는 것이다. 군사는 신속한 것이 귀하다. 내가 곧 간흉을 베어 없앨 것이니, 누가 감히 이기겠는가?"

갑옷을 입은 수양은 결연한 표정으로 가동 임어을운(林於乙云, 임운林芸)을 데리고 김종서의 집으로 향했다. 임어을운은 수양의 명에 따라 철퇴를 품에 감추고 말고삐를 잡았다.

수양이 떠나기 직전, 권람과 한명회는 후속조치를 의논했다.

"지금 대군이 몸을 일으켜 홀로 가니 후원後援이 없을 수 없다."

이들은 무사 권언權躽, 권경權擎, 그리고 한명회의 동생인 한명진韓明溍과 육촌 한서구韓瑞龜를 돈의문 안 내성內城 위에 잠복시켰다. 또 양정 · 홍순손洪順孫 · 유서는 미복차림으로 수양을 뒤따르게 했다.

양정은 칼을 차고, 유서는 활과 화살을 들고 수양을 뒤따랐다.

수양이 말했다.

"양정은 칼을 품에 감추고, 유서는 조금 떨어져서 준비하라."

이들은 김종서의 집으로 향했다. 김종서의 집에 도착하니 김종서의 아들 김승규가 문 앞에 앉아 신사면辛思勉 · 윤광은尹匡殷과 얘기하고 있었다. 늦은 저녁에 갑자기 나타난 수양을 보고 놀란 김승규가 '어인 행차'냐고 묻자 '그대 아비를 보러 왔다'고 답했다.

김종서는 칼 두어 자루를 벽 사이에 걸어두어 만약에 대비하고 밖으로 나섰다. 그때 수양의 나이 서른일곱, 연부역강한 때였다.

집 안으로 들라는 김종서의 권유를 수양은 거부했다. 그럴 경우 칼을 든 양정과 철퇴를 든 임어을운과 떨어지게 될 것이기 때문이었다.

"해가 저물었으니 안으로 들어가지는 못하겠고, 다만 한 가지 일을 청하러 왔습니다."

"잠시라도 드셔서 말씀하시지요. 대군을 어찌 밖에 세워두겠습니까."

수양은 아들과 측근 등 김종서의 곁에 있는 이들에게 말했다.

"비밀스런 청이 있으니, 너희는 물러가라."

대군의 말을 정면에서 거부할 수 없었던 이들은 몇 발짝 물러났다. 수양이 김종서에게 말했다.

"또 청을 드리는 편지가 있습니다."

김종서가 편지를 받아 물러서서 달빛에 비춰보는 순간 수양은 임어을운에게 눈짓했다.

임어을운은 감추었던 철퇴를 꺼내 전광석화처럼 김종서의 머리를 쳤다. 김종서나 아들 승규가 미처 손쓸 틈도 없이 빠른 동작이었다. 김종서가 쓰러지자 아들 승규가 그 위에 엎드려 아버지를 덮었다. 그러자 양정이 얼른 칼을 뽑아 김승규를 내리쳤다. 마당에 김종서와 승규가 흘린 피가 낭자했다. 성공했다고 판단한 수양이 말했다.

"돌아가자."

생사의 갈림길에 선 대신들

김종서가 제거된 것은 단종의 왕위를 떠받치던 기둥이 뽑힌 것을 뜻했다. 이제 형식적인 후속조처만 남은 셈이었다. 수양과 한명회는 즉각 후속조처에 돌입했다.

후속조처는 몇 단계로 나누어 실행되었다. 첫 번째는 수양의 반대편에 섰던 대신들을 제거하고 실권을 완전히 장악하는 것이고, 두 번째는 적당한 기회에 단종을 몰아내고 왕위를 차지하는 것이었으며, 마지막 세 번째는 단종의 목숨을 빼앗는 것이었다.

방춘서원 숙종 24년(1698)에 세워진 방춘서원은 절제 김종서를 모시고 있다. 방춘서원은 창건당시 삼상사三相祠였으나 1919년 방춘서원으로 개칭되었다. 전남 해남 방춘리 소재.

　김종서를 쓰러뜨린 수양은 성 안으로 들어와 순청巡廳으로 향했다. 홍달손은 순졸을 이끌고 호위병으로 뒤를 따르게 하고, 창덕궁이 완성되기 전에 단종이 임시로 기거하던 시좌소로 달려갔다.

　수양대군은 권람을 시켜 입직승지入直承旨 최항崔恒을 불렀다. 이미 권람에게 김종서가 죽었다는 말을 들은 최항의 얼굴은 새파랗게 질려 있었다. 수양은 최항을 다그쳤다.

　"황보인, 김종서, 이양, 민신閔伸, 조극관趙克寬, 윤처공, 이명민, 원구元矩, 조번 등이 안평대군에게 붙고 함길도 도절제사 이징옥李澄玉, 경성부사 이경유, 평안도 도관찰사 조수량趙遂良, 충청도 도관찰사 안완경安完慶 등과 연결해 거사할 날짜까지 정했는데, 형세가 심히 위급하여 시간 여유가 조금도 없었다. 또 환관 김연·한숭韓崧이 주상의 곁에 붙어 있으므로 아뢸 겨를이 없기에 미리 적괴賊魁 김종서 부자를 베어 없애고 그 나머지 잔당들을 지금 아뢰어 토벌하고자 한다."

그는 또 환관 전균田畇을 불러 말했다.

"황보인, 김종서 등이 안평대군의 중한 뇌물을 받고 전하께서 어린 것을 경멸하여 널리 당원黨援을 심어놓고, 지방과 연락해 종사의 위태로운 화가 조석에 있어 형세가 궁하고 일이 급박한데 또 적당賊黨이 곁에 있으므로, 지금 부득이 김종서 부자를 미리 잡아 죽였으나, 황보인 등이 아직도 있으므로 지금 처단하기를 청한다. 너는 속히 들어가 아뢰어라."

한밤중에 달려와 김종서를 죽였다는 말에 전균은 놀라서 부들부들 떨었다. 더구나 황보인까지 죽이겠다는 말이었다.

김종서가 죽었다는 소식에 놀라기는 단종이 더했다. 열세 살의 어린 나이지만 이 보고가 무엇을 뜻하는지 알 만큼 영특했다. 새파랗게 질린 단종은 수양을 만나자마자 그의 손을 잡고 매달렸다.

"숙부는 나를 살려주시오."

"걱정하지 마십시오. 신이 처리하겠습니다."

수양은 단종의 명을 빙자해 한밤중에 여러 대신들을 급히 불렀다. 수양은 각 문마다 무사들을 배치해놓고 그들에게 명령했다.

"여러 재상들이 들어올 때 겸종(傔從, 하인)은 제거하고 혼자 들어오도록 하라."

역사들과 함께 문을 시키고 신 한명회의 손에 책 한 권이 들려 있었다. 바로 《살생부殺生簿》였다. 〈살조殺條〉에 이름이 올랐으면 죽고, 〈생조生條〉에 이름이 올랐으면 살아서 문을 통과하는 것이었다. 영의정 황보인과 우찬성 이양, 병조판서 조극관 등 〈살조〉에 이름이 올라 있는 인물들은 홍윤성, 유수, 구치관具致寬 등의 철퇴에 맞아 세상을 떴다. 뿐만 아니라 윤처공, 이명민, 조번, 원구 등은 집으로 찾아온 수양 측의 무사에게 맞아죽었다. 환관 김연과 현릉의 비석을 감독하고 있던 민신은 현장에서 죽었다. 또한 안평대군과 그 아들 의춘군宜春君 이우직李友直은 강화로 압송되었다. 평온하던 나라가 하룻밤 사이에 도살장으로 변한 것이었다.

철퇴를 맞은 김종서는 죽지 않고 대궐로 갔으나 성문이 닫혀 있자 아들 김승벽金承璧의 처가에 숨었다가, 이 소식에 놀란 수양 측의 수색으로 체포되고 수양의 역사 양정에게 살해되었다. 김종서가 죽음으로써 정상적인 헌정질서를 지키려던 모든 세력은 끝나고 말았다.

그렇게 운명의 밤이 가고, 날이 밝고 있었다.

피의 대가

정권을 장악한 수양에게 강화도로 유배된 안평의 사형을 요구하는 상소가 빗발쳤다. 수양으로서는 자신의 친동생인 안평을 죽일 수도, 살릴 수도 없는 처지에 빠졌다. 넘어서는 안 될 선을 넘어버린 자에게 다가온 마지막 인간적 고뇌였다. 하지만 비정상적인 방법으로 손에 쥔 권력은 인간적 고뇌 저편에 있었다. 영의정에 오른 수양대군은 드디어 결정을 내렸다.

"나의 마음은 사사로운 정의요, 여러 정승이 진술하는 바는 공론이다."

안평에게 사약이 내려졌다. 이처럼 권력은 친동생의 자연적인 수명마저 용납하지 못할 정도로 비정한 것이다.

피를 흘렸으니 어찌 공신이 없겠는가? 피 흘려 죽은 자는 역적이 되고 칼에 피를 묻힌 자는 공신이 되었다. 정변 직후인 단종 원년 10월에 책봉된 정난공신靖難功臣은 이렇게 탄생했다. 정난靖難은 '국가의 위태로운 난리를 평정했다'는 뜻이다. 이름이야 어차피 이긴 쪽에서

붙이기 나름이었다. 이때 책봉된 정난공신은 43명으로 일등공신 12명, 이등공신 11명, 삼등공신 20명이었다.

일등공신은 수양대군, 정인지鄭麟趾, 한명회, 권람, 한확韓確, 박종우朴從愚, 김효성金孝誠, 이사철李思哲, 이계전李季甸, 박중손朴仲孫, 최항, 홍달손 등이었다.

수양대군은 이 정변으로 사실상 임금이 된 것이나 마찬가지였다. 수양이 차지한 관직은 영의정부사, 영집현전領集賢殿, 경연經筵, 춘추春秋, 서운관사書雲觀事, 겸판이병조사兼判吏兵曹事, 중외병마도통사中外兵馬都統使 등이었다. 간단히 말해 임금은 허수아비였다. 영의정을 차지한데다 이조와 병조는 물론 도통사까지 장악했으니 온 나라의 권력이 수양대군의 손아귀에 들어간 것이었다.

이등공신은 신숙주, 양정, 유수, 유하 등이었다. 왕자의 난 때 방원의 처남들이 공신에 책봉된 것처럼 수양의 처남도 공신에 책봉되었다. 수양대군의 손아래처남인 이등공신 윤사윤尹士昀이었다. 방원이 즉위한 후 처남들을 모조리 죽이는 것을 보고도 또 끼여든 것이다. 한명회의 동생이자 권람의 매제인 한명진과 육촌동생 한명구韓明龜는 삼등, 천인 출신 임자번도 삼등공신이었다. 그야말로 혼란기가 신분상승에는 호기임을 입증한 것이다.

이채로운 것은 성삼문이 삼등공신에 책봉된 점이다. 그가 쿠데타에 무슨 역할을 했다기보다는 수양 측에서 지지기반을 넓히기 위해 그의 이름을 집어넣은 것이다.

공신이 되면 공신첩만 달랑 주고 끝나는 것이 아니었다. 자급이 껑

충 뛰는 것은 물론 막대한 토지와 노비가 부상으로 주어졌다. 주동자 수양대군에게는 식읍 1천 호와 식실봉 5백 호, 전田 5백 결이 주어졌다. 식읍이란 그 고을의 민호와 조세를 받아쓰게 하던 것이고, 식실봉이란 해당 민호의 조세와 부역 전부를 주던 것이었다.

뿐만 아니라 노비 3백 구와 해마다 별봉別俸 6백 석이 따로 주어졌다. 그리고 임금이 타는 내구마內廐馬가 4필이나 주어졌으며 기타 금은보화가 뒤따랐다. 한 달 뒤에는 이것도 부족하다 하여 노비 3백 구가 더 내려졌다.

다른 공신들에게도 경제적 포상이 뒤따르지 않을 수 없었다. 정난 일등공신에게는 전지田地 2백 결과 노비 25구, 구사 7인, 반당(伴倘, 공신에게 내려주는 호위병사) 10인을 주게 했으며 그 부모와 처, 직계자손은 3자급을 올려주었다.

이등공신에게는 전지 1백50결, 노비 15구, 구사 5인, 반당 8인을 주었으며 부모와 처, 직계자손은 2자급을 올려주었다.

삼등공신에게는 전지 1백 결, 노비 7구, 구사 3인, 반당 6인을 주었으며 부모와 처, 그리고 직계자손은 1자급을 올려주었다.

이뿐만 아니라 일등공신에게는 안장을 갖춘 내구마 1필과 백은白銀 50냥兩, 채단綵段 2벌을 하사하고 이등공신에게는 내구마 1필과 백은 25냥, 채단 1벌이, 삼등공신에게는 내구마 1필과 백은 10냥, 채단 1벌이 내려졌다.

그리고 모든 공신의 자손들은 죄를 범해도 영원히 용서토록 했다.

그리고 전각殿閣을 세워 초상을 그려 붙이게 했다.

　정난공신 책봉은 세종→문종→단종으로 이어지는 정상적인 헌정 질서와 평화체제가 붕괴되었음을 의미하는 것이다. 외적 격퇴가 아닌 내부 권력다툼의 결과로 책봉된 공신은 비정상적인 정치상황의 반영이었다. 정난공신들은 국가가 아닌 내부 권력쟁취에 목숨을 건 대가로 공신에 책봉된 것이다.

　정난공신을 비롯해 세조 때 탄생한 공신들은 개국공신들과는 성격이 확연히 달랐다. 개국공신은 고려 말 권문세족의 부패를 제거하려 한 개혁 성향의 인물들이었다. 이들은 위화도회군 후 사전을 혁파하고 과전법을 공표해 개혁을 수행했다. 하지만 단종 때의 정난공신들은 개혁적 성향 때문에 정변에 나선 것이 아니라 오로지 권력을 위해 쿠데타의 길에 나선 인물들이었다. 조선 초기 공신들은 토지개혁인 과전법을 단행했으나 정난공신들은 토지개혁은커녕 막대한 공신전으로 사유지만 늘렸다. 즉 이들이 일으킨 정변은 개혁 성향의 쿠데타가 아니라 권력 지향의 쿠데타였다.

　이리하여 43명의 특권층만 또다시 형성되었다. 조선 개국 61년째의 일이었다.

10

선비가 사라진 공신들의 나라

"사기, 즉 《세조실록》에 말하기를
'노산이 영월에 있다가 금성대군의 옥사를 듣고 자진하였다'고 하였는데,
이것은 당시의 여우나 쥐 같은 놈들의 간악하고 아첨하는 붓장난이다.
도대체 훗날 실록을 편찬한 자들은 모두 당시에 세조를 좇던 무리들 아닌가."

_《음애일기》

바람 앞의 촛불

수양대군, 즉 세조에 대해서는 엇갈린 평가가 존재해왔다. 일제시대 춘원春園 이광수李光洙는 《단종애사》에서 수양을 권력의 찬탈자로 묘사했다. 그는 수양대군을 일제에 비유하고 단종을 조선에 비유한 소설로 읽어주기를 바랐다. 반면에 같은 시대 금동琴童 김동인金東仁은 《대수양大首陽》에서 수양을 강력한 국가를 만들려 했던 힘있는 군주로 그렸다. 그는 명분보다는 힘이 있어야 독립이 된다는 생각에서 힘을 추구했던 세조에게 정당성을 주는, 당시로서는 파격적인 해석을 내린 것이다. 그러나 이때도 《대수양》에 대한 무수한 비판이 있었던 데서 알 수 있듯이, 그런 역사 해석은 무리였다. 수양대군이 쿠데타로 집권하면서 강해진 것은 왕권이 아니라 공신들의 힘이었기 때문이다. 이때부터 탄생한 공신들이 훈구파로서 이후 조선의 발전에 큰 장애물이 된다.

정변이리는 무리수를 두어 정권을 장악한 수양은 정변을 정당화하기 위해 또 다른 무리수를 둘 수밖에 없었다. 바로 수양 자신이 즉위하는 것이었다. 그러나 수양은 정변 다음날 단종의 왕위를 빼앗지는 않았다. 오히려 그는 계유정난 후 단종의 국혼을 서둘렀다. 그때도 문종의 삼년상이 끝나지 않았으므로 단종은 거절했으나, 이제 수양대군의 권력이 국왕보다 위에 있었기 때문에 끝내 거부할 수 없었다. 할 수 없이 단종은 송현수宋玹壽의 딸을 책봉해 왕비로 삼았다.

송현수는 지중추원사 송복원宋復元의 아들이었는데, 딸이 국모가 되자 지돈녕부사知敦寧府事로 벼락출세를 했다. 하지만 그 벼락출세는 몇 년이 지나지 않아 자신의 목숨을 빼앗는 저승사자 역할을 했다. 그의 부인 민씨 또한 남편과 같은 신세가 되었다.

정변 후 수양은 온 나라의 정권을 한 손아귀에 거머쥐었다. 그는 왕위에 오르지만 않았을 뿐 인사권과 군사권을 한 손에 쥔 사실상의 임금이었다.

수양대군은 정변을 일으킨 후 자신을 곧잘 주공周公에 비유했다. 고대 중국 주周나라 문왕의 아들이자 무왕의 동생 주공은 조카의 왕위를 빼앗지 않았다는 이유로 공자가 성인으로 추앙한 인물이다. 무왕이 죽고 즉위한 성왕의 나이가 어렸기 때문에 숙부인 주공이 섭정을 했는데, 단종 즉위 당시 조선이 처한 상황과 비슷했다. 하지만 주공과 수양의 처신은 달랐다. 주공은 노나라의 제후로 봉함을 받아 떠나며 아들 백금伯禽에게 이렇게 말했다.

"나는 한 번 머리를 감는 동안에도 세 번이나 감던 머리를 움켜잡으면서, 또는 한 번 밥을 먹는 동안에도 세 차례씩이나 입에 물고 있던 음식을 도로 뱉어내면서까지 잠시도 머뭇거리지 않고 일어나 찾아온 관원들을 접견하는 등 조금도 잘난 체하는 태도를 취하지 않았다. 그러면서도 어린 황제의 신하들을 잃을까 두려워했다."

마음만 먹으면 임금이 될 수 있었음에도 주공이 끝내 어린 황제를 보살폈기 때문에 공자가 성인으로 추앙한 것이다.

수양대군 또한 주공처럼 성인으로 추앙을 받고 싶었다. 그가 스스로 조선의 주공임을 자청한 것이 이를 말해준다. 하지만 수양은 조선의 주공으로 만족할 수 없었다. 따지자면 처세술이 달랐다고 볼 수 있다. 수양대군도 마음만 먹었으면 주공처럼 명분과 실리를 모두 가질 수 있었다. 하지만 그는 명분을 버리는 대신 스스로 임금이 되는 길을 택했다.

정난 주도세력들은 단종에게 양위 압력을 가했다. 단종은 비록 어렸으나 총명했으므로 그런 분위기를 파악했다. 재위 3년(1455) 6월 단종은 우의정 한확에게 전위傳位할 뜻을 비쳤다.

"내가 어려서 내외의 정사를 잘 알지 못하므로 이제 장차 큰 임무를 영의정에게 전하려 하오."

정난 일등공신인 한확은 짐짓 놀라는 체하며 만류했다.

"지금 영상이 나라의 모든 일을 관리하는데, 다시 무슨 큰 임무를 전한다는 말입니까?"

임금이 전위한다는데 신하로서 처음부터 '잘 생각하셨습니다'라고 말할 수는 없는 노릇이었다. 세 번은 사양하는 것이 예법이었다.

수양대군은 한술 더 떠 눈물까지 흘리며 사양했다. 단종은 그것이

악어의 눈물이란 사실을 알고 있었다. 그 눈물을 진짜로 믿었다간 왕위는 고사하고 목숨도 보장받을 수 없다는 사실을 잘 알았다.

단종이 옥새를 가지고 들어오라고 명하자 대궐은 긴장감에 휩싸였다. 수양은 못 받겠다고 사양했다. 물론 진심이 아니었다. 다른 신하들은 고개를 숙이고 엎드려 한마디도 못했다. 이때 침묵을 깨는 목소리가 있었다.

옥새를 전하는 임무를 맡은 동부승지同副承旨 성삼문의 통곡이었다. 어명이므로 어쩔 수 없이 상서원尚瑞院에 가서 옥새를 꺼내와 내시인 전균과 함께 경회루 아래에 받들고 선 성삼문이 울음을 터뜨린 것이었다. 그러자 정치 쇼의 주연과 연출을 맡은 수양은 고개를 들어 성삼문을 빤히 바라보았다 한다. 때마침 명나라 사신이 와 있었는데, 단종은 승지를 사신에게 보내 전위 사실을 알리게 했다.

노산군이 다시 좌승지 박원형朴元亨에게 명하여 태평관으로 가서 명나라 사신에게 말하게 했다.

"내가 어린 나이로 즉위하니, 계유년(단종 1년)에 안평대군 이용이 반란을 꾀하여 숙부 수양대군이 이 사실을 나에게 고하고 평정하였다. 그러나 그 남은 일당들이 아직도 존재하여 다시 궤도軌道에 벗어나는 일을 꾀하고 있으니, 이 어찌 유치한 내가 능히 진정할 바이겠는가? 수양대군은 종실의 장으로서 사직에 공로가 있으니 중임을 부탁할 만하다. 이에 그로 하여금 국사를 임시 서리署理토록 하고 장차 이를 주문奏聞하겠다."

명나라 사신이 말했다.

"이는 곧 국가의 대사인데, 이제 그 유서諭書를 받으니 기쁩니다."

_《세조실록》 1년 윤6월 11일

명 사신이 전혀 놀라지 않았다는 것은 이미 전위 사실을 알고 있었다는 뜻이다. 이날 박팽년이 경회루 연못에 빠져 죽으려 하자 성삼문이 만류했다.

"임금께서 아직 상왕으로 계시니 우리가 살아서 일을 도모하다가 이루지 못하면 그때 죽어도 늦지 않다."

이처럼 세조의 즉위에 불만을 가진 사람은 여럿이었다. 성삼문의 아버지 성승成勝도 그 중 한 명이었다. 사실 성삼문보다 그의 아버지 성승이 더욱 강경했으나, 추강秋江 남효온南孝溫이 《육신전六臣傳》에서 성승 대신 성삼문을 넣음으로써 성삼문이 대표자처럼 된 측면도 있다. 세조가 즉위했을 때 성승은 도총관都摠管이었는데, 병을 핑계로 방에 틀어박힌 후 집안식구들도 만나지 않으며 홀로 눈물 흘렸다. 오직 성삼문과 이야기를 나누었는데, 그때마다 좌우를 물리쳤다.

왕이 될 수 없는 수양이 임금이 되었으니 논공행상이 없을 수 없었다. 세조 즉위 직후 좌익공신佐翼功臣이 책봉되었다. 좌익佐翼은 '임금이 되는 것을 도왔다'는 뜻이다. 일등 7명, 이등 12명, 삼등 27명 등 총 46명이 책봉되었다. 이들의 직급이 높아지는 것은 말할 것도 없고 또다시 막대한 양의 토지와 노비가 하사되었다. 법 위에 존재하는 특권층이 또 생긴 것이었다.

일등공신에는 계양군 이증과 익현군 이연이 있었는데, 이들은 무두 세종의 후궁인 신빈愼嬪 김씨의 아들이었다. 이증은 정난 일등공신 한확의 사위이기도 했다. 세종의 적자들은 대부분 수양의 즉위를 반대했으나 서자인 두 종친은 찬성한 것이다. 또한 세종의 후궁 송씨의 딸 정현옹주貞顯翁主의 부마 윤사로尹師路도 일등공신에 봉해졌다. 나머지 일등공신은 한명회를 비롯해 한확, 권람, 신숙주 등 자타가 공인하는 수양대군의 오른팔들이었다.

정난공신 43명 중에 좌익공신에 다시 책봉된 인물은 무려 15명이었다. 계유정난의 핵심 인물들이 좌익공신에 거듭 책봉된 것이다. 성삼문이 또다시 공신에 책봉된 것이 눈에 띈다. 이는 성삼문이 세조의 즉위에 공을 세웠다기보다는 유신儒臣들의 지지를 획득하려는 정치적 배려일 것이다. 유학이 국시인 조선에서 선양禪讓의 형식을 갖추었어도 명분이 약했기에 유신들의 지지를 얻으려 한 것이다. 집현전 학사 출신이 11명이나 공신에 책봉된 것도 같은 이유에서이다.

좌익공신들 중에는 서로 한 집안인 경우가 많았다. 이극감과 이극배, 이계전과 이계린, 권람과 권반, 이증과 이연은 형제였다. 한명회와 한계미, 조석문과 조효문은 육촌간이었다. 그야말로 수양대군에게 줄을 잘 대어 당대 최고의 가문으로 뛰어오른 것이었다.

특기할 인물은 이계전·이계린 형제였다. 이들은 고려 말 목은 이색의 친손자였다. 할아버지는 조선 왕조의 개창을 인정하지 않고 산림에 은거한 온건개혁파 신흥사대부의 영수였고 아버지 역시 그에 반대해 죽었는데, 그 손자이자 아들인 이들은 권력에 눈먼 숙부가 조카의 왕위를 빼앗는 데 일조하는 편에 섰으니 인생이란 이처럼 변화무

쌍한 것이다. 이들은 훈구파의 일원이 되어 할아버지 이색의 학맥을 이은 사림파와 치열한 정쟁을 벌인다. 어제의 적이 오늘의 동지가 되고 어제의 동지가 오늘의 적이 되는 정치판의 생리가 재연된 것이다.

세조는 대신들이 왕권을 제약한다는 것을 쿠데타 명분으로 삼았지만 그 역시 즉위 후 공신들과 알력을 빚었다. 계유정난 후 수양대군은 영의정부사, 영집현전, 경연, 춘추, 서운관사, 겸판이병조사, 중외병마도통사 등 모든 권력을 한 손아귀에 쥐었으나 즉위한 이상 이 직책들을 공신들에게 나눠주어야 했다. 세조는 이름만 주고 싶었으나 공신들이 실질적인 권력까지 요구하면서 갈등이 생겨났다. 양자의 이런 갈등이 표면화한 것은 육조직계제였다. 세조가 태종처럼 육조직계제를 실시하려 하자 병판 이계전, 참판 홍달손, 예조참판 하위지河緯地 등이 반대하고 나선 것이다.

"세종대왕께서 부활시키신 의정부서사제를 그대로 유지하는 것이 좋겠습니다."

이에 세조는 격노하여 호통을 쳤다.

"내가 어려서 정무를 볼 수 없기라도 하단 말인가?"

이처럼 왕권을 절대화하려 한 점은 태종과 세조가 같다. 하지만 공신을 대하는 기본자세는 달랐다. 태종은 집권 후에 공신들을 가혹하게 숙청했지만 세조는 공신들을 끝까지 보호하려 노력했다. 이러한 공신우대정책에 된서리를 맞은 것은 하위지였다. 공신 출신이 아니었기 때문이다.

"하위지가 육조직계제를 반대한 것은 대신들에게 아부하기 위함이다."

세조는 하위지를 하옥했다. 하옥으로 끝이 아니었다.

"내일 하위지를 조시朝市에서 목베어 후일에 두 마음을 품는 자들을 경계하라."

종친들이 나서서 말리는 바람에 전지를 거두었으나 자칫했으면 이때 하위지는 죽었을지도 모른다. 이 사건은 하위지의 마음을 세조로부터 완전히 멀어지게 하는 결정적 계기가 되었다. 그가 훗날 사육신死六臣의 한 사람이 된 데는 이런 배경이 있었다.

세조는 즉위 직후 4대 공신들을 모두 불러모아 회맹을 가졌다. 태조 때의 개국공신, 제1차 왕자의 난 후에 책봉한 정사공신, 태종 즉위에 공이 있는 좌명공신과 계유정난 때의 정난공신이 4대 공신이었다. 개국공신부터 정난공신까지 60여 년의 세월 차가 있었으나 그때까지 살아 있는 공신이 있었던 것이다. 세조는 4대 공신 회맹을 가짐으로써 자신의 정통성을 개국과 연결시키려 한 것이다.

세조는 회맹 직후 사소한 실수를 빌미로 공신 출신 이계전을 병조판서직에서 내쫓았는데, 사실은 그가 하위지와 함께 육조직계제를 반대하고 의정부서사제를 찬성했기 때문이다. 육조직계제를 반대하는 공신이 병조를 맡은 것이 불안했던 것이다. 하지만 명분 없는 즉위에 공신들마저 등을 돌리면 세조는 기댈 곳이 없었다. 세조가 이계전에게 '그대가 나를 아끼지 않으면 나는 누구와 함께 일을 해나가겠는가?'라고 말한 것은 세조 정권의 명분적 취약성을 드러낸 말이다.

세조와 공신은 떼려야 뗄 수 없는 관계였다. 서로 균열되면 즉위에 불만을 가진 세력이 움직일 수 있었다. 세조가 역모의 죄를 저지르지 않는 한 공신들을 처벌하지 않는다는 원칙을 갖고 있었던 것은 그가 관대해서라기보다는 정권의 취약성 때문이었다.

처벌받지 않는 권력이 부패하는 것은 불문가지였다. 조선은 잇단 정변을 겪으면서 공신들의 나라가 되어가고 있었다. 그런 불만 속에서 상왕 복위 계획이 추진되고 있었다.

상왕 복위 계획

'사육신 사건'이라 불리는 상왕 복위 기도 사건은 세조 즉위에 반대했던 유신들이 만든 한 편의 드라마였다. 세조 2년인 1456년의 일이었다.

명나라 사신 환영연이 운명의 장소였다. 명나라 사신 환영연은 관례상 임금과 세자가 모두 참석하게 되어 있었다. 이때 무장인 성삼문의 아버지 성승과 유응부兪應孚가 별운검別雲劍을 맡게 되자 이들은 거사를 결심하게 되었다. 운검이란 왕의 좌우에 무장을 하고 시립하는 2품 이상의 무반을 말하는데, 합법적으로 무장을 하고 임금 곁에 있을 수 있는 유일한 기회였다. 이때를 이용해 세조와 세자를 벤 후, 상왕 단종을 복위시키려는 것이 이들이 그린 복위 계획의 핵심이었다.

가장 적극적인 인물은 유응부였다.

"임금과 세자는 내가 벨 테니 나머지는 그대들이 맡으시오."

임금과 세자를 제외한 나머지란 이들의 구두口頭 살생부에 오른 인물들이었다. 비록 명단은 없으나 한명회, 권람, 정인지, 신숙주, 한확 등 정난·좌익 일등공신들일 것이다. 하지만 살생부는 옳은 쪽이 쥐는 것이 아니라 이기는 쪽이 쥐게 되어 있다. 또 옳고 그름에 대한 평가는 훗날의 일이고, 당시는 누구의 칼이 더 강한가가 승부를 가를 것이었다.

세조의 모사 한명회는 이상한 낌새를 눈치채고 아뢰었다.

"환영연이 벌어질 창덕궁 광연전廣延殿은 좁고, 또 날씨가 무척 더우니 세자저하는 오시지 말게 하고 운검도 들이지 않는 것이 좋겠습니다."

한명회의 말이 그럴듯하게 들린 세조는 그대로 따랐다.

칼을 찬 성승이 연회장으로 들어가려 하자 한명회가 가로막으며 말했다.

"어명에 따라 운검은 들이지 않기로 했소."

어명이라는 데야 어쩔 도리가 없었다. 성승은 일단 돌아섰다. 다른 동지들과 상의하자 의견이 둘로 갈라졌다.

무장인 성승과 유응부 등은 그대로 결행하자는 실행파였다. 성승이 무조건 한명회부터 죽이고 보자고 주장했다. 아들인 삼문이 말렸다.

"세자가 오지 않았으니 한명회를 죽여도 소용없습니다."

유응부는 계속 강행을 주장했다.

"일단 결심했으면 실행해야 하오."

그러면서 연회장으로 들어가려 했다. 이번에는 성삼문과 박팽년이 함께 말렸다.

"지금 세자가 오지 않았고, 또 운검을 들이지 않는다 하니 이는 하늘이 막는 것입니다. 우리가 거사한 후에 세자가 경복궁에서 군사를 일으키면 성패를 알 수 없으니 훗날 임금과 세자가 함께 있는 날을 기약해 거사하는 것이 좋겠습니다."

실행파와 연기파로 양분된 것이다. 실행파인 유응부는 당장 결행하자고 거듭 주장했다.

"이런 일은 번개같이 해치우는 것이 상책이오. 만일 다른 날로 미루면 비밀이 누설될 염려가 있소. 또한 세자가 본궁에 있으나 수양의 모사 한명회와 수하들이 모두 여기에 있소. 오늘 이 무리들을 다 죽이고 상왕전하를 복위시켜, 호령하면서 군사를 거느리고 경복궁에 쳐들어가면 제까짓 세자가 어디로 도망가겠소. 기회는 이때요. 놓칠 수 없소."

길쌈질은 여비女婢에게 물어보고 가래질은 남노男奴에게 물으랬다고 군사에 관한 일은 무신들에게 맡기는 것이 옳은 법인데, 문신들은 관가(觀稼, 임금이 농작물의 작황을 돌아보는 일) 때 거사하자며 연기 주장을 굽히지 않았다.

성승과 유응부는 '만전의 계책이 아니다'라며 만류하는 성삼문과 박팽년의 신중론에 밀려 계획을 연기했다. 고려의 혁명아였던 노비 만적이 훗날을 기약하려고 연기했다가 송화강의 고기밥이 된 고사를 잊은 것이었다.

삼족의 운명이 걸려 있는 이런 일은 머뭇거릴 경우 고변자가 나오는 법이다. 김질金礩이 그런 인물이었다. 김질은 성삼문, 최항, 신숙주 등과 함께 문종의 총애를 받았던 집현전 학사 출신으로 성삼문과

경복궁 전경 조선시대 궁궐 중 가장 중심이 되는 곳으로 궁의 이름은 정도전이 『시경』에 나오는 "이미 술에 취하고 이미 덕에 배부르니 군자만년 그대의 큰 복을 도우리라"에서 큰 복을 빈다는 뜻의 '경복景福' 이라는 두 글자를 따서 지은 것이다.

함께 좌익 삼등공신에 책봉된 인물이었다. 결행이 연기되자 김질은 갈등에 빠졌다. 그가 간사한 인간이라서가 아니라 극한적 상황을 감내할 용기가 없었기 때문이다. 그는 장인 정창손鄭昌孫을 찾아갔다. 성삼문은 김질에게 이렇게 말했다.

"일이 성공하면 자네의 빙장(聘丈, 장인)이 수상이 될 것이네."

단종 복위에 성공하면 영의정에 추대하기로 내정되었던 인물이었다. 하지만 김질로부터 자초지종을 듣고 난 정창손은 낯빛이 하얘졌다.

"빨리 가서 고변하자."

정창손은 김질을 재촉해 세조에게 달려갔다.

"신이 알지 못하는 사이에 사위 김질이 성삼문의 무리와 역모를 꾀했다가 저에게 와서 자복했습니다.”

　(세조가) 숙위宿衛하는 군사들을 집합시키게 하고, 급하게 승지들을 불렀다. 도승지 박원형, 우부승지 조석문曹錫文, 동부승지 윤자운尹子雲과 성삼문이 입시하였다. 내금위 조방림趙邦霖에게 명하여 성삼문을 잡아 끌어내어 꿇어앉힌 다음에 물었다.

　“네가 김질과 무슨 일을 의논했느냐?”

　성삼문이 한참 동안 하늘을 우러러보다가 말했다.

　“청컨대 김질과 면질面質하고서 아뢰겠습니다.”

　김질에게 명하여 그와 말하게 하니, 말이 채 끝나기도 전에 성삼문이 말했다.

　“다 말하지 말라.”　　　　　　　　　　　_《세조실록》 2년 6월 2일

　남효온의 《육신전》 같은 야사에는 성삼문을 비롯한 사육신이 세조를 ‘전하’라 하지 않고 ‘나리’라 불렀다고 전한다. 나리는 종친을 부를 때 쓰는 말이었다. 세조를 임금이 아니라 종친으로만 인정하겠다는 뜻이다.

　“나리가 나라를 도둑질하여 빼앗지 않았소. 나 삼문은 남의 신하가 되어 차마 군부君父가 폐출당하는 것을 볼 수 없어 상왕전하를 복위시키려 한 것이오. 나리가 평일에 자신을 곧잘 주공에 비유했는데 주공이 어린 조카의 왕위를 뺏은 적이 있었소? 내가 이 일을 한 것은 하늘에는 두 해가 있을 수 없고 백성에게는 두 임금이 있을 수 없기 때

문이오. 나는 상왕전하의 신하이지 나리의 신하가 아니오."

"선위할 때에는 도리어 내게 붙어 공신까지 되었다가 이제 나를 배신하니 모순이 아닌가?"

"그것은 훗날을 기약했던 것뿐이오. 선위 때에 내가 저지해봐야 나만 죽고 말았을 것이 아니겠소. 훗날 상왕전하를 복위시키려고 참고 기다렸던 것뿐이오."

사실 세조는 성삼문을 아꼈기에 그만큼 배신감에 떨었다.

"네가 신이라 일컫지도 않고 나를 나리라 부르는데, 그럼 왜 내 녹을 먹었느냐? 녹을 먹고 배신하는 것은 반복反覆이다. 겉으로는 상왕을 복위시킨다 하지만 실상은 네가 다 해먹으려는 것이 아니냐?"

"상왕전하가 계신데 나리가 어찌 나를 신하로 삼을 수 있겠소? 또한 나는 나리의 녹을 먹지 않았으니 가서 내 집 창고를 조사해보시오. 나리의 말은 모두 허망하여 취할 것이 없구려."

분노한 세조는 인두를 달구어 살갗을 지지게 했다. 성삼문은 살이 타는 극심한 고통 속에서도 기개를 과시했다.

"쇠가 식었으니 다시 달구어 오게 하시오. 나리의 형벌이 참 독하오."

'나리의 녹을 먹지 않았다'는 말을 확인하기 위해 사람을 성삼문의 집에 보내 확인해보니 과연 창고에 녹봉으로 받은 쌀이 그대로 쌓여 있었다고 야사는 전한다.

《육신전》에는 성삼문이 심문을 받을 때 신숙주가 세조 곁에 서 있자 큰 소리로 꾸짖었다고 적고 있다.

"옛날에 너와 함께 집현전에 있을 적에 세종대왕께서 원손(元孫, 단

경복궁 수정전 경회루 남쪽에 자리한 수정전은 국왕이 일상적으로 기거하는 곳, 혹은 편전 등의 용도로 쓰였던 건물이다. 세종 때는 집현전을 설치하여 세종 28년(1446) 9월 이곳에서 훈민정음이 창제되기도 했다.

종)을 안고 뜰을 거닐면서 하신 말씀을 잊었느냐? '내가 죽은 후에 그대들이 이 아이의 미래를 잘 보살피어라'고 당부하셨던 말씀이 아직도 귀에 쟁쟁한데 네가 어찌 잊었는가? 너의 불충이 여기까지 이를 줄은 내 몰랐다."

신숙주는 사실 세조를 지지했다는 사실만 빼면 많은 공적을 남긴 명신名臣이었으나, 성삼문의 이 질책이 야사로 전해지면서 오랜 세월 동안 비난의 표적이 되었다.

박팽년은 이미 목숨을 포기한 것으로 야사는 전한다. 세조가 박팽년을 꾸짖었다.

"네가 충청감사 시절 이미 신이라 일컬었고 내게서 녹을 먹었으니, 지금 비록 신이라 일컫지 않더라도 아무 소용이 없는 말장난에 지나지 않는다."

박팽년이 답했다.

"나는 상왕전하의 신하로 충청감사가 되었고, 장계에도 나리에게 한 번도 신이라 일컫지 않았으며, 녹도 먹지 않았소.”

그래서 그가 감사 시절에 보낸 장계를 대조해보니 ‘신하 신臣’ 자가 모두 ‘클 거巨’ 자로 쓰여 있었다.

사실 세조는 박팽년의 재주를 아껴 그를 살리려고 했다. 세조는 신숙주를 보내 박팽년을 회유했다.

“전하께서는 자네가 역모에 참여하지 않았다고 부인하면 문제삼지 않겠다고 하셨네.”

박팽년이 답했다.

“그만두어라. 어찌 나 혼자 살자고 상왕전하와 동지들을 배신하겠는가.”

훗날 연산군 시절의 무오사화 때 사림파 사관 김일손金馹孫이 신숙주가 박팽년을 회유했던 사실을 사초에 게재했다가 사형된 데서 알 수 있듯이 상왕 복위 기도 사건에 관해서는 가해자의 자리에서 적은 《세조실록》 못지않게 피해자의 자리에서 전하는 《육신전》 같은 야사들도 당대의 기록이라는 점에서 신빙성이 있다. 게다가 목숨 걸고 전한 당대의 기록이란 점에서 더 신빙성이 있다.

《육신전》은 유응부가 세조에게 ‘족하足下’라는 표현을 썼다고 전한다. 족하는 중국 전국시대 제후에게도 사용했지만 원래는 대등한 사람에 대한 경칭이었다. 즉 유응부는 나리에서 한 발 더 나아가 세조를 대등한 존재로 대한 것이다. 유응부는 당당했다.

“연회장에서 족하를 한칼에 베고 본 임금을 복위하려 하였더니 불행히도 간사한 자의 고변을 당해 실패하게 되었으니 무엇을 더 말하겠는가? 족하는 빨리 나를 죽이시오."

자신을 직접 죽이려 한 인물이 유응부임을 안 세조는 형리들에게 가혹한 형벌을 명했다.

유응부는 심문을 받으며 성삼문과 박팽년을 꾸짖었다.

"자고로 책상물림〔書生〕들과는 더불어 일을 꾀할 수 없다 하더니 과연 그렇구나. 지난번 연회 때 내가 칼을 시험하려 하였는데 너희가 '만전의 계책이 아니다'라고 말려 오늘의 화를 당하게 되었도다. 너희가 비록 책을 읽었다고는 하나 꾀가 없으니 짐승과 무엇이 다르냐."

유응부는 세조에게 일갈했다.

"더 물을 것이 있으면 저 더벅머리 선비들에게 물어보라. 나는 더 할 말이 없다."

세조가 노하여 더욱 심한 형벌을 안겼다.

이개李塏는 인두질을 당하여 살 타는 냄새가 나는 가운데 느릿느릿 물었다.

"이것이 어디에 나와 있는 무슨 형벌이오?"

세조가 대답하지 못했다. 쇠로 지지는 형벌은 국법에 없었기 때문이다.

하위지가 말했다.

"사람이 반역이란 죄명을 쓰면 마땅히 베는 것인데, 다시 무엇을 묻소이까?"

이들이 설혹 '반역'임을 인정했다 하더라도 국법에 없는 인두로 지지는 형벌을 내렸다는 것은 이들에 대한 세조의 분노가 얼마나 컸는지를 알게 해주는 대목이다. 상왕 복위 기도 사건은 흔히 사육신 사건이라 불린다. 성삼문·박팽년·이개·하위지·유응부·유성원이 사육신인데, 생육신生六臣의 한 사람인 남효온의 《추강집秋江集》에 이들 여섯 사람에 대해 쓴 《육신전》이 후세에 정사처럼 읽혔기 때문이다. 물론 이들은 모두 수레에 사지가 찢겨 죽는 거열형車裂刑을 당했지만 이들뿐만 아니라 박중림朴仲林, 김문기金文起, 박쟁, 송석동宋石同, 권자신權自愼, 윤영손尹令孫, 아가지, 불덕 등 무수히 많은 사람들이 수레에 찢겨 죽었다.

형장의 이슬로 사라지는 날, 성삼문은 수레에 오르며 나지막이 시 한 수를 읊었다.

둥둥 치는 저 북소리 사람의 목숨을 재촉하네.

고개 돌려 바라보니 해는 이미 기울었네.

황천길에는 주막 하나 없다 하니

오늘밤에는 누구의 집에서 잘꼬.

擊鼓催人命 回頭日欲斜

黃泉無一店 今夜宿誰家

성삼문이 사형장으로 향하는데 다섯 살 된 딸이 울며 수레를 따랐다. 성삼문이 딸을 보며 말했다.

"사내자식은 다 죽을 것이나 너는 목숨은 건질 것이다."

성삼문의 아버지 성승 또한 시 한 수를 남겼다.

임이 주신 밥 먹고 옷을 입었으니
일평생 그 마음을 어길 수 있으랴.
한 번 죽음이 충의인 줄 나는 아네.
현릉(문종 부부의 능)의 소나무 잣나무가 꿈속에 아른아른거리누나.
食人之食衣人衣 所一平生莫有遠
一死固知忠義在 顯陵松柏夢依依

남효온의 《추강집》에는 이 시가 성승의 시로 나오지만 이긍익의
《연려실기술》에는 성삼문의 시로 기록되어 있기도 하다.
이개도 형장으로 가는 수레 위에서 시 한 수를 읊조렸다.

우 임금 솥처럼 정사가 무거울 때는 삶 또한 크지만
기러기 털처럼 가벼울 때는 죽음 또한 영화로세.
새벽도 덜 깼는데 문 밖에 나서니
현릉 송백만이 꿈속에도 푸르구나.
禹鼎重時生亦大 鴻毛輕處死有榮
明發不寐出門去 縣陵松柏夢中靑

우 임금 솥〔禹鼎〕이란 고대 중국 하夏나라의 우 임금이 만들었다는
솥이다. 중국 전역의 병장기를 모아다 만들었다 하므로 태평성대를
말한다. 1만 명을 먹일 수 있었다고 하는데 천하장사 항우項羽가 한
손으로 이를 들어 용력을 과시했다 한다. 하나라는 중국에서 이상사

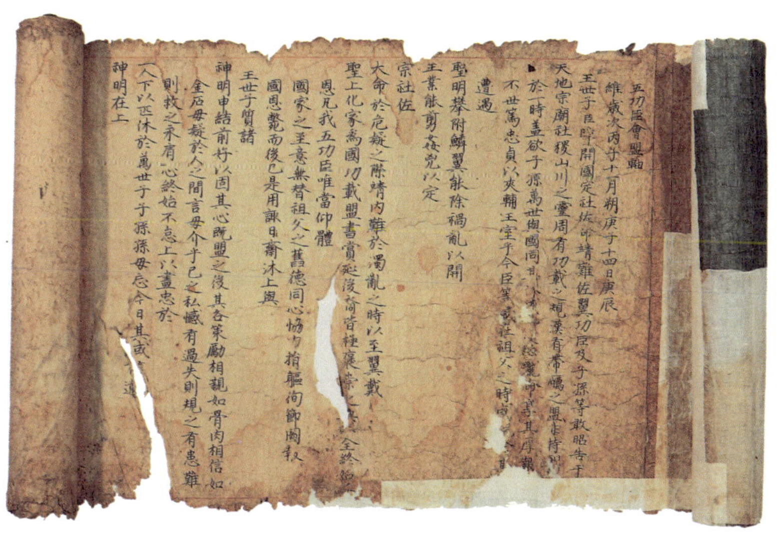

오공신회맹축 세조 2년(1456) 사육신의 단종 복위 운동이 실패한 후 세조는 민심을 다잡기 위해 개국·정사·좌명·정난·좌익공신 등 개국 이래 모든 공신들을 소집하여 회맹고유문을 작성하고 양녕·효령·임영·영응대군 등 종친을 비롯, 정인지·신숙주·권람 등 모두 157명의 서명을 받아 오공신회맹축을 완성했다.

회로 일컬어진다. 이개는 우 임금 시절처럼 태평성대일 때는 목숨을 다해 임금께 충성해야 하지만, 그렇지 못할 때는 죽는 것이 차라리 영광이라고 읊은 것이다.

성균관 사예로 있던 유성원柳誠源은 거사계획이 들통났다는 소식을 듣고 아내와 함께 술을 마신 후 사당에 올라가 자살했다고 전한다. 상왕 복위 기도 사건 발각 나흘 후에 팔도관찰사에게 유시한 내용은 정통성 없는 세조 정권의 처지를 잘 보여준다.

'근일에 이개, 성삼문, 박팽년, 하위지, 유성원, 박중림, 권자신, 김문기, 성승, 유응부, 박쟁, 송석동, 최득지崔得池, 최치지崔致池, 윤영손, 박기년朴耆年, 박대년朴大年 등이 몰래 반역을 꾀했으나, 다행히도 천지신명과 종묘사직의 신령에 힘입어 흉포한 역모가 드러나서 그 죄상을 다 알았다. 그러나 아직도 소민小民들이 두려워할까 염려하니, 경 등은 소민들을 경동하지 않게 하라.'

이 사건이 일반 백성들에게 알려지면 동조하는 소요가 잇따를까 두려워해야 할 정도였으니 세조 정권이 얼마나 명분 없는 정권이었는지를 잘 알 수 있다. 그만큼 이들은 동요했다.

며칠 후에는 용안龍眼이란 무녀巫女가 능지처참되는 사건이 발생했다. 그녀가 '금년에 상왕께서 복위하시는 기쁜 일이 있다'는 점을 친 사실이 발각되어 능지처참된 것이었다. 이런 사건이 잇따르자 민심은 뒤숭숭했다.

이 사건에는 가담하지 않았지만 세조 정권을 부인하고 벼슬을 거부한 사람들이 생육신인데 김시습金時習 · 원호元昊 · 이맹전李孟專 · 조려趙旅 · 성담수成聃壽 · 남효온이 그들이다.

김시습은 유명한 신동이었다. 다섯 살 때 세종이 그 재치를 시험해 본 적이 있었다. 세종대왕이 비단 50필을 상으로 내리고 혼자 가지고 가라고 하자 김시습이 비단의 끝과 끝을 묶어 집까지 끌고 갔다는 일화는 유명하다. 그래서 그의 별명이 김오세金五歲였다. 그런 김시습은 삼각산 밑에서 공부하다가 단종이 쫓겨났다는 소식을 듣고 대성통곡한 후 책을 모두 불살라버리고 미친 체하며 중이 되었다. 율곡 이이의 입산 경력이 반대 당파에 두고두고 공격거리가 된 데서 알 수 있는 것처럼, 유학이 국시인 조선에서 사대부로서 승려가 된 경우는 아주 희귀했다.

영월을 적신 슬픈 노랫소리

사육신의 상왕 복위 기도 사건이 일어나고 사람들의 입에서 생육신이 회자되면서 세조 정권의 정통성에 심각한 의문이 제기되었다. 이는 계유정난 주도세력들에게 또 다른 비상한 조치를 요구했다. 이런 사건은 상왕이 존재하는 한 언제든지 재발할 가능성이 있었다. 결국 단종을 허울뿐인 상왕 자리에서 끌어내고 죽이는 수밖에 없다고 이들은 생각했다. 그것은 두 단계의 절차를 밟게 되어 있었다. 1단계는 상왕 자리에서 폐하여 지방으로 쫓아내는 것이었다.

의정부 영의정 정인지, 우의정 정창손, 좌찬성 강맹경, 우찬성 신숙주, 좌참찬 황수신黃守身 등이 아뢰었다.

"지금 상왕이 명위名位가 서로 같으므로 소인이 틈을 타서 난亂을 꾀하는 자가 있으니, 근일의 성삼문의 난이 그것입니다. 청컨대 피하여 다른 곳에 있게 하여 간사하고 속이는 것을 막으소서."

하지만 윤허하지 않았다.　　　　　　　　_《세조실록》2년 12월 9일

세조가 윤허하지 않은 것은 서로 짠 연출이었다. 세조는 거듭된 주청을 계속 불허했다. 명분을 얻기 위한 시간 벌기였던 것이다.

사육신 사건이 발생한 지 약 1년 후인 세조 3년(1457) 6월, 결국 상왕은 노산군으로 강등된 후 강원도 영월로 유배되었다. 야사에는 이때 단종을 호송한 금부도사禁府都事 왕방연王邦衍은 상왕을 영월 서강 청령포淸泠浦에 모셔다두고 밤에 곡탄曲灘 언덕 위에 앉아 슬픈 노래를 불렀다고 전한다.

천만 리 머나먼 길에 고운 님 여의옵고
내 마음 둘 데 없어 냇가에 앉았으니
저 물도 내 맘 같아서 울어 밤길 예도다.

단종 또한 많은 야사의 주인공이 되었다. 단종은 매죽루梅竹樓 아래에서 시 한 수를 지었다.

달 밝은 밤 자귀새 울어
시름 못 잊고 매죽루 다락에 기대었네.
네 슬피 우는 소리 내 듣기 괴롭구나,
그 소리 없으면 내 시름 없을 것을.
이 세상 괴로운 이에게 내 말 전하노니

청령포 영월 8경의 하나로 노산군으로 강봉된 단종이 유배되었다. 단종은 동·북·서쪽이 깊은 물로 막히고 남쪽은 육륙봉의 층암절벽으로 막혀 있는 이곳을 '육지고도陸地孤島'라고 표현한 바 있다.

춘삼월 자규루에는 오르지 마소.

月白夜蜀魂秋 含愁情倚樓頭

爾啼悲我聞苦 無爾聲無我愁

寄語世上苦勞人 愼莫登春三月子規樓

이때 그의 나이 만 15세였다. 단종이 지었다는 시 한 수가 더 전한다.

원통한 새 한 마리 궁에서 쫓겨난 후

외로운 몸 그림자 한 자락 푸른 산 헤매네.

밤마다 자려 하나 잠은 오지 않고

해마다 한을 없애려 하나 없어지지 않는구나.

울음소리 끊어진 새벽 산엔 어스름 달 비추고

봄 골짝에는 피 토한 낙화가 붉도다.

하늘은 귀먹어서 이 하소연 못 듣는데

어쩌다 서러운 이 몸은 귀만 홀로 밝았는가.

一自寃禽出帝宮 孤身隻影碧山中

假眠夜夜眠無假 窮恨年年恨不窮

聲斷曉岑殘月白 血流春谷落火紅

天聲尚未聞哀訴 胡乃愁人耳獨聰

야사는 맑은 새벽에 단종이 걸상에 앉아 있으니 보는 사람들마다 울며 공경하지 않는 자가 없었다고 적고 있다. 나아가 영월에 가뭄이 들었을 때 단종이 향을 피우고 하늘에 빌자 비가 쏟아졌다 하니, 단종 자신은 '하늘은 귀먹어서 이 하소연 못 듣는데'라고 절규했지만 당시 사람들은 단종의 한을 하늘이 알아주는 것으로 여겼을 것이다.

상왕을 노산군으로 강등하고 영월로 내쫓은 처사에 대해 많은 사람들이 분개했다. 그 중에서도 종친들, 특히 세조의 친형제들이 분개의 중심에 있었다. 계유정난을 일으킨 다음해, 영의정 수양대군이 세종의 서자인 화의군和義君을 귀양보낸 명목은 평원대군平原大君의 첩 초요섬楚腰纖과 간통했다는 것이었지만, 실제로는 최승손崔承孫 등과 금성대군錦城大君의 집에서 불순한 일을 꾀했다는 혐의였다. 금성대군은 친형 세조의 왕위 찬탈에 가장 크게 반발했다.

자규루(매죽루) 단종이 영월에 유배된 그해 여름에 서강이 범람하여 청령포 일대가 침수되자 단종은 강 건너 영월부의 객사인 관풍헌觀風軒으로 처소를 옮기고 자규루子規樓에 올라 시를 읊으며 한을 달래다 같은 해 10월 눈을 감았다.

단종이 영월에 유배된 지 3개월 만에 발생한 금성대군의 옥사는 세조의 정통성에 대한 또 한 번의 도전이었다. 세종의 6남이자 세조의 넷째동생인 금성대군 이유李瑜는 단종이 영월에 유배되자 분개했다.

"주군은 욕을 당하고 충성스런 신하들은 죽었는데, 내가 어찌 앉아서 죽음을 기다리겠는가?"

금성대군은 순흥부사順興府使 이보흠李甫欽과 거사를 꾀했다. 이들은 단종을 순흥으로 이주시키고 영남을 기반으로 군사를 일으키려고 계획했다. 요지인 조령鳥嶺과 죽령竹嶺에서 관군을 막고 단종을 복위시킨 후 도성으로 진격하려 했던 것이다. 하지만 이 또한 거사 전에 공을 탐한 고변자가 있어 물거품이 되고 말았다. 안동의 관노 이동李同이 바로 그였다. 거사계획을 눈치챈 이동은 금성대군의 시녀를 꾀

금성대군의 금성단(단소) 단소는 시신 없는 무덤이나 죽은 자리를 추모하기 위해 세운 곳으로 금성단은 숙종 45년(1719)에 설치되었다. 경북 영주 소재.

어 격문을 훔친 다음 고변했다.

'천자天子를 끼고 제후에게 명령하니 누가 좇지 않으랴?'

단종을 천자에, 관찰사와 대신들을 제후에 비유한 격문이었다.

세조는 대사헌 김순왕金淳往을 안동으로 보내 금성대군과 관련자들을 국문하게 했다. 금성대군의 사사 요청을 세조는 몇 번 거절했으나 결국 죽이고 말았다. 벌써 친동기 둘을 자기 손으로 죽인 것이었다. 세종과 소헌왕후 심씨가 지하에서 통곡했을 것이다. 더구나 금성대군은 태조 이성계의 여덟째아들인 방석의 양자로 입적되었으므로 굳이 촌수를 따지면 세조의 숙부뻘이었다.

금성대군 옥사의 와중에서 단종의 장인인 여양부원군礪良府院君 송현수와 부인 민씨 역시 사형에 처해졌다. 실권 없는 임금에게 딸을 시집보낸 것이 영화의 길이 아니라 죽음의 길이었던 것이다.

단종의 비극은 여기에서 끝나지 않았다. 세종의 후궁 혜빈惠嬪 양씨는 한남군 어와 영풍군 선의 어머니로, 단종에게 젖을 먹였다. 그녀 역시 단종을 동정했다 하여 두 아들과 함께 죽음을 당했으니, 세종의 입장에서는 수양 하나 잘못 낳은 바람에 적자들은 물론 서자들과 후궁까지 저승의 명부에 올린 셈이 되었다.

문종이 오래 살았으면 혜빈 양씨처럼 선왕의 후궁으로, 안평이나 금성처럼 친동기로, 한남군 어와 영풍군 선처럼 이복동생으로 왕족의 영화를 누렸을 인물들이 비명에 죽어갔다는 사실은 비정상적인 정치 상황을 말해주는 것이었다.

대부분의 종친들이 세조의 왕위 찬탈을 부당하게 여겼지만 이를 찬성한 종친들도 있었다. 양녕대군이 그 대표적인 인물이었다. 세조는 왕실의 가장 어른인 양녕이 자신을 지지하는 것을 높이 사 그를 자주 찾았다. 양녕대군과 세조는 서로 농담을 주고받을 만큼 친했다. 어느 날 세조가 물었다.

"나의 위무威武가 한 고조와 비교해 어떻습니까?"

양녕대군이 대답했다.

"전하의 위무가 대단하지만 한 고조처럼 선비의 갓에다 오줌을 누지는 않을 것입니다."

시골 건달 출신인 한 고조가 한나라를 세운 후 선비들의 갓에 오줌을 갈긴 일화는 유명하다. 세조가 또 물었다.

"내가 부처를 좋아하는 것이 양무제梁武帝와 비교해 어떻습니까?"

양녕이 다시 대답했다.

"전하가 부처를 숭상하지만 양무제처럼 밀가루〔麵〕로 희생을 대신하지는 않을 것입니다."

중국의 양무제는 종묘에 제사지낼 때도 밀가루로 고기를 대신할 정도로 불교를 숭상한 임금이었다. 그런데 영월로 귀양간 단종을 죽여야 한다고 수창首唱한 인물은 바로 양녕대군이었다.

<blockquote>

양녕대군 이제李禔 등이 아뢰었다.

"전일에 노산군 및 이유(금성대군) 등의 죄를 청하였으나, 지금에 이르러서도 유윤兪允을 입지 못하였습니다. 청컨대 속히 법대로 처치하소서."

임금이 윤허하지 않았다.

이제가 재차 아뢰었다.

"대역大逆과 같이 일이 종사에 관계되는 것은, 상량商量할 바가 아닙니다. 청컨대 대의로써 결단하소서." _《세조실록》3년 10월 19일

</blockquote>

양녕대군은 자신의 자리를 빼앗은 세종의 자식과 손자들이 서로 죽고 죽이는 것에 일종의 쾌감을 느꼈는지도 모른다. 상왕 복위 기도 사건과 금성대군의 옥사에 정난·좌익공신들은 위기감을 느꼈다. 그들

은 단종이 살아 있는 한 이런 일이 계속 재연될 것이라고 생각했다. 한번 뒤집히면 자신들은 살아남을 수 없다는 사실을 잘 알고 있었다. 영의정 정인지, 좌의정 정창손, 이조판서 한명회, 신숙주 등도 노산군을 죽일 것을 청했다.

"노산이 반역의 주인이 되었으니 어찌 편안히 살 수 있겠습니까?"

이에 세조는 노산군의 군호君號를 폐해 서인으로 삼았다. 임금에서 일반 백성으로 전락한 것이었다. 하지만 공신들은 이에 만족하지 않았다. 이들의 목적은 단종을 서인으로 만드는 것이 아니라 죽이는 데 있었다. 종친부 · 의정부 · 충훈부 · 육조가 세조에게 주청했다.

"요즘 들어 어지러운 말을 하는 자는 모두 노산으로 말을 삼고 있습니다. 지금 만일 법으로 처단하지 않으면 부귀를 도모하는 자가 노산을 빙자해 또 난을 일으킬 것이므로 용서할 수 없습니다."

한때 임금으로 모셨던 인물을 죽이자고 청하는 것이니 '충성 충忠' 자가 무색한 노릇이 아닐 수 없다. 특히 영의정으로서 백관을 거느리고 여러 차례 단종을 죽이자고 청한 정인지와 신숙주는 세종과 문종의 사랑을 받았던 신하로서 비극적 행보가 아닐 수 없었다. 결국 왕위를 빼앗긴 단종은 목숨도 보존할 수 없었다. 《세조실록》 3년 10월 21일 조는 장인 송현수가 교형絞刑에 처해지고 자신을 지지했던 종친들이 공격당하는 사실을 알고, '노산군이 또한 스스로 목매어서 졸卒하니, 예禮로써 장사지냈다'라고 전하고 있다.

야사인 《병자록丙子錄》은 단종의 죽음을 이렇게 전한다.

금부도사 왕방연이 사약을 받들고 영월에 이르러 감히 들어가지 못하고 머뭇거리니 나장羅將이 늦었다며 발을 굴렀다. 왕방연이 하는 수 없이 들어가 뜰 가운데 엎드리고 있으니, 단종이 익선관과 곤룡포를 갖추고 나와서 온 까닭을 물었으나 대답을 못했다. 단종을 모시고 있던 통인(通引, 심부름하던 사람) 하나가 활줄에 긴 노끈을 이어서 단종이 앉은 뒤의 창구멍으로 끈을 잡아당겼다. 그때 단종의 나이 17세였다. 그러나 그 통인도 미처 문 밖으로 나오지 못하고 아홉 구멍에서 피가 흘러 즉사하였다. 시녀와 종인從人들이 다투어 고을 동강東江에 몸을 던져 죽어 뜬 시체가 강에 가득했으며, 천둥비〔雷雨〕가 크게 내려 지척에서도 사람과 물건을 구별할 수 없었고, 강렬한 바람이 나무를 뽑고 검은 안개가 공중을 꽉 메워 밤이 지나도록 걷히지 않았다.

이들 기록이 전하는 것은 단종이 자결한 것이 아니라 타살되었다는 것이다. 조선의 많은 식자들은 이 일화를 더 믿고 단종이 사사되거나 자살했다는 기록들을 믿지 않았다. 연산군 때 사림파였던 이조좌랑 음애陰崖 이자李耔는 《음애일기陰崖日記》에서 격렬하게 비판했다.

사기史記, 즉 《세조실록》에서 말하기를 '노산이 영월에 있다가 금성대군의 옥사를 듣고 자진하였다'고 하였는데, 이것은 당시의 여우나 쥐 같은 놈들의 간악하고 아첨하는 불장난이다. 도대체 훗날 실록을 편찬한 자들은 모두 당시에 세조를 좇던 무리들 아닌가.

《음애일기》가 실려 있는 《음애집陰崖集》은 당대에는 간행되지 못하고 영조 때에야 간행될 수 있었다. 이처럼 세조는 재위기간 내내 정통성 시비에 시달렸기 때문에, 이를 정당화하기 위해 많은 신화를 만들어냈다. 그가 지나는데 갑자기 맑은 샘물이 솟았다거나, 그의 어가가 지나니 나무가 가지를 들었다거나 하는 신화들은 세조가 정통성 부족으로 얼마나 많이 고민했는지를 역설적으로 말해준다.

세조는 즉위의 정당성이란 명분에서는 약점을 갖고 있었지만, 국가 전체나 백성들의 입장에서는 그리 나쁜 임금이 아니었다. 세조는 확고한 정치철학을 갖고 있었다. 즉위하자마자 수령의 탐욕이나 난정(亂政, 잘못된 행정)도 고소를 허용한다는 세종 29년(1447)의 결정을 재천명한 것은 그런 정치철학의 발로였다. 또한 그는 일반 백성들의 고소 의욕을 높이기 위해 어느 임금보다도 조관을 자주 파견했다.

일반 백성들에게 수령의 고소를 허용하자 많은 변화가 일어났다. 수령들은 이전처럼 백성들을 착취하지 못했다. 오히려 불법행위를 백성들이 고소할까봐 전전긍긍했다. 재위 3년에 세조는 정창손에게 물었다.

"수령에 대한 고소를 허용한 이후 지방의 동태가 어떠한가?"

"교활한 향리들과 간악한 백성들이 수령의 일거수일투족을 감시하여 고소하려 하기 때문에 수령은 고소당할까봐 겁을 먹어 어찌할 바를 모르고 있습니다."

정창손의 대답이었다. 나아가 그는 이렇게 덧붙였다.

"어사가 도착하면 수령은 위축되어 어찌할 바를 모르고 있습니다."

어사 파견이 문제가 있다는 듯이 대답했다. 하지만 문제의 본질은

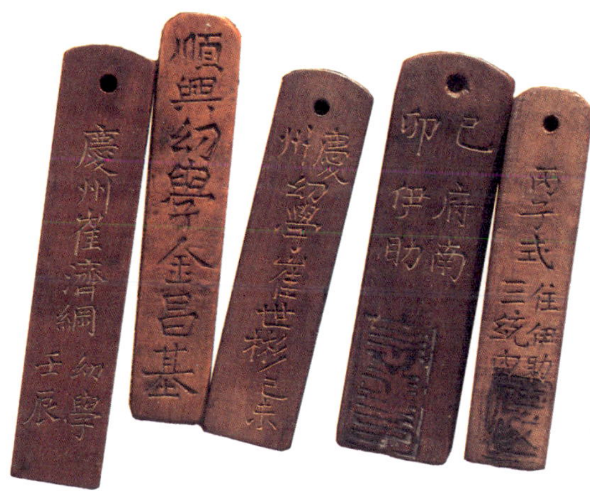

호패 지금의 신분증명서와 같은 것이다. 그 기원은 원元나라로 태종 13년(1413)에 처음 전국적으로 시행되어 호적법의 보조적인 역할을 하였다. 그 목적은 호구戶口를 명백히 하여 민정民丁의 수를 파악하고, 계급을 분명히 하는 한편, 신분을 증명하기 위한 것이었다.

백성들의 고소나 어사의 파견이 아니라 수령의 부정이라는 점에서 정창손의 우려는 지배층의 입장을 대변한 것에 지나지 않는다. 선정을 펼치는 수령에게는 백성의 고소와 어사가 겁날 이유가 없는 것이다.

세조 때도 유향소가 혁파된 일이 있다. 하지만 그 이유는 태종 때와 달랐다. 태종이 지방 토호들이 수령을 억압한 데 분개해 유향소를 혁파했다면, 세조는 유향소가 수령의 편을 들어 백성을 억압하는 데 분개해 혁파했던 것이다.

세조 말기에 충주의 한 백성이 수령의 비행을 고소했다. 그러자 충주유향소에서 그 백성을 잡아다 심하게 핍박했다. 이에 세조는 유향소의 처사가 심히 부당하다 하여 전국의 유향소를 혁파한 것이다. 조선 말에 대원군이 서원을 철폐한 쾌거에 비유할 만한 일이었다.

이처럼 세조는 수령과 백성들 중에서 백성들의 편을 든 임금이었다. 어린 조카를 내쫓고 즉위한 것이 오히려 이런 애민정책으로 나타

351

났는지도 모른다. 물론 그의 애민정책은 중앙집권정책의 일환으로 추진된 것이었다. 수령의 고소를 허용하면서 태종 때 실시했던 호패법을 복원한 것이 이를 말해준다. 호패법은 백성들에 대한 통제를 강화하기 위한 법이다. 그런데 호패법을 강화한 것이 계기가 되어 '이시애李施愛의 난'이 발생하기도 했다.

세조는 문화 창달에도 관심이 많았다. 《동국통감東國通鑑》과 《국조보감國朝寶鑑》을 편찬하고 《경제육전經濟六典》을 정비하게 했으며, 조선의 법전을 집대성한 《경국대전經國大典》을 찬술하도록 했다. 그 외에도 《대명률강해大明律講解》와 불교 관계 서적인 《금강경언해金剛經諺解》, 《대장경大藏經》 등을 간행했다. 세조가 불교에 심취한 것은 가족의 피를 손에 묻힌 유학자의 자기도피책이었는지도 모른다.

그가 평생 지병을 앓았던 것도 유독 많은 말을 낳았다. 형제와 조카를 죽인 데 대한 업보라는 말들이었다. 세조의 맏아들인 의경세자가 만 19세로 요절하자 세상은 단종과 관련한 온갖 소문을 만들어냈다.

어느 날 밤 세조가 꿈을 꾸었는데, 단종의 어머니인 현덕왕후가 나타나 저주했다.

"네가 내 죄 없는 자식을 죽였으니 나도 네 자식을 죽이겠다."

이 저주 때문에 세조의 맏아들이 죽었다는 소문이다. 또한 세조는 현덕왕후가 꿈에서 침을 뱉은 후 피부병에 걸려 고생했다는 소문이 퍼졌다. 세조는 피부병을 고치기 위해 상원사에 갔을 때, 문수동자가 나타나 병을 고쳐주었다는 역신화를 만들어 퍼뜨리기도 했다.

이 모든 것이 무리한 정치 행적이 만든 사족들이었다.

흔들리는 변방

세조는 백성들의 생활을 보살피는 애민사상을 펼쳤지만, 그 이면
에는 강력한 중앙집권정책이 있었다. 호패법을 복원·강화한 것이
이를 말해준다. 그런데 호패법의 강화는 지방세력의 반발을 불렀다.
이시애의 난이 그것이다.

이시애는 지금의 함경북도인 함길도 길주의 호족이었다. 이곳은
고려와 몽고, 그리고 여진족 사이에 뺏고 빼앗기는 혼전이 계속된 변
방지역이었다. 고려 초기 북방 영역이 북계北界와 동계東界로 나누어
졌을 때만 해도 여진족 지역이었으나 윤관이 9성을 쌓으면서 고려의
영토가 되었다.

고려가 애써 쌓은 9성을 여진족에게 도로 돌려준 것은 다시는 침범
하지 않겠다는 여진족의 간청 때문이기도 했지만 많은 군비를 지출
하면서까지 지킬 만힌 기치가 없기 때문이기도 했다. 세계 제국 원나

라가 함주 이남지역에만 쌍성총관부雙城摠管府를 설치해 직접 다스리고 길주 지역은 여진족이 살도록 배려했던 것도 이 지역을 여진족의 땅으로 간주했기 때문이었다.

하지만 우리 민족은 고구려 시절부터 만주 전역을 우리 영토로 여기고 있었으므로 고려는 원나라의 세력이 약화되자 쌍성총관부 회복운동을 전개해 공민왕 때 이 지역을 다시 민족의 영토로 편입시켰다. 그리고 위화도회군 이후 명나라와 몇 번의 영토분쟁이 있었지만, 세종 때 김종서가 6진을 개척하면서 이 지역은 조선의 영토로 확고하게 편입되었던 것이다.

하지만 조선의 영토로 수복되었다고 여진족이 완전히 몰락한 것은 아니었다. 반농·반수렵 생활을 하던 여진족들은 의류나 식량 등 생활필수품의 자급자족이 어려운 상태였다. 이들이 조선에 침입한 것은 영토에 대한 욕심이라기보다는 생필품을 구하기 위해서였다.

조선은 경성鏡城과 경원慶源에 대외무역기구인 무역소를 두고 여진족으로 하여금 말과 모피를 포布나 농기구, 식량 등으로 바꿔가도록 했다. 여진족을 민족의 일원으로 끌어들이기 위해 그 추장酋長들의 귀화를 종용하기도 하고, 서울에 와서 임금의 궁실을 시위하라고 권유하기도 했다. 이에 응할 경우 전지田地와 택지宅地, 그리고 의복 등을 하사했다. 조선 왕실에 충성을 다하게 하려는 속셈이었다. 또 조공을 바치는 여진족 추장에게는 관직을 수여했는데, 이것 역시 같은 의도에서 행한 조치였다.

이 지역에 사는 조선인들에 대한 대우도 다른 지역과는 달랐다. 북방 변경지역에서는 토호들을 토관土官으로 삼아 관직을 주었다. 세종 때 북방을 개척하며 널리 설치한 토반土班은 문관직인 동반東班과 무관직인 서반西班으로 나뉘어 있었는데, 최고 5품까지 오를 수 있었고 관찰사와 절도사가 선발·임용했다. 즉 국경지역의 유력 인사들에게 관직을 줘 왕실에 대한 충성을 유도함으로써 해당지역을 간접 지배하고 군사요충지의 방어를 강화하고자 한 것이다. 또한 이를 통해 국경지역의 주민들이 여진족과 연결해 난을 일으키는 것을 방지할 수 있었다.

세종 때 '북방사민정책北方徙民政策'을 대대적으로 실시한 것도 이 지역을 민족의 영토로 편입하려는 확고한 의지의 소산이었다. 북방사민정책이란 북방으로 백성들을 이사시키는 정책이다. 세종 때 4군 6진을 개척하면서 이 지역을 유지하기 위해 함경도 남부와 삼남 지역에 사는 백성들을 이주시켜 이 지역의 주민으로 삼은 것이다. 이주 대상자들은 주로 자기 땅을 갖고 있지 않는, 가난한 농민들이었다.

세종 때만 네 차례에 걸쳐 4군과 6진 지역으로 이주가 추진되었다. 세종 15년(1433)에 함경도 남부의 빈농 2천2백 호를 차출해 경원과 영북진으로 이주시켰으며, 삼남 지방의 가난한 백성들을 이주시키기도 했다.

전쟁 위험이 상존하는데다 춥고 토질이 나쁜 북방지역으로 이주시키다 보니 이주민들에게 많은 혜택이 주어졌다. 양인에게는 토관직을 수여하고, 향리 등은 국역을 면제해주고, 천인은 양인으로 승격시켜주면서 이주를 종용한 것이다. 1970~1980년대의 개발독재시대에 달동네 주민들을 포크레인과 깡패들을 동원해 강제로 내쫓은 도시재개발계획보다는 합리적인 이주대책이라 하지 않을 수 없다.

이런 북방정책을 통해 이들 국경지역은 사실상 지방자치지역이 되어갔다. 세종은 이 지역이 국가의 영역에 포함되어 있는 것만으로 만족했다. 폭넓은 자치를 인정한 것은 이 때문이다. 하지만 중앙집권정책을 추구한 세조는 이 지역의 자치를 인정하지 않으려 했다. 세종은 가능한 한 현지의 유력자들을 수령으로 삼는 자치정책을 펼쳤으나 세조는 중앙에서 직접 지방관을 파견하는 중앙집권정책을 펼치려 했다. 이로 인해 지방자치 세력과 중앙집권 세력 사이에 갈등이 발생했다.

여기에 호패법을 강화해 지방민의 자유로운 이주를 제한하자 이 지방 토호들의 불만은 한층 더해갔다. 사민정책으로 이주해온 삼남 출신 백성들이 이 지역에 발이 묶일 것을 우려한 나머지 집단적으로 귀향하려는 움직임을 보였던 것이다. 이에 지방 토호들은 반발했다. 그중 한 명인 이시애는 반란을 일으키기로 했다.

한명회에게 닥친 첫 시련

세조 13년인 1467년 5월, 길주의 토호 이시애는 상을 당해 집에 토호들이 많이 모인 틈을 이용해 아우 이시합李施合 · 매부 이명효李明孝와 모의해 군사를 일으켰다.

이시애는 양동작전을 펼쳤다. 길주 지역에 남도의 군사가 바다와 육지 양면에서 쳐들어와 백성들을 죽이려 한다는 유언비어를 퍼뜨려 지역민들의 참여를 유도하는 한편 중앙에는 거짓보고서를 올려 조정을 분열시키려 했다.

길주를 습격해 절도사 강효문康孝文을 죽인 이시애는 조정에 이렇게 보고했다.

'강효문이 영의정 한명회, 신숙주 등과 짜고 도내의 군사를 이끌고 반란을 일으켜 전하를 내쫓으려 하기에 제가 역도 강효문을 죽였습니다.'

이들이 국경지역의 절도사를 쉽게 죽일 수 있었던 까닭은 미인계를 이용했기 때문이었다. 기생이었던 이시합의 첩의 딸이 강효문을 수청들고 있다가 문을 열어 군사를 맞이한 것이다.

세조는 한명회·신숙주가 강효문과 짜고 반란을 일으키려 했다는 이시애의 보고를 믿고 두 사람을 의심해 하옥시켰다. 궁지기에서 영의정으로 숨가쁘게 질주하던 한명회에게 닥친 첫 시련이었다. 그의 나이 만 51세 때였다. 한명회가 옥에 갇혔다는 소식을 들은 사람들은 모두 통쾌해했다. 그렇지 않아도 한명회가 한강 가에 지은 정자 하나를 두고 말이 많던 터였다. 한명회는 정자의 이름을 '물새들이 희롱하는 정자'라는 뜻의 압구정狎鷗亭이라고 지었다. 압구정동은 여기에서 유래한 것이다. 한명회는 자기가 권력이 아닌 자연을 좋아하는 사람임을 과시하고 싶었던 것이다. 말하자면 실리와 명예를 함께 얻고 싶었던 것이다. 조정의 문사들이 다투어 와서 압구정을 예찬한 시가 수백 편이었다. 하지만 이는 권력을 탐하는 무리들이었고, 일반 백성들은 이를 비웃었다. 포의布衣 이윤종李尹宗은 이런 시를 짓기도 했다.

정자를 지어놓고 돌아가지 않았으니

이 인간 참으로 갓 씌운 원숭이일세.

有亭不歸去 人間眞沐猴

　이시애의 난은 확대일로에 있었다. 조정에서 파견한 수령들은 대부분 반란군에게 살해되었다. 바야흐로 도성으로 쳐들어올 기세였다. 이에 세조는 귀성군龜城君 준浚을 함길·평안·강원·황해 4도병마도총사四道兵馬都摠使로, 호조판서 조석문을 부사副使로, 허종許琮을 본도의 절도사로 제수하고 강순康純·어유소魚有沼·남이南怡를 대장으로 삼아 난을 진압케 했다.

　4도병마도총사가 된 귀성군 준은 세종의 4남인 임영대군臨瀛大君의 아들로 나이가 겨우 만 17세였는데, 임금에게 하직인사한 지 닷새 만에야 양주에 도착하고 열흘 만에야 철원에 이르는 더딘 행군을 했다. 세조는 크게 노하여 발을 구르며 한탄했다.

　"이런 큰일을 아이에게 맡겼으니 나의 잘못이다."

　이어 파발을 보내 빨리 진군하라고 독려했으나 귀성군은 오히려 이렇게 변명했다.

　"철원은 길이 닦여 있지 않아 군사가 빨리 진군할 수 없었습니다."

　그는 강원감사에게 도로를 닦지 않은 책임을 물어 목을 베는 등 자중지란을 일으켰다. 어린 종친을 중용한 것은 세조와 공신들의 사이가 벌어졌기 때문이었다. 한명회를 하옥한 데서도 알 수 있듯, 이 당시 세조와 공신들은 갈등상태였다.

이런 부진을 딛고 승전의 계기를 마련한 것은 조석문 수하에 예속된 강순과 허종 등이었다. 이들이 북청의 만령蔓嶺에서 이시애의 주력군을 대파함으로써 진압의 가닥이 잡히게 되었던 것이다.

반란군은 한 번 패배한 후 곧바로 반격에 나서지 못하면 내부에 분란이 생기게 마련이다. 이시애가 국경을 넘어 도주할 기미를 보이자 반란군의 이주李珠와 이운로李雲露 등은 그의 목을 베어 진압군에게 바쳤다. 아우 이시합의 목도 함께였다. 이로써 3개월에 걸친 반란극이 막을 내렸다.

적개공신이 책봉되다

반란이 평정되었으니 논공행상이 뒤따랐다. 이시애의 난이 평정된 직후인 세조 13년 9월의 적개공신敵愾功臣은 이렇게 책봉된 것이었다. 즉 적인 이시애에게 성을 낸〔敵愾〕 공신이란 뜻이다. 적개공신은 직접 무기를 들고 전쟁터를 달린 인물들이었으므로 정권욕에 의해 정적들을 죽이고 책봉된 공신들과는 달랐다. 하지만 또 한 무리의 특권층이 형성된 것은 틀림없는 사실이었다.

적개공신은 일등 10명, 이등 23명, 삼등 12명 등 총 45명이었다. 귀성군 준은 어쨌든 난을 진압한 책임자이므로 일등공신에 책봉되었다. 그는 훗날 남이와 갈등을 일으켜 옥사를 일으키는 데 일조하기도 한다. 귀성군 외에 조석문, 강순, 어유소, 박중선, 허종, 윤필상, 김교, 남이, 이숙기 등이 일등공신이었다. 개국공신과 정사공신들이 서로 죽고 죽였듯이 몇 년 후 이들 사이에도 죽고 죽이는 뒤엉킴이 일어난나.

적개공신은 계유정난 후의 정난공신과 세조 즉위 후의 좌익공신과는 그 성격이 달랐다. 이전의 공신들이 문신 출신이 많은 데 비해 적개공신은 무신들이 압도적으로 많아 7할 가까이를 차지했다. 또한 적개공신은 이전의 공신들과 거의 중복되지 않았다. 좌익 삼등공신이었던 조석문과 한계미가 각각 일등·삼등공신에 책봉되었을 뿐이다.

이처럼 적개공신이 이전의 공신들과 다른 성격을 가진 것은 세조가 즉위한 지 10여 년이 넘으면서 집권세력의 성격이 조금씩 달라졌기 때문일 것이다. 즉 세조와 기존의 공신들 사이에 알력이 발생했던 것이다. 정인지가 술에 취해 세조를 '너'라고 불렀다는 일화는 권력을 둘러싼 알력을 시사한다. 세조와 한명회, 신숙주 사이의 술자리에 얽힌 일화도 그 이면에 이들 사이의 갈등이 담겨 있다.

연회 때 세조가 술에 취해 신숙주의 팔을 잡으면서 신숙주에게도 자신의 팔을 잡으라고 했다. 술에 취한 신숙주가 소매 속에 손을 넣어 세게 잡으니 세조가 비명을 질렀다.

"아야, 아파!"

곁에 있던 세자(예종)의 낯빛이 변했다. 세조가 세자의 이름을 부르면서 타일렀다.

"나는 이래도 되지만 너는 안 된다."

술자리가 파하여 집에 돌아온 한명회는 청지기를 불러 일렀다.

"보한재(保閒齋, 신숙주의 호)는 평소에 취했더라도 조금 깨면 일어나 등을 켜고 책을 보는 사람이다. 하지만 오늘은 그러면 안 되니 네가 가서 내 말을 전하라."

청지기가 가보니 한명회의 말대로 신숙주는 등을 켠 채 책을 보고 있었다. 신숙주는 한명회의 말을 전해듣고 불을 끄고 자는 시늉을 했다. 밤중이 되자 역시 술이 조금 깬 세조가 내시를 신숙주의 집에 보내어 엿보게 했다. 내시는 신숙주가 자고 있더라고 보고했다. 이에 세조는 술에 취해서 한 행동으로 인정해 문제삼지 않았다.

공신들의 불법행위는 세조의 업보이기도 했다. 정난 이등공신 홍윤성은 대표적인 불법행위자였다. 재물과 여색은 예나 지금이나 공직자의 무덤이다. 그가 이조판서였을 때의 일이었다. 어려웠을 때 그를 돌봐준 그의 숙부가 자기 아들의 벼슬자리를 부탁하자 홍윤성은 이렇게 말했다.

"논 20마지기를 준다면 그렇게 하겠습니다."

숙부가 화를 냈다.

"그대가 은혜를 모르고 내게 이럴 수 있는가?"

성이 난 홍윤성은 그 자리에서 숙부를 때려 죽였다.

억울하게 남편을 잃은 그의 숙모가 소장訴狀을 올렸으나 공신이라 하여 형조에서는 접수조차 하지 않았다. 최고사정기관인 사헌부에서도 묵살했다. 그의 숙모는 비장한 각오를 했다.

그녀는 세조가 온천에 거둥한다는 소식을 들었다. 그녀는 그날 밤부터 길가의 버드나무 위에 올라가 어가를 기다렸다. 어가가 나타나자 그녀는 길게 소리를 뽑아 곡을 했다. 곡소리를 들은 세조가 사람을 보내어 연유를 묻자 이렇게 답했다.

"공신에 관계되는 일이기에 대왕마마 이외의 사람에게 말하면 한

걸음 사이에도 반드시 말이 여러 번 바뀔 것입니다. 다른 사람에게는 말할 수 없습니다."

세조에게 직고直告하겠다는 것이었다. 세조가 연輦을 멈추고 앞에 나와 대답하라고 명했다. 그녀는 나무에서 내려와 울면서 홍윤성이 숙부를 때려 죽였다고 고했다. 크게 노한 세조가 홍윤성을 죽이려 했으나 공신을 죽일 수는 없었다. 세조는 그의 수하들을 베는 것으로 분노를 표시하고 지나갔다.

세조에게 공신은 필요악이었다. 세조에게 공신은 정통성 없는 정권을 세우고 지탱하는 기둥이었다. 세조 때 공신들이 사형되는 경우는 역모로 걸렸을 때뿐이었다.

정난 이등공신 봉석주奉石柱가 그런 인물이었다. 그 역시 재물과 여색을 좋아해 계유정난 후 정적들의 처첩을 빼앗아 가로챘으며, 세조 7년 12월에 전라도 처치사處置使로 재임 중 많은 불법행위를 저질러 세조에게 문책을 받았으나 죽음을 당하지는 않았다. 봉석주는 세조 11년에 같은 정난공신인 김처의金處義와 최윤이 모반했다고 고변했다. 한명회, 구치관 등이 위관을 맡은 이 사건에서 김처의와 최윤의 모반죄가 인정되었는데, 고변자인 그 역시 관련이 있는 것으로 인정돼 사형되었던 것이다.

정난·좌익 이등공신인 양정이 사형된 것도 표면상의 혐의는 반역이었다. 세조 12년 양정이 평안도절도사로 오래 근무한 후 귀경하자 세조는 중신들과 자리를 만들었다. 그 자리에서 양정은 세조에게 전위를 시사하는 말을 했다가 사형되었던 것이다. 귀경 축하 자리가 죽음의 길이었던 것이 당시 세조와 공신들의 관계를 잘 보여준다. 《세조실록》에는 이렇게 기록되어 있다.

'양정은 평안도에 있을 때 교만하고 방종하여 거리낌 없이 사람을 많이 죽였다.'

물론 이는 그의 사형을 합리화하기 위한 기록이지만, 실제로도 그는 부패한 공신이었다.

양정이 죽은 다음해에 일어난 이시애의 난을 진압한 공로로 적개공신이 책봉되었을 때 정난·좌익공신 출신이 거의 없었던 것은 공신들에 대한 세조의 견제 때문이었다. 이시애의 난 와중에 모함에 빠진 한명회·신숙주가 옥에 갇혔던 것도 이런 사정을 말해주는 것이다.

세조의 죽음

이시애의 난이 평정된 지 1년이 채 지나지 않아 세조는 세상을 떠났다. 그의 죽음에 대해 세간에는 '문둥병으로 죽었다'라는 소문이 떠돌 정도로 정통성의 문제는 그의 사후까지 따라다닌 씻을 수 없는 업보였다. 또한 말년에 일어난 이시애의 난에서도 알 수 있듯, 재위기간 내내 긴장의 연속이었다. 조정에는 여전히 알력과 대립이 상존해 있었다.

세조는 어떤 부담을 안더라도 공신문제를 정리하고 세자에게 양위했어야 했다. 태종이 그 많은 부담을 무릅쓰고 공신들을 숙청했기에 세종의 문치정치가 꽃필 수 있었다는 것을 세조는 깨달았어야 했다. 하지만 세조는 끝내 공신들과 등을 돌릴 수 없었다. 그리고 그의 아들 예종은 병약했다. 파란의 싹이 또다시 튼 것이다.

세조는 죽기 바로 전날 세자에게 왕위를 물려줄 것을 명했다. 전위의 명이 내리면 대신들이 사력을 다해 반대하는 것이 관례여서 한명회, 신숙주, 구치관 같은 대신들은 명을 거두어달라고 간청했다. 하지만 세조 자신이나 대신들 그 누구도 세조의 수명이 다했음을 모르지 않았다.

공신들에 밀리는 왕권

1468년 9월, 조선의 제8대 임금 예종이 즉위했다. 만 18세였다.

재위 기간 동안의 피나는 노력으로도 세조는 즉위 과정의 흠을 씻지 못한 채로 사망했다. 그는 신하들이 왕권을 농락하는 현실을 명분으로 거사를 단행했다. 그는 절대왕권을 구축하려 했으나 그 시도는 별로 성공하지 못했다. 그의 치세 말년에 접어들어 절대왕권이 무너지는 조짐들이 나타났기 때문이다.

세조가 사망하기 약 반년 전인 1468년 3월, 분경금지법을 완화한 것이 이런 조짐을 보여주는 단적인 예이다. 대신들을 찾아다니며 인사 청탁을 하는 분경은 조선의 국법이 엄히 금하는 중죄였다. 그런데 세조 말년에 느닷없이 이 조치가 완화되었다.

사헌부 장무掌務를 불러 일렀다.

"분경을 금한 것은 본시 어두운 밤에 애걸하는 자를 위하여 설치한 것이다. 요즘 와서는 법도가 대단히 엄격하여, 붕우朋友 · 친척親戚 ·

이웃〔隣里〕이 경조慶弔하며 맞이하고 전송하는 예禮는 인정人情에 있어 없어서는 안 될 것인데도 일체를 금지하니, 이것은 사람의 도리를 끊는 것이다. 고금 천하에 어찌 이와 같은 법이 있겠는가? 금후로는 재상의 집에서 종적을 비밀히 속이는 자 외에는 금하지 않는 것이 좋겠다."

_《세조실록》14년 3월 13일

분경금지법 완화는 왕권의 약화와 신권의 강화를 의미하는 것이었다. 세조의 집권명분이 무색해진 것이다. 세조 13년에 채택된 원상제院相制도 마찬가지이다. 원상제는 한명회와 신숙주, 구치관 등 정승들이 승정원에 상시 출근해 세자와 함께 국정을 처리하게 한 일종의 제한적인 대리청정체제였다. 비록 원상들을 세조가 임명했지만 원상 자체가 임금과 별개인 또 하나의 권력임을 세조 스스로 인정한 셈이었다.

세조가 원상제를 실시한 표면적인 이유는 건강 악화였다. 하지만 분경금지법 완화와 원상제의 진정한 의미는 원로공신들과의 타협안이라는 점에 있다.

세조는 어리고 병약한 세자의 힘으로 왕권강화는커녕 현상유지조차 힘들 것이라 생각하고 원상들에게 권력을 배분해준 셈이다. 즉 원상과 세자의 연합정권을 수립해놓은 셈이었다.

하지만 예종은 그리 만만한 임금이 아니었다. 그는 아버지 세조 못지않은 왕권강화 의지를 갖고 있었다. 예종이 즉위하자마자 분경금지법을 강화한 것은 그런 의지를 잘 보여준다. 하지만 예종의 명령에도 분경은 끊이지 않았다. 대신과 종친들 여러 명이 분경에 관련되었다.

함길도 관찰사 박서창이 신숙주에게 분경하다 적발되었으며, 경상도 관찰사 김겸광은 우의정 김질에게, 그리고 심지어 영유永柔의 관노 내은內隱이 귀성군에게, 여인 소비小非가 성임成任에게 부탁할 정도로 인사 청탁은 지위고하를 막론하고 광범위하게 퍼져 있었다.

이는 예종의 분경금지법에 대한 명백한 도전이었다. 예종은 이들을 어떻게 처리했을까? 원칙대로라면 이들 대신과 종친들을 강력히 처벌했어야 하지만 오히려 처벌을 받은 것은 애꿎은 대간이었다. 대간이 분경 사례를 알고도 탄핵하지 않았다는 것이다.

이는 왕권이 대신들에게 밀리고 있음을 자인하는 것과 다름없었다. 세조가 아무리 왕권강화책을 수행했다 해도 중첩된 공신들이 다양한 방법으로 확장해놓은 권력의 뿌리를 뽑을 수는 없었다. 세조도 공신들과 타협한 판에 예종은 더 말할 나위가 없었다.

신 공신 남이의 몰락

왕권이 대신들에게 밀리는 판에 일반 백성들은 말할 나위가 없었다. 벼슬아치들에게 억울한 일을 당했을 경우 백성들이 최후로 기댈 곳은 국법, 즉 왕권이었다. 왕권이 대신들보다 약화된 상황에서 이들의 불법행위를 막을 권력이 당시 조선에는 없었다. 바야흐로 공신들의 시대였던 것이다.

남이의 옥사는 이런 비상한 정치상황이 낳은 또 하나의 비상사태였다. 남이의 옥사는 유자광柳子光의 고변에서 시작되었다. 병조참지兵

曹參知 유자광이 예종에게 나와 고변했다.

"남이가 불순한 일을 꾸미고 있습니다. 남이는 전하께서 분경을 엄히 금지하는 것을 이용해 김국광金國光과 노사신盧思愼 등 대신들을 처단하려 했으며, 나아가 한명회도 제거하려 했습니다."

잘 짜인 정치극이 그렇듯, 며칠 후 또 한 명의 고변자가 나타나 유자광의 고변 내용을 뒷받침했다.

남이

전 판관判官 이수붕李壽朋이었다. 이수붕은 그의 친구인 겸사복兼司僕 문효량文孝良의 말을 빌려 고변했다.

"남이는 간신 한명회가 어린 임금을 끼고 정권을 농단하니 그를 제거해야 한다고 말했습니다."

이는 남이의 옥사가 세조 초기의 공신들과 이시애의 난 이후 공신들의 권력투쟁의 일환임을 말해준다. 또한 임금이 아닌 한명회를 제거하려 했다는 고변 내용에서 왕권과 공신의 역학관계를 적나라하게 보여준다. 말하자면 남이는 신 공신의 핵심이고, 한명회는 구 공신의 핵심인 셈이었다.

남이는 세조 말년 오위도총부五衛都摠府의 총관摠管으로서 군권을 장악했다. 그는 한때 세조가 귀성군을 중용하자 그 부당함을 역설하다가 하옥되기도 할 정도로 당시의 정치 현실에 불만이 많았다. 불만은 그만한 크기의 야망이 있다는 뜻이기도 하다. 남이의 집안은 당대 최고의 명문가였다. 그는 의산위宜山尉 휘暉의 아들이므로 태종의 외손이었다. 또한 그의 장인은 한명회의 죽마고우이자 당대 최고의 권세가인 좌의정 권람이었다.

남이의 혼인에 관해서 유명한 야사가 전해진다. 남이가 청혼하자 권람은 점을 쳤는데 괘가 심상찮았다.

"일찍 죽을 팔자입니다."

권람은 딸에 대해서도 점을 쳤다.

"수명이 짧고 자식도 없어서 남편의 복만 누리고 화는 입지 않을 운수입니다."

운명이라고 여긴 권람이 넷째딸을 혼인시켰는데 남이보다 먼저 죽어 화는 입지 않았다는 것이다.

유자광과 이수붕의 고변으로 붙잡혀온 남이는 엄한 국문을 받았다. 예종은 일찍이 세자 시절부터 남이와 사이가 좋지 않았으므로 형벌에는 사정이 없었다. 남이는 굴복하지 않았다. 하지만 이미 승패는 결정난 것이었다. 남이 수하의 겸사복장兼司僕將으로 있던 문효량이 고문에 못 이겨 혐의를 시인했다. 문효량은 이렇게 자백했다.

"제가 방문했을 때 남이가, '간신들이 역모를 꾸밀 징조가 보이므로 나와 함께 간신들을 제거해 나라의 은혜를 갚자'라고 말했습니다."

문효량이 남이를 돕고자 말이 바르지 않은 것이 많아서 곤장 50대를 때리자 말했다.

"남이가 말하기를, '산릉에 나아갈 때에 중로에서 먼저 두목격인 장상將相 한명회 등을 없애고, 다음으로 영순군永順君·귀성군에게 미치며, 다음에는 승여(乘輿, 임금의 수레. 곧 임금)에 미쳐서, 스스로 임금의 자리에 서려고 한다'고 하였습니다."

재상 중에 더불어 도모한 자는 누구냐고 묻자 대답했다.

"강순입니다."

임금이 곧 명하여 강순을 항쇄項鎖하게 하여 물으니, 강순이 울며 대답했다.

"신이 처음에 갑사甲士로서 외람되게 성은을 입어 벼슬이 극품(極品, 정1품)에 이르렀으며 또 공신이 되었는데, 무엇이 부족해서 모반하겠습니까?"

명하여 항쇄를 풀고 다시 앉게 하고, 인하여 술을 내려주며 말했다.

"내가 어찌 경을 의심하겠는가? 경은 두려워하지 말라."

_《예종실록》 즉위년 10월 26일

그러나 강순은 끝내 안전하지 못했다. 남이가 다시 끌어들였기 때문이다.

강순에게 물으니 강순이 숨기므로 곤장을 때렸더니 강순이 말했다.

"신이 어려서부터 곤장을 맞지 아니하였는데, 어찌 참을 수 있겠습니까? 남이의 말과 같습니다."

취초取招하도록 명하니 강순이 붓을 당겨 즉시 이름을 쓰지 아니하고 남이를 돌아보며 꾸짖었다.

"내가 어찌 너와 더불어 모의하였느냐?"

남이가 말했다.

"영공令公이 말하지 아니하였다고 하는가? 나와 같이 죽는 것이 옳다. 또 영공은 이미 정승이 되었고 나이도 늙었으니 죽어도 후회가 없을 것이나, 나 같은 것은 나이가 겨우 스물여섯인데 진실로 애석하다."

남이는 한탄했다.

"영웅의 재주를 잘못 썼구나!"

강순이 곧 복초服招하였고, 또 당여(黨與, 연루자)를 물으니 없다고 말하였다. 장신杖訊하기를 명하자 강순이 말했다.

"신이 어찌 매질을 참을 수 있겠습니까? 만약 좌우의 신하를 다 들어서 당여라고 하여도 믿겠습니까?" _《예종실록》 즉위년 10월 27일

강순과 남이는 나이 차이가 있지만 함께 적개공신 일등에 책봉된 공신 동기였다. 남이는 한명회 등 구 공신들 대신에 자신과 같은 신 공신들이 예종조의 주도권을 쥐어야 한다고 생각했는데, 같은 적개공신인 강순이 한마디도 변호해주지 않자 배신감을 느껴 그를 끌어들인 것이었다.

남이에게 적용된 죄는 어마어마했다. 즉 남이 자신이 임금이 되려 했다는 것이었다. 이씨의 나라에서 남씨가 왕이 되려 했다는 것은 사실로 인정되어 남이는 강순, 문효량 등과 함께 수레에 찢겨 죽었다.

유자광이 그의 시를 문제삼았다는 점은 잘 알려진 야사이다.

> 백두산 돌은 칼을 갈아 없애고
>
> 두만강 물은 말을 먹여 없애리.
>
> 남아 스무 살에 나라를 평정하지 못하면
>
> 후세에 누가 대장부라 칭하랴.
>
> 白頭山石磨刀盡 頭滿江波飮馬無
>
> 男兒二十未平國 後世誰稱大丈夫

이 시의 '나라를 평정하지 못하면〔未平國〕'을 '나라를 얻지 못하면〔未得國〕'으로 고쳐 역모의 증거로 삼았다는 것이다. 장인 권람이 살아 있었으면 남이가 이토록 당하지는 않았을 것이다. 하지만 권람은 세조 11년에 이미 불귀의 객이 되어 있었다.

구 공신 한명회의 화려한 복귀

남이의 옥사로 정권은 다시 한명회 등 구 공신들의 손아귀에 들어갔다. 남이와 강순 외에도 조경치, 변영수, 변자의, 문효량, 고복로, 오치권, 박자하 등이 모두 남이 일파로 몰려 사형되었다.

남이의 완패요, 한명회의 완승이었다. 한명회는 이시애의 난 당시 반란군과 내통했다는 혐의로 하옥되었다가 무혐의로 풀려난 후 정치 일선에서 물러나 있는 상태였다. 남이의 옥사는 그를 다시 영의정으로 정계에 화려하게 복귀시키는 계기가 되었다.

　남이의 옥사 직후 또다시 공신이 책봉되었다. 익대공신翊戴功臣이 그들이다. 익대翊戴란 '누구를 도와 임금으로 추대했다'는 뜻이다. 예종의 즉위에 대한 논공행상이자 남이의 옥사에 대한 논공행상인 셈이었다.

　익대공신은 일등 5명, 이등 10명, 삼등 24명 등 총 39명이었다. 처음 책봉 당시에는 37명이었으나 다음해 강희맹姜希孟과 이존李存이 삼등에 추가되어 39명이 된 것이다.

　일등공신에는 고변자인 유자광과 신숙주, 한명회, 환관인 신운申雲과 한명회의 사촌인 우부승지 한계순韓繼純이 책봉되었다. 이는 사실상 한명회를 위한 공신 책봉이라 할 만했다. 남이가 한명회를 제거해야 한다고 말했다는 것을 구실로 제거된 것을 생각해보면 당시 한명회의 권력은 18세의 병약한 임금 예종을 능가하는 것이었다. 한명회의 권력은 이제 왕권 위에 있었다. 수양대군은 왕권강화를 목적으로 쿠데타를 일으켰으나 그의 쿠데타 동기들에 의해 왕권이 극도로 위축되는 상황이 발생했던 것이다. 공신들은 훈구파라는 거대한 정치집단을 형성했는데, 이들은 사실상 국왕보다 위에 있었다. 통제받지 않는 공신집단의 전횡은 조선을 크게 멍들게 했다. 이들의 전횡을 비판하는 정치세력이 등장했다. 바로 사림파였다. 조선은 이제 훈구파와 사림파의 대결구도로 나아가고 있었다.

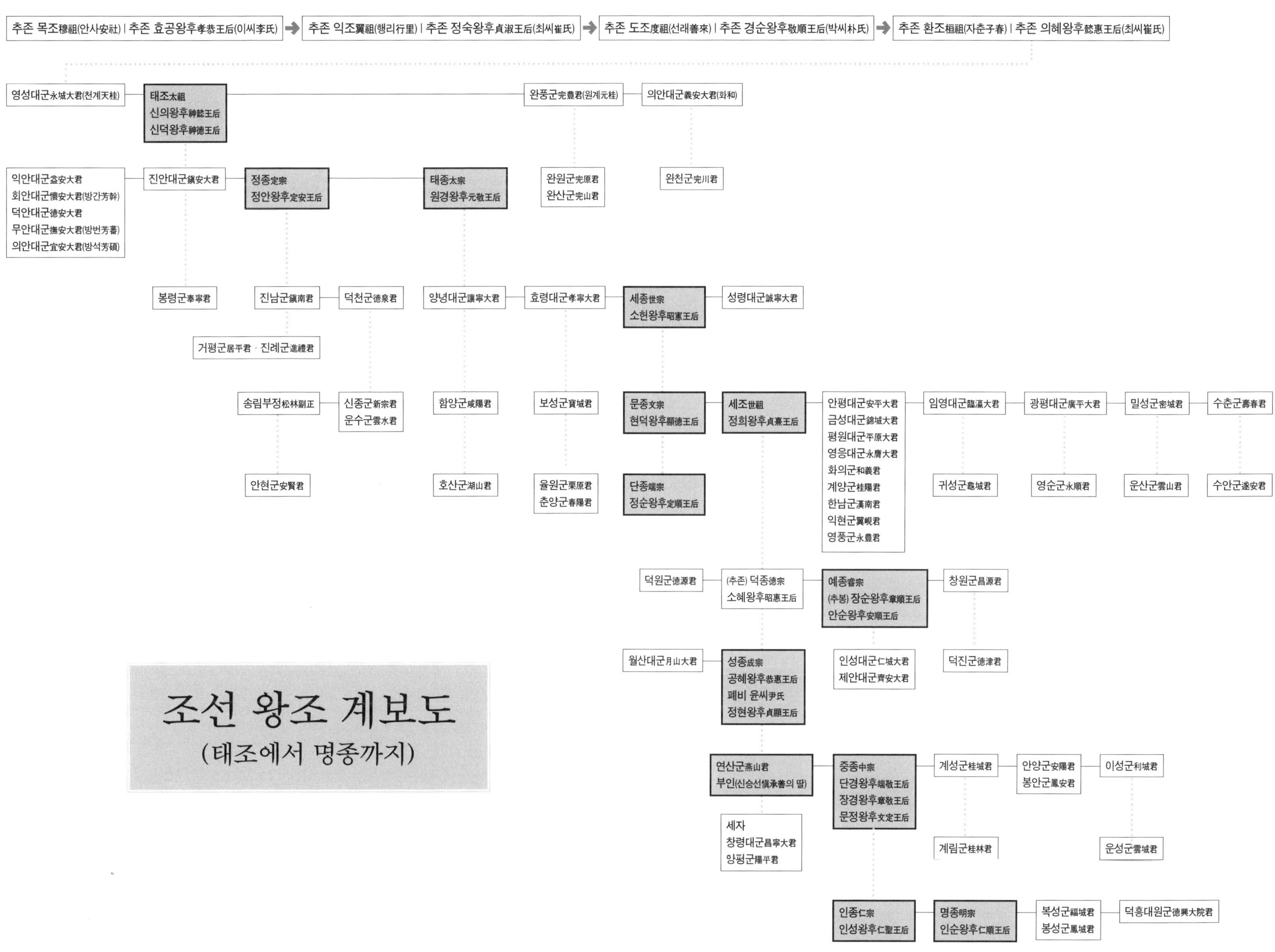
추존 목조穆祖(안사安社) | 추존 효공왕후孝恭王后(이씨李氏)
추존 익조翼祖(행리行里) | 추존 정숙왕후貞淑王后(최씨崔氏)
추존 도조度祖(선래善來) | 추존 경순왕후敬順王后(박씨朴氏)
추존 환조桓祖(자춘子春) | 추존 의혜왕후懿惠王后(최씨崔氏)
영성대군永城大君(천계天桂)
태조太祖
신의왕후神懿王后
신덕왕후神德王后
완풍군完豊君(원계元桂)
의안대군義安大君(화和)
익안대군益安大君
회안대군懷安大君(방간芳幹)
덕안대군德安大君
무안대군撫安大君(방번芳蕃)
의안대군宜安大君(방석芳碩)
진안대군鎭安大君
정종定宗
정안왕후定安王后
태종太宗
원경왕후元敬王后
완원군完原君
완산군完山君
완천군完川君
봉령군奉寧君
진남군鎭南君
덕천군德泉君
양녕대군讓寧大君
효령대군孝寧大君
세종世宗
소헌왕후昭憲王后
성령대군誠寧大君
거평군居平君 · 진례군進禮君
송림부정松林副正
신종군新宗君
운수군雲水君
함양군咸陽君
보성군寶城君
문종文宗
현덕왕후顯德王后
세조世祖
정희왕후貞熹王后
안평대군安平大君
금성대군錦城大君
평원대군平原大君
영응대군永膺大君
화의군和義君
계양군桂陽君
한남군漢南君
익현군翼峴君
영풍군永豊君
임영대군臨瀛大君
광평대군廣平大君
밀성군密城君
수춘군壽春君
안현군安賢君
호산군湖山君
율원군栗原君
춘양군春陽君
단종端宗
정순왕후定順王后
귀성군龜城君
영순군永順君
운산군雲山君
수안군遂安君
덕원군德源君
(추존) 덕종德宗
소혜왕후昭惠王后
예종睿宗
(추봉) 장순왕후章順王后
안순왕후安順王后
창원군昌原君
인성대군仁城大君
제안대군齊安大君
덕진군德津君
월산대군月山大君
성종成宗
공혜왕후恭惠王后
폐비 윤씨尹氏
정현왕후貞顯王后
연산군燕山君
부인(신승선愼承善의 딸)
세자
창령대군昌寧大君
양평군陽平君
중종中宗
단경왕후端敬王后
장경왕후章敬王后
문정왕후文定王后
계성군桂城君
계림군桂林君
안양군安陽君
봉안군鳳安君
이성군利城君
운성군雲城君
인종仁宗
인성왕후仁聖王后
명종明宗
인순왕후仁順王后
복성군福城君
봉성군鳳城君
덕흥대원군德興大院君
조선 왕조 계보도
(태조에서 명종까지)